Beltz Taschenbuch 13

W0173077

Über dieses Buch:
Lernerfolge bedeuten für einen Schulanfänger Lebenserfolge.
Fragt man künftige Erstkläßler, ob sie sich auf die Schule freuen oder ob sie lieber noch ein Jahr zu Hause oder im Kindergarten bleiben möchten, so fällt die Antwort fast immer zu Gunsten der Schule aus. Dementsprechend beeinflussen dauerhafte Lernschwierigkeiten am Schulanfang nachhaltig die emotionale Befindlichkeit und die weitere schulische und psychische Entwicklung des Kindes. Was es für ein Kind bedeutet, Tag für Tag, Woche für Woche den Weg zur Schule in der Gewißheit zu gehen, mit den Lernleistungen der anderen Kinder nicht Schritt halten zu können, kann sich ein Erwachsener kaum vorstellen. Dazu beizutragen, daß möglichst kein Kind am Anfang seiner Schullaufbahn in eine derart belastende Dauersituation gerät, ist das Anliegen der Autoren dieses Buches.
Fast immer sind an Lernschwierigkeiten unzulängliche Sprachwahrnehmungsleistungen, Rückstände im Niveau der phonematischen, kinästhetischen, melodischen, rhythmischen oder optischen Differenzierungsfähigkeit ursächlich beteiligt. Mit zwei diagnostischen Verfahren lassen sich lernbehindernde Abweichungen von der Altersnorm ohne besonderen Zeit- und Materialaufwand feststellen und Ansatzpunkte für eine individuelle Förderung ableiten. In zahlreichen Beispielen aus der Einzel- und Gruppenarbeit wird gezeigt, wie eine Förderung in den einzelnen Wahrnehmungsbereichen in spielerischer Form durchgeführt werden kann.

Die Autoren:
Prof. Dr.Dr.h.c. Helmut Breuer war bis zu seiner Emeritierung 1992 Professor für Pädagogische Psychologie an der Ernst-Moritz-Arndt-Universität in Greifswald. Dr. Maria Weuffen ist Studienrätin a.D. und Sprachheilpädagogin und war in der Erziehungsberatung und Sprachtherapie tätig.

Helmut Breuer · Maria Weuffen

Lernschwierigkeiten am Schulanfang

Schuleingangsdiagnostik zur Früherkennung und Frühförderung

BELTZ
Taschenbuch

Besuchen Sie uns im Internet:
http://www.beltz.de

Beltz Taschenbuch 13
1999 Beltz Verlag, Weinheim und Basel

© 1993 Beltz Verlag, Weinheim und Basel
Umschlaggestaltung: Federico Luci, Köln
Umschlagphotographie: © Tony Stone Bilderwelten, München
Satz: Satz- und Reprotechnik GmbH, Hemsbach
Druck und Bindung: Druckhaus Beltz, Hemsbach
Printed in Germany

ISBN 3 407 22013 8

Inhaltsverzeichnis

Vorwort

Lehrer, die Schulanfänger unterrichten, haben viele positive, aber auch belastende Erlebnisse in ihrer pädagogischen Tätigkeit. Einerseits freuen sie sich über den Eifer, das Vertrauen und die Lernfortschritte der Kinder. Andererseits bedrückt es alle Lehrer von ABC-Schützen, daß es immer wieder einige Kinder gibt, denen es trotz aller Zuwendung nicht gelingen will, die angestrebten Lernziele zu erreichen. Aber auch diese Kinder haben sich darauf gefreut, endlich ein Schulkind zu sein, denn: »Wer schreiben, lesen und rechnen kann, ist kein kleines Kind mehr«.

Im Vorschulalter entscheiden im wesentlichen die Kinder selbst darüber, womit sie sich im Spiel beschäftigen, welche Ziele sie dabei erreichen wollen. Die Kinder können entscheiden, womit und wie lange sie spielen und wann sie ihre Tätigkeit abbrechen.

In der Schule dagegen werden die Inhalte und das Niveau der Anforderungen, wann eine Tätigkeit beendet bzw. weitergeführt wird, vom Lehrer bzw. vom Lehrplan bestimmt. Vor Schuleintritt wählen die Kinder im allgemeinen *ihre* Aufgaben selbst, in der Schule geht es jedoch um die Erfüllung *gemeinsamer* Aufgaben, die allen Kindern gestellt werden. Damit ist untrennbar der Vergleich der einzelnen Leistungen verbunden.

Zum Problem wird der Leistungsvergleich – ob gewollt oder nicht – immer dann, wenn stark divergierende Lernergebnisse zwischen den Kindern auftreten. Das ist bereits in der Anfangsetappe schulischen Lernens der Fall, es sei denn, der Erstlese- und Erstschreibunterricht wird konsequent zieldifferenzierend oder gar freiselbstentdeckend konzipiert. Aber auch bei einem Schriftspracheerwerb »ohne Fibeltrott« (Bergk/Meiers, 1984) sind unwillkürliche Leistungsvergleiche unter den Kindern kaum zu vermeiden.

Groß ist deshalb die Verantwortung des Lehrers einer Anfangsklasse, alle Kinder in ihrer Einmaligkeit bestmöglich zu fördern. Jede/r Schulleiter/in betraut mit dieser wichtigen Aufgabe besonders erfahrene, kindorientierte und methodisch versierte Pädagogen. Lehrer von Anfangsklassen nehmen großen Einfluß darauf, mit welcher emotionalen Befindlichkeit ein Kind zur Schule geht und lernt. Der Erfolg des Lernens in den nachfolgenden Schuljahren erfährt hier oft wichtige Weichenstellungen.

Betrachten wir die Schüler mit Lernschwierigkeiten etwas genauer. In einigen Fällen gelingt es dem Lehrer gemeinsam mit den Eltern und dem Kind, die schulischen Anfangsschwierigkeiten rasch zu überwinden. Hinter diesen Erfolgen verbergen sich in der Regel viel Mühe, Fleiß und Einsatzbereitschaft aller Betroffenen. Leider gibt es aber immer wieder Kinder, bei denen es trotz intensiver Bemühungen nicht gelingt, auf die Dauer erfolgreich zu lernen. Bei diesen Schwierigkeiten handelt es sich nicht um episodische, vorübergehende Erscheinungen, sondern um beständige. Was es für ein Kind bedeutet, Tag für Tag, Woche für Woche den Weg zur Schule in der Gewißheit zu gehen, mit den Lernleistungen der anderen Kinder der Klasse nicht Schritt halten zu können, kann sich ein Erwachsener kaum vorstellen. Bedrückend sind solche schulischen Mißerfolge vor allem deshalb, weil sie sich vor Schuleintritt in keiner Weise angekündigt haben.

Dazu beizutragen, daß kein Kind am Anfang seiner Schullaufbahn in eine derart belastende Dauersituation gerät, ist das Anliegen der Autoren dieses Buches. Sie hatten es in ihrer beruflichen Tätigkeit mit vielen Kindern zu tun, die große Probleme im Anfangsunterricht oder in ihrer Sprachentwicklung vor Schuleintritt hatten. Sie erfuhren dabei die Betroffenheit der Eltern, das vergebliche Suchen der Lehrer nach neuen Lernwegen und die Hilflosigkeit der in ihren Selbstwertgefühlen erschütterten Kinder.

Erlebnisse und Erfahrungen während der Arbeit in einer Erziehungsberatungsstelle waren der Anlaß, nach neuen Möglichkeiten zu suchen, wie dieser Tragik im Leben vieler Kinder entgegengewirkt werden kann. Weshalb die Autoren im Ergebnis ihrer Untersuchungen den basalen kognitiven Funktionen der sich normalerweise im Vorschulalter ausformenden Sprachwahrnehmungsleistungen dabei eine Schlüsselfunktion zuweisen, wird als Ergebnis jahrelanger Längsschnittuntersuchungen in diesem Buch dargestellt. Dabei wird zu begründen versucht, worin die Vorteile eines prophylaktischen, frühschulischen Ansatzes für die praktische Arbeit des Lehrers liegen.

Nach den neuen LRS-Erlassen der Bundesländer aufgrund der KMK-Empfehlungen ist es zunächst und vorrangig Aufgabe der Grundschullehrer/innen, gravierenderen Lese-Rechtschreib-Schwierigkeiten bei den Kindern vorbeugend zu begegnen durch einen differenzierenden, auf die individuellen Lernvoraussetzungen eingehenden Unterricht. Die Sprachwahrnehmungsleistungen der Kinder gehören zu den zentralen Voraussetzungen, die zu überprüfen sind. Tieferreichende soziale, psychische, familiäre etc. Ursachen, die für Lese-Rechtschreib-Schwierigkeiten der Kinder verantwortlich gemacht werden können und eine umfassende integrative Therapie verlangen, können hier nicht näher behandelt werden, sind aber im Kontext mitbedacht. Am Zustandekommen dieses Buches waren viele Lehrer, Wissenschaftler, Vertreter von Schulamtsbehörden und technische Mitarbeiter beteiligt. Sie alle haben maßgeblichen Anteil daran, daß so breitangelegte und umfangreiche Untersuchungen kontinuierlich über viele Jahre hinweg ablaufen und interdisziplinär begleitet werden konnten. Der Dank gilt besonders den Mitgliedern der Forschungsgruppe »Prophylaktische Einschränkung von Lernschwierigkeiten im Anfangsunterricht«. Sie alle haben mit großem Einsatz unser Vorhaben unterstützt.

Helmut Breuer und Maria Weuffen

1. Wahrnehmen und Verstehen von Sprache

Wer das erste Knopfloch verfehlt,
kommt mit dem Zuknöpfen nicht zurecht
(Goethe)

1.1 Sprachwahrnehmungsleistungen – Grundlagen für das Sprechen-, Schreiben- und Lesenlernen

In der Laut- und Schriftsprache bilden unter dem Aspekt der Kommunikation zwei Seiten eine untrennbare Einheit. Die eine Seite betrifft den sprachlichen Inhalt, die Information. Aber damit diese für den Partner verständlich wird, benötigt sie eine sinnlich-wahrnehmbare Erscheinungsform. Sie manifestiert sich in akustischen, optischen und anderen Merkmalen, die mittels der Sinnesorgane erfaßbar sind. Nur wenn die äußere Hülle der Sprache genau identifiziert werden kann, ist es möglich, den sprachlichen Inhalt zu verstehen und zu verwerten.

Diese Seite der Sprache, ihre sinnlich-wahrnehmbare Form, wird im Zusammenhang mit Sprachaneignungsprozessen oft außer acht gelassen, weil sie als selbstverständlich gegeben vorausgesetzt wird. Das ist aber keineswegs der Fall, weil damit komplizierte Wahrnehmungsleistungen verbunden sind, die das Kind im Ergebnis von Reifungs- und Lernprozessen erwerben muß.

Auf diese Weise werden sprachbezogene, sinnlich-wahrnehmbare Informationen aus den Umweltreizen immer effektiver extrahiert. Das geschieht als Folge kommunikativer Erfahrungen und Übungen zunehmend besser (Piaget 1969). Sprachwahrnehmungslernen ist ein aktiver Prozeß, »bei dem die Person im komplexen Informationsangebot nach Invarianten sucht, die nur von der Reizquelle (in unserem Falle der Sprache, die Verf.) her bestimmt sind.« (Tomblin/Quinn 1983). Laufen diese Lernprozesse gestört ab, sind davon Sprachaneignungsprozesse auf den Ebenen Laut- und Schriftsprache betroffen.

Was geschieht, wenn das Kind Schreiben und Lesen erlernt? Um ein gehörtes Wort niederzuschreiben, muß das Kind zunächst die Lautstruktur des gehörten Wortes einer akustischen Analyse unterziehen. Voraussetzung ist, daß es die wesentlichen phonematischen Merkmale erkennt. Dabei sind Unterschiede der einzelnen Sprachlaute zu differenzieren. Kurzum, das Kind muß die Qualität der Laute innerhalb eines Wortes heraushören (Luria 1970). Akustische Analyse und Synthese erfolgen unter unmittelbarer Beteiligung der Artikulation. Das Kind spricht beim Schreiben und beim stillen Lesen anfangs vor sich hin. Die dabei ablaufenden kinästhetischen Empfindungen spielen zusammen mit dem Ensemble der anderen Sprachwahrnehmungen eine wichtige Rolle.

Ist die Lautstruktur des zu schreibenden Wortes erkannt, ist es möglich, sie in entsprechende optische Zeichen zu überführen. Für jeden ausgesonderten Sprachlaut ist der jeweilige Buchstabe zu finden. Jedoch ist die Eindeutigkeit der Beziehungen zwischen Laut und Phonem nicht in allen Fällen durchgehalten. Man denke z.b. an die verschiedene Schreibweise des F-Lautes, der auch als V oder ph schriftlich ausgedrückt werden kann. In der deutschen Sprache ist es jedoch bedeutend einfacher, ein Phonem in ein Graphem umzusetzen, als etwa im Englischen. Das Graphem kann auf verschiedene Weise als Groß- oder Kleinbuchstabe geschrieben oder gedruckt dargestellt werden.

Die Umkodierung eines Phonems in das optische Schema eines Graphems erfolgt unter Berücksichtigung seiner Stellung innerhalb des Wortes. Dem wiederum geht ein komplizierter Strukturierungsprozeß voraus. Diese Analyse- und Syntheseprozesse erfolgen in Einheit mit einem semantischen Ganzen, welches als Ergebnis dieser Prozesse gespeichert wird. Von der Qualität der Automatisierung der Wortschemata hängt der Fortgang des Lese- und Schreiblernprozesses im wesentlichen ab.

Beim Lesen ist die Graphemstruktur in eine Artikulationsstruktur bzw. Phonemstruktur umzuwandeln. Das optische Bild bietet dafür die Orientierung.

Da Schulanfänger sprechen können, also in der Lage sind, entfaltete Gedanken mit Hilfe von Wörtern folgerichtig aneinanderzureihen, bedienen sie sich der dafür benötigten Wort- und Satzschemata sowohl beim Schreiben als auch beim Lesen. Gespeicherte Satzschemata lenken die Hypothesenbildung über den Inhalt des Satzes.

Wie Sprachwahrnehmungsleistungen als basale kognitive Grundlagen Einfluß auf den hierarchischen Aufbau der Sprache nehmen, zeigt sich u.a. bei sprachgestörten Vorschulkindern, Kindern mit einer unerwarteten LRS im Anfangsunterricht und erwachsenen Aphasikern. Betrachten wir diese Gruppen hinsichtlich des Verhältnisses von Laut- und Schriftsprache.

Sprachgestörte Vorschulkinder

Durch ambulante Behandlung sprachgestörter Vorschulkinder gelingt es in den meisten Fällen, die laut-sprachliche Auffälligkeit bis zum Schuleintritt zu überwinden. Bis zu diesem Zeitpunkt haben es fast alle Kinder gelernt, normgerecht zu artikulieren. Sie sind auch in der Lage, sich umgangssprachlich mit kurzen Sätzen korrekt auszudrücken (Becker/Sovak 1975; Becker 1974). Ihre lautsprachlichen Leistungen lassen erwarten, daß sie den Anforderungen in der Schule gerecht werden können.

Aufschlußreich sind Anamnesen dieser Kinder. Sie ergeben gehäuft Geburtsrisiken und andere biologische Risikofaktoren in der frühkindlichen Entwicklung, außerdem motorische Retardierungen, Tendenzen einer verzögerten Sprachentwicklung und andere Rückstände beim Auftreten von Entwicklungsdaten (beim Laufenlernen, in der Sauberkeitsentwicklung usw.).

Diese vorschulischen Eigenarten sind weniger spektakulär, zumal sich keine eindeutigen symptomatischen Zusammenhänge mit der intellektuellen Entwicklung bzw. mit dem Niveau des vorschulischen Alltagsverhaltens dieser Kinder zeigen. Sprachauffällige Vorschulkinder, bei denen es nicht gelingt, die Symptome der Sprachstörung ambulant oder im Sprachheilkindergarten zu beseitigen, werden entweder in eine Sprachheilschule eingeschult oder beim Vorliegen anderer Retardierungsmerkmale ein Jahr vom Schulbesuch zurückgestellt. Im Kindergarten wird die Sprachtherapie fortgesetzt.

Von verschiedenen Autoren werden unterschiedliche Anteile von Sprachstörungen bei leserechtschreibschwachen Schülern genannt. Monroe nennt 27%, Linder 33%, Schenk-Danzinger 16%, Kossakowski 40% (zitiert bei Becker 1967, S. 5). Weuffen (1975) ermittelte bei 160 Kindern mit LRS im letzten Jahr vor der Einschulung einen Anteil von 58%. Im Ergebnis einer vorschulischen Sprachtherapie verbesserten sich die sprachlichen Auffälligkeiten dieser Kinder deutlich. Von den 160 Schülern hatten am Ende des zweiten Schuljahres noch 10% lautsprachliche Auffälligkeiten.

Die unterschiedlichen Prozentangaben von sprachgestörten Kindern bei den einzelnen Autoren hängen wahrscheinlich vom Zeitpunkt der Diagnose dieser Auffälligkeiten ab und ob bzw. wie lange eine Sprachtherapie durchgeführt wurde.

Unter den sprachauffälligen Kindern nimmt die Gruppe der stotternden Kinder eine Sonderstellung ein. Das betrifft z.T. ihre anamnestischen Daten als auch die katamnestischen Befunde. Stottern ist in den meisten Fällen ein neurotisches Symptom. Die Sprachwahrnehmungsleistungen von Stotterern unterscheiden sich nicht von denen einer sprachlich unauffälligen Normalpopulation. Auch die Schullaufbahn folgt diesem Trend (Weuffen 1975).

Die anderen sprachgestörten Vorschulkinder – vornehmlich Agrammatiker und Stammler – zeigten signifikant schwächere Sprachwahrnehmungsleistungen als sprachlich unauffällige Gleichaltrige. Diese Diskrepanzen blieben auch in den folgenden Jahren bestehen. Wichtige Ergebnisse lieferten Katamnesen zur Schullaufbahn: Die meisten der im Vorschulalter logopädisch erfolgreich behandelten Kinder hatten beim Schreiben- und Lesenlernen Probleme. Der Anteil von Sitzenbleibern, von Schülern, die in eine Klasse für Lernbehinderte oder in eine Sonderklasse für LRS-Schüler umgeschult werden mußte, war gegenüber normalsprechenden Kindern unverhältnismäßig hoch. Bei denjenigen Schülern, die in der Regelschule verblieben und ihre Schreib-Leselernschwierigkeiten überwinden konnten, traten beim Erlernen der ersten Fremdsprache wiederum massive Probleme auf. Nur wenige gehörten zur Gruppe der erfolgreichen Schüler.

Zusammenfassend ergibt sich aus den Anamnesen und Katamnesen sprachgestörter Vorschulkinder, daß die Schwierigkeiten beim Erwerb der Lautsprache ihren Ausgangspunkt bereits in hierarchisch niederen Ebenen des sprachlichen Systems bzw. in reifungsbedingten neurophysiologischen Grundlagen der Informationsverarbeitung ihren Ausgangspunkt nehmen. Es genügt offensichtlich nicht, die Symptome der

Sprachstörung zu beheben, um einen reibungslosen Übergang zur Schriftsprache zu sichern. Das läßt sich u.a. damit erklären, daß sprechmotorische und lautdifferenzierende Fähigkeiten bereits in der Frühphase der Sprachentwicklung erworben werden. Gelingt das nicht im erforderlichen Maße, wirkt sich das zunächst auf die Aneignung der Lautsprache aus. Bleiben sprechmotorische und lautdifferenzierende Rückstände bis Schuleintritt bestehen, machen sie sich beim Schreiben- und Lesenlernen aufs neue bemerkbar. Eine Förderung von Kindern mit Lese-Schreiblernschwierigkeiten kommt also nicht umhin, das erreichte Ausgangsniveau dieser basalen kognitiven Funktionen zu berücksichtigen.

Nur in wenigen Fällen gelang in den genannten Untersuchungen der Nachweis, daß lautsprachliche Unzulänglichkeiten bei Vorschulkindern ausschließlich als Folge einer Deprivation anzusehen sind. In der Mehrzahl der Fälle wurden sowohl reifungsbedingte biologische als auch soziale Risikofaktoren als Ursachen ermittelt. Je eindeutiger sich eine sprachliche Auffälligkeit auf soziale Risikofaktoren zurückführen ließ, desto erfolgreicher verlief die logopädische Behandlung dieser Kinder. Das war vor allem dann der Fall, wenn sich in den neurophysiologischen Grundlagen keine Auffälligkeiten gegenüber der Altersnorm nachweisen ließen.

Kinder mit einer unerwarteten Lernschwierigkeit im Anfangsunterricht

In der Greifswalder Erziehungsberatungsstelle werden immer wieder Kinder vorgestellt, die nach mehrmonatigem Schulbesuch nicht imstande waren, die Lernziele zu erreichen. Vor allem konnten sie Lautsprache in Schriftsprache und umgekehrt nicht umsetzen, d.h. sie konnten die damit verbundenen grundlegenden Analyse- und Syntheseprozesse nicht vollziehen. Bevor die Eltern und Lehrer betroffener Kinder in der Erziehungsberatungsstelle um Hilfe bitten, haben sie in der Regel bereits über mehrere Monate mit den verschiedensten Mitteln und Methoden vergeblich versucht, dieses Handicap zu überwinden.

Einen enttäuschten und ratlosen Eindruck machen nicht nur die Eltern. Auch die Lehrer erklären, daß sie alles versucht hätten, aber nun nicht mehr weiterwußten. Die Möglichkeiten ihrer beruflichen Kompetenz seien nun ausgeschöpft. Sie erhoffen sich von Spezialisten neue Hinweise, um dem Kind erfolgreicher lernen zu helfen.

Die Kinder verhalten sich in der Beratungssituation unterschiedlich. Einige von ihnen sind verschüchtert und in ihrem Selbstbewußtsein erschüttert. Von ihrer zu Schulbeginn vorhandenen positiven Primärmotivation gegenüber dem Lernen, der Schule und dem Lehrer ist wenig erhalten geblieben. Alle haben Angst, noch mehr zurückzubleiben. Man spürt, wie sie auch darunter leiden, Erwartungen ihrer Eltern zu enttäuschen und bei ihren Mitschülern als leistungsschwach zu gelten.

Aber nicht alle Schulversager ziehen sich auf resignierende und selbstunsichere Positionen zurück. Einige wollen sich mit ihrem Zustand nicht abfinden und versuchen, ihre Konflikte durch verschiedenste kompensatorische Aktivitäten abzuschwächen. Zunehmend treten bei ihnen aggressive und ungesteuerte Verhaltensweisen auf. Das verstärkt ihre Konfliktsituation immer mehr, auch weil lernbezogene Aktivitäten zurücktreten.

Eine andere Gruppe dieser Kinder mit Lernschwierigkeiten im Anfangsunterricht zeigen sich von den Problemen ihres schulischen Versagens unberührt. Unzureichende Leistungen im Unterricht lassen sie gleichgültig. Sie erfassen überhaupt nicht das Phänomen unterschiedlicher Leistungsqualitäten, ihnen fehlt es an der Fähigkeit zur kritischen und selbstkritischen Analyse und Bewertung. Diese Kinder unterscheiden sich von den vorher genannten Schülern mit massiven Schreib- und Lernschwierigkeiten recht eindeutig in ihrem intellektuellen Niveau. Sie sind nicht in der Lage, einen leistungsorientierten Anspruch zu entwickeln und im Lernverhalten umzusetzen. Deshalb führen sie ihre weitere Schullaufbahn fast immer unter sonderpädagogischen Bedingungen fort. Diese Schullaufbahnentscheidung erweist sich in fast allen Fällen als vorteilhaft für sie.

Bei den übrigen Kindern mit einer LRS werden normale intellektuelle Werte ermittelt. Auch hier lieferten Anamnesen und Katamnesen wichtige Hinweise auf die Kettengliedfunktion der Sprachwahrnehmungsleistungen beim Übergang zum schulischen Lernen.

Aus den umfangreichen Anamnesen ging zunächst hervor, daß etwa 70% dieser Kinder vor Schuleintritt wegen lautsprachlicher Auffälligkeiten logopädisch behandelt wurden. Auch andere Autoren (Becker 1967; Schenk-Danzinger 1984; Kossakowski 1962; Kossow 1973 u.a.) weisen auf diese Beziehungen hin. Fast immer gelingt es, die sprachlichen Auffälligkeiten bis zum Schuleintritt zu beseitigen. In den anderen Entwicklungsmerkmalen ergeben sich viele Parallelen zu den anamnestischen Daten der sprachgestörten Vorschulkinder: biologische Risikofaktoren im Kleinkindalter, gehäuftes Auftreten von Kinderkrankheiten, verzögerte Sprachentwicklung usw. LRS-Kinder, bei denen nur soziale Risikofaktoren ermittelt werden, kommen in der Regel unter günstigen pädagogischen Bedingungen in der Schule relativ gut voran.

Eine Analyse der Sprachwahrnehmungsleistungen von LRS-Schülern ergibt signifikant schlechtere Werte als sie Kinder einer zwei Jahre jüngeren Normalpopulation aufweisen. Damit wird deutlich, daß diese Kinder den Schreibleselernprozeß in der Schule mit starken Rückständen im Niveau ihrer Sprachwahrnehmungsleistungen beginnen und es nicht vermögen, im Schreib-Leselernprozeß diese Defizite aufzuholen. Aus den Anamnesen dieser Kinder geht andererseits hervor, daß auch sie sich auf die Schule gefreut hatten. Auch für ihre Eltern kam das Versagen unerwartet.

Die Katamnese über die Schullaufbahn ergibt bei diesen Schülern ein relativ heterogenes Bild. Diejenigen, die nach der zweiten Klasse zwei Jahre eine Spezialklasse für LRS-Schüler besucht haben, erreichten danach den Anschluß an die Klasse drei. Nach der Eingliederung in eine normale 4. Klasse der Regelschule konnte etwa die Hälfte der Schüler dieses Niveau halten, etwa ein Drittel der ehemaligen LRS-Schüler gehörten sehr bald wieder zu den Leistungsversagern, während es den übrigen mit viel Mühe gerade noch so gelang, in die nächste Klasse versetzt zu werden. Eines haben ehemalige LRS-Schüler gemeinsam: etwa drei von vier Schülern waren nicht in der Lage, die Anforderungen beim Erlernen der ersten Fremdsprache zu meistern. Das unterstreicht die Bedeutung eines guten Sprachwahrnehmungsniveaus innerhalb des sprachlichen Systems.

Besonders aufschlußreich waren in diesem Zusammenhang Ergebnisse von Längsschnittuntersuchungen an 56 Schülern, die im Anfangsunterricht unerwartet Schwierigkeiten beim Lesen- und Schreibenlernen hatten. Keines dieser Kinder verfügte bei Schuleintritt über ein altersgerechtes Sprachwahrnehmungsniveau. Ihre Rückstände waren beträchtlich. Die Schullaufbahn dieser Kinder wurde über einen Zeitraum von 10 Jahren verfolgt. Fast 40% von ihnen mußten Klassen wiederholen, verließen die Regelklassen und kamen in Sonderschulen. Andere beendeten ihre Schullaufbahn vorzeitig ohne Abschluß. Nur 20% dieser 56 Schüler gelang ein guter Schulabschluß. Die übrigen erreichten in der Regelschule durchweg schwache Schulabschlüsse (Breuer 1988).

Erwachsene Aphasiker

Einer der Autoren betreute logopädisch in Zusammenarbeit mit der Universitätsnervenklinik Greifswald über mehr als 15 Jahre erwachsene Aphasiker. Zunächst wurde dabei nicht an Vergleiche mit sprachgestörten Vorschulkindern und Kindern mit unerwarteten Lernschwierigkeiten im Anfangsunterricht gedacht, zumal es sich bei den erwachsenen Aphasikern durchweg um ältere Probanden handelte.

Der Zusammenhang zwischen den drei Gruppen wurde aus den Therapieeffekten und der damit verbundenen Ausgangsdiagnose erkannt. Zudem zeigte der Wiederaufbau der Laut- und Schriftsprache bei den erwachsenen Aphasikern viele Gemeinsamkeiten mit dem Erwerb der Laut- und Schriftsprache bei jüngeren Kindern.

Es fiel auf, daß bei relativ gleichen therapeutischen Bemühungen einige Aphasiker gute Lernfortschritte beim Wiederaufbau ihrer Laut- und Schriftsprache machten, während andere unter den gleichen Förderbedingungen stagnierten. Durchgeführte Analysen wiesen auf sehr auffällige Unterschiede zwischen beiden Patientengruppen im Bereich ihrer Sprachwahrnehmungsleistungen hin. Alle diejenigen Aphasiker, die bei der Erkundung therapeutischer Ansatzstellen im Bereich ihrer Wahrnehmungstätigkeit in der Lage waren, ein solches Niveau in der Differenzierung sprachbezogener melodischer und rhythmischer Modalitäten zu erreichen, wie es für Sprachaneignungsprozesse benötigt wird, profitierten durch logopädische Maßnahmen weit mehr als jene Patienten, die zu Beginn der Therapie nicht in der Lage waren, etwa ein einfaches Kinderlied melodie- und rhythmusgetreu wiederzugeben (zu summen) oder einen vorgegebenen Klatschrhythmus zu wiederholen.

Diese Ergebnisse an Aphasikern bestätigen die Erkenntnis, daß intakte basale kognitive Funktionen (Sprachwahrnehmungsleistungen), die für die Kodierung und Dekodierung sprachlicher Inhalte benötigt werden, unentbehrliche Voraussetzungen sind, damit ein Mensch Sprechen, Schreiben und Lesen lernen kann. Von der individuellen Konstellation dieser Voraussetzungen hängt der Erfolg dieser Aneignungsprozesse wesentlich ab (Weuffen 1978).

Untersuchungen von Kamper (1990), durchgeführt an erwachsenen Analphabeten, bestätigen diese Zusammenhänge. Erwachsene Analphabeten, die jahrelang eine Schule besucht hatten, wiesen im Niveau ihrer sprachbezogenen Wahrnehmungsleistungen noch als Erwachsene zum Teil Rückstände auf, die unter dem Niveau normalentwickelter Vorschulkinder lagen. Es ist sehr wahrscheinlich, daß sie wegen dieser verbosensomotorischen Mängel keine bleibenden Fähigkeiten im Schreiben- und Lesenlernen erreichen konnten.

Die Analysen der vorgestellten Populationen (sprachgestörte Vorschulkinder, LRS-Schüler, Aphasiker und Analphabeten) wiesen trotz unterschiedlicher Symptomatologie auf einen gemeinsamen Ausgangspunkt ihrer laut- bzw. schriftsprachlichen Probleme hin: *Es hängt offensichtlich von der Intaktheit der basalen sensomotorischen Grundlagen der Sprache im Vorschulalter ab, ob das Sprechen-, Schreiben- und Lesenlernen erfolgreich gelingt.* Eine frühschulische Förderung muß darauf eingehen.

1.2 Der Anteil unerwarteter Lernschwierigkeiten im Anfangsunterricht und ihre Auswirkungen

Um für den Lehrer im Anfangsunterricht praktische Schlußfolgerungen aus diesen Zusammenhängen ableiten zu können, sind folgende Fragen zu beantworten:
- Wie hoch ist der Anteil von Kindern eines Einschulungsjahrganges, die im Anfangsunterricht unerwartet Lernschwierigkeiten haben?
- Welche Auswirkungen haben diese Schwierigkeiten auf die Persönlichkeitsentwicklung?
- Welche Rolle spielen bei diesen Kindern Sprachwahrnehmungsdefizite?

1.2.1 Wie häufig treten Lernschwierigkeiten im Anfangsunterricht auf?

Diese Frage ist deshalb von allgemeinem Interesse, weil damit neben der persönlichen Tragweite auch die gesellschaftliche Dimension des Problems von Lernschwierigkeiten im Anfangsunterricht berührt wird. Würde es sich nur um Einzelfälle handeln, die ganz sporadisch im Schulleben auftreten, ließe sich eine spezielle Betreuung dieser Kinder wahrscheinlich eher organisieren. Ein jeder Lehrer weiß aber, daß es mit jedem Einschulungsjahrgang immer wiederkehrend in jeder Anfängerklasse Schüler gibt, denen es schwerfällt, Schreiben und Lesen zu lernen. In zahlreichen und umfangreichen Befragungen wurde dieser Anteil innerhalb der Gesamtschülerpopulation zu ermitteln versucht. Tabellen 1 und 2 geben Ergebnisse von zwei Befragungen wieder.

Einige Erläuterungen zu den Ergebnissen in Tabelle 1:

Lehrer 1. und 2. Klassen wurden befragt, wieviele der von ihnen gegenwärtig unterrichteten Schüler beim Schreiben- und Lesenlernen Probleme haben. Die Maßstäbe der Lehrer, die sie der Einordnung zugrunde legten, sind subjektiv. Bei den Schülern haben wir es also keineswegs mit einer einheitlichen Symptomatik und Ätiologie zu tun. Es finden sich unter ihnen Kinder, die globale oder partielle Lernschwächen aufweisen, Normalbegabte mit Teilleistungsstörungen und allgemein Lernbehinderte. Das erschwert die Arbeit des Lehrers in hohem Maße, weil von ihm verlangt wird, den individuellen Besonderheiten jedes Kindes gerecht zu werden. Die große Zahl der Befragten unterstreicht die schwierige Situation, mit der es die Lehrer in Anfangsklassen zu tun haben. Insgesamt kommt der hohe Anteil von Schülern zum Ausdruck, der vom Lehrer eine besondere Zuwendung und Hilfe beim Schreiben- und Lesenlernen benötigt.

Auffällig ist die Überrepräsentation von Jungen. Das unterstreicht ebenfalls die Gültigkeit der ermittelten Zahlenwerte. Bekanntlich überwiegt auch in anderen Risikogruppen (Lernbehinderungen, Sprachstörungen, Verhaltensauffälligkeiten usw.) der Anteil des männlichen Geschlechts. Dafür sind biologische, aber auch soziokulturelle Faktoren verantwortlich, die z.B. aus der unterschiedlichen Rollenzuweisung bei der Erledigung kleiner häuslicher Aufgaben durch Mädchen und Jungen bereits im Vorschulalter resultieren.

In der zweiten Untersuchung (siehe Tabelle 2) wurden von Steffen (1988) Lehrer erster Klassen am Ende des ersten Schulhalbjahres befragt, bei welchen Schülern die Lernschwierigkeiten trotz intensiver Fördermaßnahmen nicht überwunden werden konnten. Die Förderung dieser Kinder war sowohl integrativ im Unterricht, als auch durch spezielle außerunterrichtliche Maßnahmen erfolgt.

Die relativ große Zahl der Kinder, die im Anfangsunterricht beständige Schwierigkeiten beim Lesen- und Schreibenlernen hat, stimmt nachdenklich. Sie weist auf ein ungeklärtes Problem des Anfangsunterrichts hin. Damit erhalten individuelle Problemlagen eine gesellschaftliche Dimension. Das drückt sich in der Vielfalt pädagogisch-psychologischer Forschungen aus (Affolter 1975; Atzesberger 1978, 1981; Becker 1967; Dummer 1980, 1981, 1984, 1986, 1990; Eggert 1975; Graichen 1979;

Grimm-Schöler 1985; Grissemann 1980, 1986, 1991; Gutezeit 1977, 1980; Ingenkamp 1970; Kossakowski 1962; Kossow 1973; Lempp 1979; Radigk 1986; Scheerer-Neumann 1979; Schenk-Danzinger 1986, 1990, 1991; Teumer 1977; Valtin 1970, 1972, 1973; Weinschenk 1965 u.a.).

Tab. 2: Anteil von Schülern 1. Klassen mit tendenziell beständigen Schwierigkeiten beim Lesen- und Schreibenlernen	
Befragt wurden 40 Lehrer, die 1.059 Schüler unterrichteten.	
Von den Schülern hatten danach zeitweilig oder beständig Schwierigkeiten beim Schreiben- und Lesenlernen	14,2%
davon Mädchen	38,0%
davon Jungen	62,0%

Alle genannten Autoren weisen auf die Bedeutung der schöpferischen Arbeit des Lehrers hin, damit es im Einzelfall gelingt, betroffenen Kindern adäquat zu helfen. Ein wichtiger Bezugspunkt dafür ist die psychische und soziale Gesamtsituation des Kindes mit Lernschwierigkeiten im Anfangsunterricht.

1.2.2   Welche Auswirkungen haben unerwartete Lernschwierigkeiten im Anfangsunterricht?

Lernerfolge bedeuten für einen Schulanfänger Lebenserfolge. Seine persönliche Befindlichkeit hängt davon ab, wie er die Anforderungen in der Schule beim Schreiben-, Lesen- und Rechnenlernen erfüllt. Von seiner Umwelt erfährt er, daß Lernerfolge im Anfangsunterricht für das spätere Leben wichtig sind.

Fragt man künftige ABC-Schützen, ob sie sich auf die Schule freuen und ob sie lieber noch ein Jahr zu Hause oder im Kindergarten bleiben möchten, so fällt die Antwort fast immer zugunsten der Schule aus. Sie wollen endlich ein Schulkind sein! Dafür nennen sie auch Gründe: »In der Schule lerne ich lesen, schreiben und rechnen, dann bin ich kein kleines Kind mehr und kann schon etwas, was die Großen können.«

Die Kinder wissen aber auch von älteren Geschwistern, von ihren Eltern, von Spielgefährten und vom Fernsehen her, daß manche Schüler gut, andere weniger gut lernen. Daraus entsteht eine gewisse Unsicherheit, da jeder zu den »guten« Schülern gehören möchte. Kaum ein Kind rechnet mit größeren Mißerfolgen in der Schule.

Während sich für die Mehrzahl der Kinder die optimistischen Lernerwartungen erfüllen, gelingt es einigen nicht, mit dem Gros der Klasse Schritt zu halten. Sie registrieren im Vergleich mit ihren Mitschülern unterschiedliche Reaktionen der Lehrer. Am meisten jedoch trifft es sie, wenn sie spüren, daß sie die Erwartungen der Eltern enttäuschen. Nicht immer findet ein lernschwaches Kind Verständnis im Elternhaus. Ohne beschützenden Beistand ist es aber den Konflikten hilflos ausgeliefert.

Gerade bei Kindern mit unerwarteten Lernschwierigkeiten im Anfangsunterricht kommt es auf eine vertrauensvolle Zusammenarbeit des Lehrers mit den Eltern des Schülers an. Nur unter dieser Voraussetzung wird es gelingen, dem Kinde wirklich zu helfen. Wenn die Eltern von der Fürsorge des Lehrers für ihr Kind fest überzeugt sind, werden sie seine Ratschläge auch befolgen. Sie unterstützen damit nicht nur die Entwicklung ihres Kindes, sondern auch die Arbeit des Lehrers.

Auf konkrete Hinweise zur Zusammenarbeit von Elternhaus und Lehrer wird bei den Hinweisen zur Förderung im Kapitel 3 näher eingegangen.

Die größten Sorgen hat der Lehrer eigentlich mit jenen Eltern, die der schulischen Entwicklung ihres Kindes gleichgültig gegenüberstehen oder von vornherein eine Zusammenarbeit mit der Schule und den Lehrern ablehnen. Dem liegen entweder einseitig verallgemeinerte schlechte Erfahrungen aus der eigenen Schulzeit zugrunde oder das Bildungsniveau der Eltern reicht nicht aus, um den Nutzen einer Zusammenarbeit zu erkennen. In einigen Fällen wird das Angebot des Lehrers zur Zusammenarbeit abgelehnt, weil damit eine Einmischung in die Intimsphäre der Familie befürchtet wird.

Selbstverständlich hat jedes Kind schon vor Schuleintritt Enttäuschungen erlebt. Wünsche blieben unerfüllt, unangenehme Forderungen mußten befolgt werden, es gab Streit mit Spielgefährten oder es hat sich durch Unachtsamkeit Schmerzen zugefügt. Auch in der Schule gibt es gelegentlich Ärger.

Diese unangenehmen Erlebnisse unterscheiden sich aber prinzipiell von permanenten Lernschwierigkeiten im Anfangsunterricht. Während erstere mehr oder weniger episodisch auftreten und durch nachfolgende positive Erlebnisse schnell vergessen werden, wirken beständige schulische Mißerfolge frustrierend. Das Kind ist ihnen mit seiner ganzen Persönlichkeit ausgeliefert (Franke 1988). Ihre negative Wirkung verstärkt sich, wenn sie langzeitlich anhalten. Das ist bei fast 15% aller Schüler der Fall.

Bei einigen dieser Kinder zeigen sich bereits im Vorschulalter Anzeichen für künftige Lernschwierigkeiten. Das trifft für Kinder mit starken Sinnesschäden (Sehschwäche und Blinde, Schwerhörige und Gehörlose), für Kinder mit einer hochgradig verzögerten Sprachentwicklung oder für geistig Behinderte zu. Ob in einem solchen Fall die Förderung in einer Regelschule oder in einer Sonderschule erfolgen soll, wird von Fall zu Fall sehr sorgfältig zu prüfen sein. Die wichtigste Orientierung für eine solche Schullaufbahnentscheidung ist das Wohl des Kindes in Gegenwart und Zukunft. Hier darf nur das fundierte Urteil von Experten den Ausschlag geben.

Anders ist die Situation bei jenen Kindern, die vor Schuleintritt unauffällig waren und sich altersentsprechend verhielten. Weder in der Sinnestätigkeit noch in sprachlich-intellektueller Hinsicht oder in der Motorik kündigten sich spätere Schwierigkeiten im Anfangsunterricht an. Zu ihnen gehören auch jene sprachgestörten Kinder, bei denen zwar im Vorschulalter eine sprachliche Auffälligkeit bestand, diese aber durch logopädische Betreuung noch vor Schuleintritt beseitigt werden konnte.

Für die Eltern all dieser Kinder kommt es völlig überraschend, wenn bei ihrem Kind in der Schule plötzlich Lernprobleme auftreten. Die Lehrer sind auf solche Situationen eingestellt, nicht aber die betreffenden Eltern. Sie fragen sich, warum ihr Kind mit den anderen Kindern nicht Schritt halten kann. Dummheit oder Faulheit werden von den Eltern auf Grund bisheriger Erfahrungen ausgeschlossen. Andere Ursachen sind ihnen nicht bekannt. Es liegt nahe, daß es zu Schuldzuweisungen an den Lehrer kommt. Die Eltern argumentieren: »Wenn die Entwicklung des Kindes bisher problemlos verlaufen ist, dann können die Schwierigkeiten nur mit der Schule zusammenhängen.« Diese Auffassung kann zum Ausgangspunkt für Konflikte zwischen Eltern und Lehrer werden. Für den Lehrer entstehen damit unangenehme Situationen. Er soll das Kind bei Schulbeginn dort abholen, wo es in seiner Entwicklung angekommen ist. Jedes Kind hat aber einen anderen Ausgangspunkt. Die Anzahl der Kinder mit einem besonderen Förderanspruch dabei ist relativ groß.

Aus Untersuchungen zur emotionalen Befindlichkeit von Schülern in den ersten beiden Schuljahren geht hervor, daß ihre Einstellung zum Lernen und zur Schule in dieser Zeit *nicht* in erster Linie von den Lernergebnissen abhängt. Entscheidend ist, wie diese im Erleben des Kindes reflektiert werden. Das liegt wesentlich daran, wie sich der Schüler vom Lehrer angenommen fühlt. Etwa ab dem dritten Schuljahr, wenn die Lernergebnisse mit Zensuren bewertet und von den Schülern untereinander konkurrierend verglichen werden, bestimmt der Lernerfolg immer mehr das schulbezogene Selbstbild (Krause 1990). Von ihm hängen das Wohlbefinden und die Eigenaktivität des Kindes beim Lernen ab.

Befragungen in zwei Anfängerklassen wenige Tage nach Schuleintritt, dann ein halbes Jahr später und (in der Frage abgewandelt) einige Tage nach Beginn des zweiten Schuljahres bestätigen dies. Im Rahmen einer Unterhaltung wurden die Kinder von einer ihnen vertrauten Person u.a. befragt, wo es ihnen besser gefiele, im Kindergarten oder in der Schule, in der ersten oder in der zweiten Klasse. Über die Ergebnisse gibt Tabelle 3 Auskunft.

Tab. 3: *Emotionale Einstellung von ABC-Schützen (n = 48) zur Schule (Angaben in %)*

Schule wird erlebt	1. Schulwoche in der 1. Kl.	Nach dem 1. Schulhalbjahr	1. Schulwoche in der 2. Kl.
☺	97,5	50,0	80,0
😐	2,5	30,0	8,0
☹	–	20,0	12,0

(Nach Breuer/Kasten 1985)

Alle befragten Kinder hatten einen Kindergarten besucht. Sie sprachen von ihren Erzieherinnen mit spürbarer Zuneigung. Warum dennoch diese eindeutige Entscheidung für die Schule? Sie ist Ausdruck ihrer Vorfreude auf das Lesen-, Schreiben- und Rechnenlernen und den damit verbundenen neuen Sozialstatus. Die Schule hat für alle Kinder zu diesem Zeitpunkt etwas Faszinierendes. Mit ihrer Entscheidung lehnen sie jedoch den Kindergarten nicht ab. Sie ist eindeutig als Seismograph für die durch Kindergarten und Elternhaus erfolgte positive Einstimmung des Kindes auf die Schule zu werten. So wie sich ein Vorschulkind darauf freut, ein Schulkind zu werden, freut sich der Schulabgänger auf seine Berufsausbildung, der Abiturient auf das Studium, der Student auf seine berufliche Bewährung. Dieses Zukunftsstreben ist ein großer Vorzug, ein Wesensmerkmal der Jugend. Daraus entsteht Bereitschaft, sich neuen Herausforderungen zu stellen.

Zurück zu Tabelle 3. Im Unterschied zur ersten Befragung entscheiden sich in der zweiten deutlich weniger Kinder für die Schule. Die einschränkungslos positive Beziehung ist inzwischen verlorengegangen. Fast jeder dritte Schüler äußert ambivalente Gefühle, jeder fünfte ein deutliches Unbehagen.

In der dritten Befragung, die kurz nach den großen Schulferien zu Beginn der zweiten Klasse durchgeführt wurde, sind überraschend wieder 80% der Schüler der Meinung, in der zweiten Klasse würde es besser als in der ersten sein. Diese optimistische Erwartung der Schüler nach den großen Schulferien kommt einem Vertrauensvorschuß gleich. Die einen erwarten auch künftig gute Lernerfolge. Weniger erfolgreiche Schüler hoffen in der zweiten Klasse auf bessere Ergebnisse. Einige Schüler beginnen jedoch offensichtlich den Mut zu verlieren. Mit diesen unterschiedlichen Befindlichkeiten hat der Lehrer zu rechnen. Er muß den Kindern Erfolgserlebnisse verschaffen, sonst gelingt es nicht, eine positive Befindlichkeit zu schaffen.

Leider zeigen Befragungen in nachfolgenden Schuljahren eine zunehmende Polarisierung in der Einstellung zur Schule. Während erfolgreiche Schüler fast immer gern zur Schule gehen, breiten sich bei Schülern mit geringen Lernerfolgen verstärkt Schulunlust, Gleichgültigkeit, Resignation oder auch Aggressivität aus.

Derartige Veränderungen in der psychischen Struktur von weniger erfolgreichen Schülern zeigen sich nicht immer in spektakulären Symptomen, doch sie vollziehen sich stetig. Sucht man z.B. bei Schülern, die in oberen Klassen sitzenbleiben, anamnestisch nach ersten Anzeichen für ihr schulisches Versagen, so lassen sich bei mehr als 90% von ihnen schon im Anfangsunterricht Signale dafür feststellen. Fast immer gehören diese Schüler zu jenen, die bereits beim Schreiben-, Lesen- oder Rechnenlernen erfolglos blieben. Sie konnten von Klasse zu Klasse oft nur mit Bedenken versetzt werden. Ihre schriftsprachlichen Mängel »schleppten« sie gewissermaßen von einer Klassenstufe zur anderen mit. Das erschwert es ihnen, sich solide Kenntnisse in darauf aufbauenden Fächern anzueignen.

Jeder Lehrer weiß, daß eine Klassenwiederholung in oberen Schuljahren meist mehr Konflikte bei den betreffenden Schülern entstehen läßt, als damit gelöst werden sollen. Der Schüler erlebt in diesem Alter das Sitzenbleiben fast immer als eine soziale Degradierung, die er nur schwer verarbeiten kann. In unteren Klassen stellt eine Klassenwiederholung in der Regel einen relativ kurzzeitigen »Schmerz« dar. Er wird überwunden, wenn dadurch der Schüler in seinen Grundfertigkeiten im Lesen, Schreiben und Rechnen sicherer wird. Das wirkt sich langzeitlich positiv aus.

Zusammenfassend lassen sich folgende Wesensmerkmale von Lernschwierigkeiten im Anfangsunterricht kennzeichnen:
- Mit Lernschwierigkeiten im Anfangsunterricht haben es relativ *viele* Kinder zu tun. Etwa 15% können sie offensichtlich nur durch besondere pädagogische Zuwendungen überwinden.
- Bei den meisten Kindern treten die Lernschwierigkeiten *unerwartet* auf. Das begünstigt ungerechtfertigte Schuldzuweisungen an den Lehrer.
- Anhaltende Lernschwierigkeiten im Anfangsunterricht haben eine frustrierende *Langzeitwirkung.*
- Als Ursache für Lernschwierigkeiten im Anfangsunterricht scheidet eine negative *Primärmotivation* des Kindes praktisch aus.
- Als *eine* der entscheidenden Ursachen für Lernschwierigkeiten sind Unzulänglichkeiten im Niveau elementarer *Sprachwahrnehmungsleistungen* anzusehen. Sie stellen eine unersetzbare Grundlage für das Sprechen-, Schreiben- und Lesenlernen dar.

1.3 Auf welche Sprachwahrnehmungsleistungen ist das Sprechen-, Lesen- und Schreibenlernen angewiesen?

Sprache ist aus dem Bedürfnis der Menschen heraus entstanden, untereinander Gedanken auszutauschen, sich Fragen, Erlebnisse und Erfahrungen mitzuteilen. Im Rahmen ihrer Möglichkeiten schufen sie sich ein System von Zeichen, mit dessen Hilfe sie ihre Gedanken mitteilungsfähig machten. Das geschah mittels sinnlich-wahrnehmbarer Modalitäten, die sie selbst herstellen und wahrnehmen konnten. Informationen wurden so kodiert und dekodierbar.

Aus dem Arsenal ihrer sensomotorischen Fähigkeiten eigneten sich für die Sicherung von kommunikativen Fernkontakten am besten Laute. Im Verlaufe der menschlichen Entwicklung wurden diese immer mehr verfeinert und vervollkommnet. Aus Lautmodalitäten entstanden schließlich Wörter. Durch bestimmte Anordnungen von Wörtern war es dann möglich, entfaltete Gedanken sprachlich auszudrücken.

Auch beim Entstehen der Schriftsprache bediente sich der Mensch seiner sensomotorischen Voraussetzungen (Ayres 1984). In diesem Falle übernahmen optisch wahrnehmbare und motorisch herzustellende Zeichen die Funktion von Kodeträgern für Gedanken, so daß die Menschen von aktuell-realen Sinneseindrücken für konkretes Handeln immer unabhängiger wurden.

Wenn ein Kind sprechen lernt, wiederholt es in gewisser Weise diesen Ablauf in der Anthropogenese (Arnold 1970). Es benötigt Sinnesleistungen, die das modalitätsgerechte Wahrnehmen und Realisieren von Sprache ermöglichen.

Sprache ist nur zu verstehen, wenn ihre sinnlich-wahrnehmbare Struktur, also ihre äußere Hülle mit den Sinnen exakt wahrgenommen wird. Zwischen Wahrnehmen und Verstehen von Sprache besteht ein untrennbarer Zusammenhang.

Anzahl, Abfolge und Art sinnlich wahrnehmbarer Modalitäten verschiedener Laute repräsentieren im Ergebnis historisch entstandener Konventionen bestimmte begriffliche Inhalte.

Die Herausbildung präziser Sprachwahrnehmungsleistungen hängt sowohl von den vitalen Herausforderungen in der Interaktion zwischen Kind und Umwelt ab, als auch von Reifungsprozessen im Zentralnervensystem und von der Entwicklung der Sinnesorgane.

Beide Determinanten sind wechselseitig miteinander verbunden. Ein gehörloses Kind z.B. kann ohne spezielle sonderpädagogische Hilfe das Sprechen nicht erlernen, weil es die sinnlich-wahrnehmbaren akustisch-phonematischen Signale nicht hört. Wer akustisch-phonematische Unterschiede nur diffus erfaßt, lernt je nach dem Grad seiner Schwerhörigkeit verspätet und ungenau Wörter und Sätze bilden.

Varianten in der Artikulation, in der Betonung und Stimmführung, in den Sprechpausen, in der Gliederung von Lauten im Wort und der Wörter im Satz usw. sind es, an denen sich der Zuhörer orientiert, um das Gesprochene inhaltlich zu erfassen. Diese sinnlich wahrzunehmenden Merkmale des Gesprochenen muß der Gesprächspartner differenzieren und integrieren, mit im Gedächtnis gespeicherten Laut- und Wortklangbildern bzw. Satzschemata in Beziehung setzen, um den Bedeutungsinhalt identifizieren zu können. Dazu gehört ein feines phonematisches Gehör, um die oft sehr subtilen akustischen Unterschiede zu erfassen. Mundbewegungen, Mimik und Gestik des Sprechers liefern optische Informationen, die das Dekodieren erleichtern.

Ein Neugeborenes ist zu diesen Reiz-Differenzierungen noch nicht imstande. Aber schon nach einem Jahr sind die meisten Kinder in der Lage, akustische, optische, motorische und andere Signale als Bedeutungsträger zu verstehen. So entsteht Kommunikation mit der Umwelt. Das Kind versucht, seinerseits Signale zu geben. Stimulierende Reaktionen aus der Umwelt wirken dabei als zusätzlicher Antrieb für das Kind. Es macht schließlich mit eigenen sprachlichen Leistungen auf sich aufmerksam.

Alle diese Fortschritte beim Sprechenlernen sind nur möglich, wenn die dafür zuständigen sprachbezogenen Wahrnehmungsleistungen die Perfektion erreicht haben, sehr feine akustische, melodisch-rhythmische, sprechmotorische und andere Unterschiede innerhalb des Redeflusses herauszuhören und selbst zu vollziehen. Schon frühzeitig kann z.B. ein Säugling die Stimme der Mutter von einer anderen Person unterscheiden, ohne sie zu sehen. Sein entwickeltes Gehör erlaubt ihm die bedeutungsunterscheidende, inhaltliche Identifikation sinnlich-wahrnehmbarer Modalitäten in der Sprache.

Die Vorbereitung auf das Lesen- und Schreibenlernen beginnt also bereits mit der Entwicklung exakter Wahrnehmungen lange vor Schulbeginn. Treten bei einem Kind Schwierigkeiten beim Sprechenlernen auf oder hat es Schwierigkeiten beim Schreiben- und Lesenlernen, ist immer auch die Ebene der Sprachwahrnehmungsleistungen als wahrscheinlicher Ausgangspunkt dieser Schwierigkeiten zu analysieren.

Nachfolgend werden jene Sprachwahrnehmungsleistungen behandelt, die als unersetzbare Grundlage für das Sprechen-, Schreiben- und Lesenlernen anzusehen sind.
Im Ergebnis langjähriger interdisziplinärer Untersuchungen, in die mehr als 10.000 Kinder und Jugendliche, teilweise vom 4. bis zum 17. Lebensjahr einbezogen waren, ließen sich die Bedeutung sprachbezogener Wahrnehmungsbereiche nachweisen.

Es sind dies die
- optisch-graphomotorische
- die phonematisch-akustische
- die kinästhetisch-artikulatorische
- die melodisch-intonatorische
- die rhythmisch-strukturierende
Differenzierungsfähigkeit (Breuer/Weuffen 1990).

1.3.1 Die Fähigkeit zur optisch-graphomotorischen Differenzierung

Unsere Schrift ist eine Buchstabenschrift. Die optische Differenzierungsfähigkeit gilt deshalb als Voraussetzung vor allem für das Schreiben- und Lesenlernen (Frostig/ Müller 1981). Zusätzlich erfordert das Schreiben graphomotorische Leistungen. Beim Lesen geht es um die Sinnentnahme aus einem Text, der mit Hilfe von 26 Schriftzeichen unseres Alphabets auskommen muß. Ohne differenzierte Erfassung der Struktur der einzelnen Zeichen wäre eine Sinnentnahme nicht möglich. Das Übertragen akustischer Zeichenreihen in optische Zeichenreihen und umgekehrt erfordert eine präzise visuelle Selektion der Laute in einem Wort. Für die Sinnentnahme aus der Lautsprache dagegen ist das Niveau der optischen Differenzierung weit weniger wichtig als etwa die phonematische. Damit hängt sicher zusammen, daß intellektuell behinderte Kinder weit weniger Schwierigkeiten mit dem Sprechen als mit dem Schreiben und Lesen haben. In der optischen Differenzierungsfähigkeit erreichen Lernbehinderte (allerdings deutlich verspätet) relativ bessere Ergebnisse als in anderen sprachbezogenen Wahrnehmungsbereichen. Große Schwierigkeiten jedoch haben sie in der Erfassung visueller Raum-Lage-Beziehungen.

Für das Sprechenlernen spielt die optische Differenzierung nur eine untergeordnete Rolle. Bei Kindern, die Schwierigkeiten beim Heraushören der Lautqualitäten haben, und bei Schwerhörigen läßt sich beobachten, wie konzentriert sie auf die Mundbewegungen des Sprechers achten. Sie versuchen die optischen Informationen vom Mund als kompensatorische Hilfe für das Verstehen des für sie ungenauen Lautstroms abzusehen. Lernschwache Kinder profitieren also von einer deutlichen Artikulation des Lehrers nicht nur in akustischer Hinsicht, sie können dabei auch den Vorteil des Ablesens deutlicher Mundbewegungen nutzen. Blinde Kinder, die auf optische Informationen verzichten müssen, erlernen das Sprechen nur leicht verzögert. Der Spracherwerb wird damit aber nicht behindert. Sie sind in der Lage, alle lautsprachlichen Feinheiten aufzunehmen. Das wirkt sich auf ihre Denkentwicklung positiv aus. Blinde lernen Lesen und Schreiben mit Hilfe der Brailleschrift. Dieses Schriftsystem nutzt vor allem die taktil-motorischen Fähigkeiten der Fingerspitzen.

Buchstaben fungieren in unserer Schrift als Zeichen für die Sinnentnahme. Alle Wörter und Sätze unserer Sprache können daraus gebildet werden. Damit sind wahrnehmungsmäßig zwei optische Differenzierungsleistungen verbunden. Erstens sind die Unterschiede zwischen den einzelnen Buchstaben präzise zu erfassen. Diese Leistung vollzieht sich in der Ebene und in den Einzelheiten des Buchstabens selbst. Zweitens sind die einzelnen Buchstaben in ihrer Abfolge innerhalb der Wortstruktur zu erkennen. Diese Leistung vollzieht sich beim Lesen und Schreiben in einer räumlichen Gliederung, orientiert durch Lautklangfolgen im Wort und Sinnentnahme aus Wortfolgen.

Bekanntlich unterscheiden sich Buchstaben oft nur in minimalen Einzelheiten ihrer optischen Struktur: z.B. weisen die Buchstaben

»b« und »d«

gleiche Strukturelemente (Strich und Halbkreis an der unteren Hälfte des Striches) auf, jedoch eine unterschiedliche Raum-Lage des Halbkreises. Ähnlich ist das bei

»p« und »q«.

Hier weist der Strich auch in eine andere Raumdimension.

Buchstaben können sich auch durch andere Strukturelemente unterscheiden. Beim

»m« und »n«

haben wir es z.B. mit gleichen Elementen in unterschiedlicher Anzahl zu tun. Ähnlich verhält es sich bei

»v« und »w«

Beim handgeschriebenen

»e« und »l«

sind die Unterschiede Größenrelationen,

»z« und »s«

unterscheiden sich u.a. durch spitze bzw. runde Richtungsänderungen. Vergleicht man die Schriftbilder von

»Band« – »Rand« – »Land« – »Hand« – »Wand« und »Sand«,

dann wird deutlich, wie in diesen Fällen subtile optische Modalitäten allein im Anfangsbuchstaben unterschiedliche Bedeutungen von Buchstabenverbindungen kennzeichnen. Es sind also jeweils nur relativ minimale optische Unterschiede der einzelnen Zeichen, die das Kind automatisiert erfassen lernen muß, um den Inhalt des Geschriebenen verstehen zu können. Die wichtigste Teilleistung innerhalb der optischen Differenzierungsfähigkeit auf dem Wege zur Buchstabenkenntnis ist die Erfassung räumlicher Beziehungen. Dabei müssen einzelne optische Modalitäten, diese in ihren Beziehungen innerhalb des Buchstabens untereinander und in ihrer strukturellen Ganzheit als Buchstabe erkannt werden. Nur was erkannt ist, wird im Gedächtnis behalten. Das trifft sowohl für Buchstaben- als auch für Wortstrukturen zu. Die Qualität und Anzahl der eingeprägten optischen Buchstaben- und Wortbilder sind eine Voraussetzung dafür, wie das Lesen und die Rechtschreibung gelingen. Ohne die Fähigkeit, optische Einzelheiten in ihren Größen-, Raum-, Lage- und anderen Details genau und automatisiert zu erfassen, gibt es keine verläßliche Aufbewahrung im Gedächtnis. Ungenaue Gedächtnisbilder reichen aber für die Lösung von wiederkehrenden Aufgaben beim Schreiben- und Lesenlernen nicht aus. Sie müssen aktuell zunächst aufgabenbezogen vervollkommnet werden. Darunter leidet die automatisierte Bereitstellung von Buchstaben- und Wortbildern, also die Flüssigkeit beim Schreiben und Lesen.

Um lese-rechtschreibschwachen Kindern in der Anfangsetappe das Erkennen von Buchstaben- und Wortstrukturen zu erleichtern, sind auch andere Hilfsmittel zur Orientierung innerhalb von Raum-Lagebeziehungen zu beachten.

Die Strukturerfassung wird z.B. erleichtert, wenn es dem Kind gelingt, sein Schriftbild leserlich zu gestalten. Dazu gehören die Beachtung von Mittel-, Ober- und Unterlängen von Buchstaben. Sie sind für die Gestalt des Wortes oft charakteristisch. Das läßt sich beweisen, wenn man etwa Oberlängen oder/und Unterlängen abdeckt (Beispielwort: Greifswald).

Oberlängen
Mittellängen
Unterlängen

Die Mittellängen sind für die Erfassung der Bedeutung des Wortes dominant. Jedoch erleichtern Ober- und Unterlängen häufig die Sinnerfassung.

Die Identifizierung der optischen Gesamtstruktur ist vor allem erschwert, wenn die Mittellängen ungenau sind. Schlechtes Schreiben kann bewirken, daß Selbstgeschriebenes lesend nicht erkannt wird. Ähnlich verhält es sich bei den Abständen zwischen einzelnen Wörtern. Der Tendenz der falschen Zusammenschreibung oder Silbentrennung bei LRS-Schülern kann durch die verbesserte Strukturierungsfähigkeit entgegengewirkt werden. Ein schlechtes Schriftbild ist bei Schulanfängern in den meisten Fällen die Folge einer motorischen Retardierung.

Optische Strukturierungsschwächen bei LRS-Schülern zeigen sich außerdem in einseitigen bzw. eingeengten Orientierungen auf bestimmte Signallaute innerhalb der Wortstruktur. Ist der Anfangsbuchstabe erkannt, wird das Wort geraten. Gelesen wird u.U. ein anderes Wort mit gleichem Anfangsbuchstaben.

Um gesprochene Sprache in geschriebene umzusetzen und umgekehrt, muß eine sichere Beziehung zwischen Laut und Buchstaben hergestellt sein. Damit ist eine Verlagerung räumlicher (des Buchstabens) in zeitliche (des Lautes) Dimensionen vorzunehmen. Es wird u.U. der zeitlich zuletzt gehörte Laut als Anfangslaut eines Wortes genannt, weil er sich als Signallaut aufdrängt. Damit wird die gesamte Lautstruktur, an die man sich beim Schreiben halten muß, durcheinandergebracht. Es gelingt nicht, die Beziehung zwischen optischen Raum-Lagestrukturen und akustischen Aufeinanderfolgen herzustellen.

Im Schriftbild äußern sich derartige Raum-Lageschwächen u.U. als Buchstabensalat, als Umstellungen, Auslassungen, Hinzufügungen, wobei gleiche Fehlleistungen ihre Ursache auch in anderen Wahrnehmungsbereichen haben können. Es ist von den Symptomen der Schreib- und Lesefehler her schwer zu entscheiden, welcher »Wahrnehmungskanal« dafür verantwortlich ist. Dabei spielt eine Rolle, zu welchem Zeitpunkt bestimmte Fehler auftreten.

Die Verwechslung von »b« und »d« ist z.B. zu Beginn des Schreiblernprozesses fast immer als Folge einer optischen Raum-Lageunsicherheit anzusehen. Bleibt dieser Fehler jedoch über Monate bestehen, ist diese Ursachenzuweisung zweifelhaft, weil eine optische Retardierung mit zunehmenden Alter und durch entsprechendes Üben relativ gut überwunden wird. Kommt es weiterhin zur Verwechslung optisch ähnlicher Buchstaben, dann ist das meist ein Problem der Zuordnung von Buchstabe und Laut, also ein Gedächtnis- oder Strukturproblem auf anderer Ebene.

Für einen Erwachsenen scheinen Anforderungen an optische Differenzierungsleistungen, wie sie die Schriftsprache fordert, banal zu sein. Für ein Kind bedarf es jedoch eines langwierigen Lernprozesses, um dem gerecht zu werden und die Bedeutung visueller Unterschiede innerhalb der geschriebenen und gedruckten Schrift richtig einordnen zu können. Schon das Erlernen der Buchstaben fordert gegenüber den bisherigen Anforderungen im Leben des Kindes eine neue Qualität der Detailbeachtung. Ob vor einem Vorschulkind z.B. ein Glas mit dem Henkel nach rechts oder links gerichtet steht, ändert an der Bedeutung »Glas« nichts. Die unterschiedliche Raum-Lage des »Henkelbogens« bei den Buchstaben »b« und »d« ist dagegen bedeutungsunterscheidend und fordert vom Kind eine neue Stufe der Abstraktion.

Optische Differenzierungsmängel äußern sich auch beim Zeichnen. Die dargestellten Sachverhalte weisen eine undifferenzierte, wenig detaillierte Struktur auf. Sogenannte »Kopffüßler« bei Schulanfängern sind dafür ein Beispiel. Auch gelingt es vielen dieser Kinder weniger gut, Modelle nachzubauen oder im Sport feinere Bewegungskoordinationen auszuführen.

Bei Kindern mit einer optischen Differenzierungsschwäche ist die Schnelligkeit optischer Wahrnehmungen insgesamt herabgesetzt. Es wird mehr Zeit benötigt, um Unterschiede erkennen zu können. Das Schreiben ist eine feinmotorische Leistung. Es verlangt einen präzisen Bewegungsablauf bei der Einhaltung von Richtungen (gerade, eckig, rund), von Größen, Abständen und Begrenzungen usw.. Dafür ist wiederum eine sichere Kontrolle durch optische Wahrnehmungen erforderlich. Das zeigen die unklaren Schriftzüge vieler LRS-Schüler.

Am Anfang konzentriert sich das Kind noch vorwiegend auf die formaltechnische Seite des Schreibvorgangs. Übergreifende Sinninhalte stehen zunächst noch im Hintergrund. Die exakte und schließlich automatisierte Wahrnehmung und graphomotorische Realisierung der optischen Modalitäten von Schriftzeichen ist eine der Voraussetzungen, um den Schreib- und Lesevorgang von Lernbeginn an als eine Einheit von Fertigkeit und Verstehen zu sichern. Der Weg zu diesem Differenzierungsniveau führt in den Jahren vor Schuleintritt über das ganz normale Spiel (bauen, basteln, malen, modellieren usw.). Dieser Möglichkeiten sollte sich auch eine frühschulische Förderung bedienen. Ausgewählte Inhalte und Formen dieser Art des Spiels sind als legitime Lernhilfen im Anfangsunterricht anzusehen.

Für die Vervollkommnung der optisch-graphomotorischen, vor allem der Raum-Lage-Differenzierungen stellt das letzte Vorschuljahr eine stürmische Entwicklungsphase dar. Bei etwa 20% der Kinder läuft sie verzögert ab und reicht in das Schulalter hinein. Hier bieten sich einer frühschulischen Förderung gute Einflußmöglichkeiten.

1.3.2   Die Fähigkeit zur phonematisch-akustischen Differenzierung

Das Sprechenlernen durchläuft zwei Phasen, die sich überlappen und die im Ablauf wechselseitig miteinander verbunden sind. Im Kontakt mit seinen Bezugspersonen wird das Kind auf Sprache aufmerksam und prägt sich dabei Wörter und Sätze ein. Die Entwicklung des Sprachgehörs verläuft in engster Verbindung mit dem Artikulationsapparat in den ersten Lebensjahren, weil das Kind bei der Mutter die Quelle des Gehörten (den sich bewegenden Mund) bemerkt und lokalisiert. Das Lallen als Reifungsprodukt ermöglicht das nachahmende Artikulieren. Mit dem Beginn des Erwerbs der passiven Sprache, etwa mit dem dritten Lebensmonat, lernt das Kind die Bedeutung sprachlicher Gebilde verstehen, noch bevor es selbst sprechen kann. Weil es die Funktion der Sprache in Verbindung mit Bedürfnisbefriedigung zunehmend erfaßt, unternimmt es mit seinen Stimmwerkzeugen eigene Artikulationsversuche. Es »spielt« mit seiner Stimme und man merkt, daß es ihm Freude macht und es sich dabei wohlfühlt.

Zur normgerechten Artikulation kommt es durch akustische Rückkopplungen im Vergleich mit sprachlichen Vorbildern, durch deren Hilfen und Korrekturen. Für diesen Sprachaneignungsprozeß ist ein gutes Hörvermögen erforderlich, welches sich im Prozeß des Sprechenlernens ständig verfeinert und schließlich als phonematisches Gehör die Sinnentnahme ermöglicht. Außerdem bildet das Gehör den Eingang zum Sprachgedächtnis.

Kinder mit einem reichen Wortschatz verfügen fast ausnahmslos über eine gute phonematische Differenzierungsfähigkeit. Je präziser die phonematische Struktur erfaßt wird, desto besser wird der Sinn dieses Wortes verstanden – es kann zum Gedächtnisbesitz werden.

Störungen in der Selektion der Phonemfolge ziehen zwangsläufig Störungen im Zugang zur semantischen Struktur und damit für das Einprägen und Behalten nach sich. Das wiederum erschwert die Selektion der Lautfolge, so daß später Rechtschreibfehler gehäuft auftreten.

Ein Schlüssel zur Verbesserung des Sprachgehörs liegt in der Förderung des phonematischen Hörens. Das trifft sowohl für Lernbehinderte als auch für LRS-Schüler zu. Unterschiede zwischen ihnen hängen mit dem Niveau anderer Sprachwahrnehmungsbereiche zusammen. Bei Legasthenikern tritt die phonematische Differenzierungsschwäche als Teilleistungsschwäche auf, während Lernbehinderte globale Sprachwahrnehmungsdefizite in der Phase des Spracherwerbs aufweisen.

Das phonematische Gehör eines Kindes kann sich nur in den Grenzen des sprachlichen Angebots seiner Umgebung ausformen. Dem dafür notwendigen Standard als Anregungsbedingung kommt in den ersten Lebensjahren eine hohe Bedeutung zu. Ein Kind, welches diesen und den intonotorischen Standard z.B. in einer Fremdsprache in diesem frühen Alter nicht geboten bekommt, wird die später gelernte Fremdsprache kaum völlig akzentfrei sprechen können.

Die phonematische Differenzierungsfähigkeit ist eine spezifisch menschliche, sprachgebundene akustische Leistung. Sie dient einmal dazu, aus dem gehörten Lautstrom die artikulierten Sprachelemente in ihrer Qualität und Abfolge auszusondern, zum anderen kontrolliert sie das eigene Sprechen. Phonematisches Hören ist sinndifferenzierend.

Während Tiere in vielen anderen sensomotorischen Fähigkeiten (z.B. in der Genauigkeit des Sehens, Hörens oder Riechens, im Vollzug exzellenter Bewegungen usw.) den Menschen weit übertreffen, ist nur allein er in der Lage, die mitunter feinsten, aber bedeutungstragenden Laute zu unterscheiden und einem Sinn zuzuordnen. Ohne diese großartige phonematische Leistung wäre sprachliche Kommunikation nicht möglich. Die Wörter

»Nagel« und »Nadel«

z.B. hören sich sehr ähnlich an, bezeichnen aber völlig verschiedene Dinge. Nur die Feinheiten zwischen den korrelierenden Phonemen »d« und »g« entscheiden über den jeweiligen Inhalt.

Unsere Muttersprache ist reich an derartigen subtilen, aber bedeutungsunterscheidenden Varianten:

»Bahn – Bein«, »Kopf – Topf«, »naschen – waschen«

u.v.a.m. Diese feinen phonematischen Unterschiede muß ein Kind differenzieren und sprechmotorisch realisieren lernen, wenn es verstehen soll, was gemeint ist, oder wenn es dem Partner z.B. den Inhalt

»Nagel« oder »Nadel«

mitteilen will. Wie wichtig phonematische Unterscheidungen sind, erleben auch Erwachsene, wenn sie z.B. ein Wort falsch verstehen, wenn durch Hintergrundgeräusche, wie beim Telefonieren, die phonematische Differenzierung nicht gelingt und der Kontext die so entstandene »gedankliche« Lücke nicht schließen hilft. Auf diese Weise kann es zu Mißverständnissen bei der Erfassung von Inhalten, Mitteilungen usw. kommen. Kinder mit phonematischen Schwächen tendieren oft zur Fehlhörigkeit, die ihre Diagnose und Behandlung durch Spezialisten erfordert (Esser 1981, 1987; Wurm-Dinse 1991).

Beim Sprechen erleichtert das Erfassen der Phonemstruktur die Sinnentnahme aus Wörtern und Sätzen. Hierbei spielen auch andere Kodeträger (Melodie, Rhythmus usw.) eine Rolle. Es ist wichtig, die Phonemstruktur zu erfassen, also die sinnlich-wahrnehmbare Repräsentanz des Inhalts eines Wortes, auch weil davon dessen Speicherung im Gedächtnis abhängt. Gespeichert werden die Phonemstrukturen. Die Vernetzung der damit verbundenen semantischen Inhalte baut darauf auf. Der untrennbare Zusammenhang von gespeicherten Wortklangschemata, begrifflichem Gedächtnisbesitz, seiner Verfügbarkeit und Umsetzung in Rede unterstreicht den hohen Stellenwert der phonematischen Differenzierung für das äußere und innere Sprechen.

Auf der Ebene der Lautsprache besitzt außerdem der Kontext der Situation (die sprachliche Anregungssituation), in welcher das Kind Sprache ständig erlebt, eine wichtige Funktion für die Vervollkommnung und Automatisierung des phonematischen Gehörs. Für die schriftliche Form der Sprache, also die Konservierung gesprochener Sprache mit Hilfe von Schrift sind neue analytisch-synthetische Kodierungsschritte zu vollziehen. Aus der Phonemstruktur sind Einzellaute zu selektieren. Erst dann kann das Kind lernen, wie diese Laute in eine optische Gestalt zu bringen sind (Buchstabenkenntnis). Ohne eine sichere phonematische Differenzierung würde die Selektion von Einzellauten und ihre Umsetzung in Schriftzeichen nicht gelingen.

Am schwierigsten ist es, eine Lautfolge analysierend als Buchstabenfolge bzw. beim Lesen eine Buchstabenfolge synthetisierend in eine Lautfolge umzuwandeln. Hören bedeutet, zeitlich Ablaufendes zu erfassen und zu behalten. Sehen (Lesen) dagegen vollzieht sich im Raum, hat eher statischen Charakter. Die große Leistung beim Lesen und Schreiben besteht für das Kind u.a. darin, räumlich angeordnete Zeichen in eine zeitliche Folge zu bringen. Umgekehrt vollzieht es sich beim Schreiben: eine zeitliche Folge ist in eine räumliche zu verwandeln. Die Isolierung der Laute und das Behalten ihrer Reihenfolge ermöglicht schließlich richtiges Schreiben.

Da der Klang eines gleichen Lautes sehr verschieden sein kann (denken wir nur daran, wie viele Varianten ein »e« innerhalb eines Wortes erhalten oder wie der gleiche Laut verschiedene Gestalten wie beim »v«, »f«, »ph« annehmen kann, wie unterschiedlich Dehnungen und Kürzungen ausgedrückt werden: »i«, »ie«, »ih«, »ieh«), ist es für den Schulanfänger sehr schwer, diese Aufgabe zu meistern. Außerdem wird in bestimmten Fällen der schriftliche Ausdruck durch Konventionen festgelegt, die nicht zu erklären, sondern einfach enzuprägen sind. Wenn ein Schulanfänger das Wort

»und« als »unt«

schreibt, setzt er den gehörten Laut eigentlich korrekt um. Weshalb

»wir« nicht als »wier«

geschrieben wird, läßt sich auch nicht begründen. In all diesen Fällen gilt es, die Schreibweise mit Hilfe des mechanischen Gedächtnisses zu sichern. In einigen Fällen können logische Hilfen die Abweichungen zwischen Laut und Buchstaben erklären, z.B. indem das Kind lernt, den Plural oder Komparativ zu bilden, bevor es den Endbuchstaben schreibt: »Hund – Hunde«, »Land – Länder«, »klug – klüger« usw.

Regelwissen und mechanisches Gedächtnis tragen also mit dazu bei, Schreibfehler zu vermeiden. Aber es gibt Schreibweisen, die von einer Regel abweichen, so daß letztlich wiederum das mechanische Gedächtnis Fehler vermeiden hilft. Die Regel, daß nach kurzen Vokalen eine Verdoppelung der folgenden Konsonaten vorzunehmen ist, trifft nicht immer zu: »man«, aber: »Mann«.

Groß- und Kleinschreibungen richten sich ebenfalls nach Konventionen, die sich mitunter ändern.

Von Regel- und Gedächtnisfehlern sind Konzentrationsfehler abzuheben: Vergessen des I-Punktes, der Umlautstriche, des Punktes am Satzende u.ä., unter Umständen das »Vergessen« eines Auslauts. Diese Fehlerarten lassen sich bei Kindern ohne Intelligenzmängel relativ leicht erklären und überwinden. Weit schwieriger ist die Vielzahl all der Fehler zu verstehen und zu vermeiden, die mit unzulänglichen Sprachwahrnehmungsleistungen zusammenhängen: Buchstaben fehlen, ihr Platz ist vertauscht, sie werden durch einen anderen ersetzt, überflüssige Buchstaben sind hinzugefügt.

Diese Fehler können bis zur Extremform des Wortsalates oder von Wortrudimenten führen. Welcher Sprachwahrnehmungsfehler für welche Rechtschreibfehler verantwortlich ist, läßt sich nie mit Sicherheit entscheiden. Allerdings haben viele dieser Fehler mit unzulänglichen phonematischen Differenzierungsleistungen zu tun. Sie können aber ebenso auf anderen Fehlerquellen beruhen (z.B. Raum-Lageunsicherheiten).

Präzise Sprachwahrnehmungen sind – woran häufig nicht gedacht wird – die Basis dafür, Regelwissen und mechanisches Gedächtnis einzusetzen. Umgekehrt erschweren unscharfe Sprachwahrnehmungen die Anwendung von Regelwissen. Um z.B. die Schreibweise nach langen und kurzen Vokalen regelgerecht fortsetzen zu können, muß das Kind zunächst den zeitlichen Unterschied zwischen Dehnung und Kürzung wahrnehmen: »Kahn« oder »kann«.

Wenn ein Kind die Stimmlosigkeit und die Stimmhaftigkeit von Explosivlauten

»d – t«, »b – p«, »g – k«

und Zischlauten

»s – z«

phonematisch nicht heraushört, schreibt es falsch:

»Galb« statt »Kalb«, »glein« statt »klein«, »dige« statt »dicke«, »Brüter« statt »Brüder«, »Palken« statt »Balken«, »Bark« statt »Park«, »leize« statt »leise« usw.

Die Intensität einer phonematischen Differenzierungsschwäche kann unterschiedlich ausgeprägt sein. Massive Formen, z.B. bei Schwer- oder Fehlhörigkeit, fallen den Eltern und Kindergärtnerinnen im täglich Kontakt mit dem Kind wie folgt auf:

Meist sprechen diese Kinder bestimmte Konsonanten bzw. Konsonantenverbindungen falsch oder undeutlich: statt »gut – dut«, statt »klein –tlein« statt »kommen – tommen«, statt »schön – szön«.

Diesen Stammelfehlern können phonematische Schwächen zugrunde liegen. Das Kind hört nicht, daß es falsch spricht, auch wenn ihm richtig vorgesprochen wird. Exakte sprechmotorische Muster können sich dadurch nur schwer ausbilden. Das Kind gewöhnt sich gewissermaßen an eine falsche Aussprache, da es die klanglichen Unterschiede nicht genau wahrnimmt.

Ursachen für Stammelfehler können aber auch primär in sprechmotorischen Schwächen liegen. Bei einem drei- bis vierjährigen Kind sind sie fast normal. Die grob- und feinmotorische Koordinierungsfähigkeit vervollkommnet sich bei jüngeren Kindern sehr schnell. Doch selbst dann, wenn ein Kind richtig artikulieren gelernt hat, kann es beim Schreiben Fehler machen, weil es phonematisch noch unsicher ist.

Je älter das Kind wird, desto mehr habitualisieren sich Aussprache- und Sprachhörfehler und belasten damit nachhaltig das spätere Schreiben- und Lesenlernen. Derartige Mängel erschweren auch den Erwerb einer Fremdsprache.

Kompliziert sind jene Fälle, bei denen die phonematischen Schwächen von Vorschulkindern für die Eltern unerkannt bleiben, weil keine auffällige Sprachstörung vorliegt. Diese Kinder stammeln nicht und haben im Vorschulalter auch keine Schwierigkeiten – obwohl sie phonematisch nicht völlig sicher sind –, Gesprochenes inhaltlich richtig zu erfassen. Sie nutzen die Mimik und Gestik des Sprechers, außerdem Situationscharakteristika und inhaltliche Kontexte (Zusammenhänge). Dadurch sind sie in der Lage, phonematische Schwächen zu kompensieren. Je intelligenter Kinder sind, um so besser gelingt die Kompensation. Viele der späteren Legastheniker finden sich in dieser Gruppe.

Je genauer ein Kind beobachtet, um so besser vermag es sich zu orientieren und seine phonematische Schwäche zu kaschieren. Wenn es selbst spricht, formuliert es korrekt. Das ist ein weiterer Grund, weshalb diese Kinder im Vorschulalter unauffällig bleiben und keine Schwierigkeiten im sprachlichen Umgang mit anderen Menschen haben. In der Schule jedoch, beim Schreiben- und Lesenlernen, wenn unterstützende Situationscharakteristika fehlen oder viele Nebengeräusche auftreten (etwa bei fehlhörigen Kindern), macht sich die phonematische Unzulänglichkeit in Rechtschreibfehlern bemerkbar.

In schwierigen Fällen nutzt man in der Förderung die unterstützende und kompensatorische Wirkung der Verbindung von Hören, Motorik und Sehen. Ein typisches Beispiel dafür ist die von Dummer-Smoch (1989) u.a. Autoren praktizierte Gebärdensprache für LRS-Schüler. Die sichtbare und motorisch gestaltete Gebärde für Laute dient der Lautselektion und damit dem Schreiben.

Die Darbietung bzw. Veranschaulichung des Gegenstandes und seine deutliche sprachliche Bezeichnung schränken ebenfalls phonematische Störungen ein.

Phonematische Unzulänglichkeiten, die im Alltagsverhalten des Kindes nicht auffallen, lassen sich mit Hilfe entsprechender Prüfmittel aufspüren und sind pädagogisch zugänglich, d.h. ihre Präzision läßt sich durch Förderung verbessern. Das ist für die betroffenen Kinder von großem Nutzen. Wichtig ist vor allem, derartige Defizite frühzeitig zu erkennen, weil eine Frühförderung besonders effektiv ist und damit günstigere Startbedingungen für das Schreiben- und Lesenlernen erreicht werden.

Leichte phonematische Fehlleistungen können sich unter besonders belastenden Bedingungen verstärken. In Situationen der Ermüdung, Überforderung und emotionalen Erregungen kann das der Fall sein. Unschärfen im Hören von Phonemen machen sich auch dann bemerkbar, wenn sich ein ABC-Schütze in der Lernsituation unwohl fühlt. Hier bieten sich dem Grundschullehrer Möglichkeiten, durch Zuwendung auch die sensorische Sensibilität zu verbessern.

Etwa 15% der Schulanfänger weisen phonematische Schwächen auf.

1.3.3 Die Fähigkeit zur kinästhetisch-artikulatorischen Differenzierung

Sprechen und Schreiben erfordern eine komplexe und präzise feinmotorische Koordination. Kein anderer Bewegungsvollzug, der vom Menschen zu erlernen ist, stellt an das koordinierte Zusammenspiel von vielen Muskeln so hohe Anforderungen. Um z.B. das Wort

»Strumpf«

zu sprechen, werden zunächst die Lippen vorgestülpt, der Luftstrom läßt ein »sch« entstehen. Dann wird die Zunge hinter die oberen Schneidezähne gepreßt, um eine Luftstauung herbeizuführen und explosionsartig freizusetzen (t), danach löst sich die Zunge. Das Zäpfchen führt eine Zitterbewegung aus (r), die Lippen öffnen sich zu einer kleinen Rundung (u), die Lippen schließen sich (m), danach werden die Lippen durch einen explosivartigen Luftstrom gesprengt (p), die oberen Schneidezähne bewegen sich auf die untere Lippe, zwischen beiden wird der Luftstrom hindurchgeführt (f).

Im obigen Beispiel wurden nur die gröbsten Bewegungen beschrieben. Die vielen minimalen Zwischenbewegungen (etwa der Zunge) wurden nicht geschildert. Das Sprechen des Wortes »Strumpf« erfolgt in der kurzen Zeit von etwa einer Sekunde, wenn der Bewegungsablauf bereits voll automatisiert ist.

Es ist geradezu ein Wunder, in welch kurzer Zeit ein Kind diese kompliziertesten Bewegungsabläufe beherrschen lernt. Kinästhetische und auditive Kontrolle stellen dabei eine untrennbare Einheit dar.

Welche Bedeutung das Zusammenwirken von innerem Hören und verinnerlichten Bewegungsmustern bedeutet, zeigt sich bei Gehörlosen. Weil ihnen die Kontrolle durch das Hören fehlt, gelingt es ihnen nur schwer, fließend zu artikulieren. Ziel jeder Sprachausbildung von Gehörlosen ist deshalb die Vervollkommnung ihrer Sprechbewegungsvorstellungen, also der Sprechkinästhesie. Das ist praktisch die einzige Möglichkeit, bei ihnen im Gedächtnis die benötigten artikulatorisch-kinästhetischen Muster für Semantisches reproduktionsfähig zu verankern. Gleichzeitig dargebotene Schriftbilder dienen dem Schreibenlernen und auch der optischen Verankerung.

Sprechkinästhesie hat einen maßgeblichen Anteil an der gedächtnismäßigen Speicherung von Laut-, Wort- und Satzschemata beim Erwerb der Laut- und Schriftsprache. Sie verbindet sich mit phonematischen, optischen und melodisch-rhythmischen Gedächtniskomponenten der Sprache und ist Grundlage für die Ausbildung des inneren Sprechens.

Sprechmotorische Leistungen eines Kindes sind in den ersten Lebensjahren mit der allgemeinen Motorik eng verbunden. Wer vor der Einschulung im Motorikquotienten (MQ) gute Werte erreicht, besitzt auch fast immer eine gute Sprechmotorik (siehe Tabelle 4). Diese Kinder erlernen ohne Verzögerung zu sprechen. Ihre Bewegungen sind flüssig und geschickt, sie lernen es frühzeitig, Knöpfe zu schließen, Schleifen zu binden, sich allein anzuziehen und sind geschickt beim Basteln, Bauen und Malen.

Tab. 4: *Beziehungen zwischen Motorik und Sprechmotorik bei 5- bis 6jährigen (Angaben in %)*

Motorikquotient (MQ)*	Sprechmotorisch sehr gut (n = 37)	Sprechmotorisch fehlerhaft (n = 63)
größer 90	90,6	43,3
70–89	9,4	31,7
kleiner 69	–	25,0

Der MQ wurde mit der Rostock-Osseretzki-Scale ermittelt (Lehmann/Breuer/Steingart 1980)

Bei Kindern mit Lese-Schreibschwierigkeiten im Anfangsunterricht treten häufiger auch andere motorische Unzulänglichkeiten auf. Außer einem verspäteten Sprechbeginn sind sie bei den genannten Hantierungen ungeschickter, sie haben Probleme, einen Ball zu fangen, genau zu bauen und zu basteln. Hiermit hängt auch zusammen, das LRS-Schüler fast immer eine schlechte Schrift aufweisen und beim Nachsprechen längerer Wörter mit Konsonantenhäufungen – Zungenbrecher genannt – Schwächen zeigen.

Der Vergleich beider Populationen in Tabelle 4 unterstreicht den zentralen Stellenwert motorisch-koordinativer Elemente in jeder Förderung lese-rechtschreibschwacher Schüler. Die Beweglichkeit der Sprechorgane und ganz besonders der Zunge sollte dabei im Vordergrund stehen. Auch eine allgemeine Förderung motorischer Fähigkeiten, besonders der Koordination in Sport und Spiel und bei der Wahl des Beschäftigungsmaterials unterstützen die motorischen Fähigkeiten.

Präzis verinnerlichten und automatisierten sprechmotorischen Mustern kommt eine prinzipielle Bedeutung für die Herausbildung intellektueller Fähigkeiten zu. Die Förderresistenz sprechmotorischer Mängel bei ansonsten intakten Sprechorganen deutet oft auf allgemeine Lernbehinderungen hin. Glücklicherweise ist es jedoch häufig möglich, artikulatorisch-kinästhetische Mängel logopädisch relativ rasch in ihrer auffälligen Symptomatik zu überwinden. Die günstigste Zeit dafür liegt zwischen dem 4. und 7. Lebensjahr.

Ein gezielter Sprachunterricht stammelnder Kinder vor dem dritten Lebensjahr ist wenig zweckvoll. Zu diesem Zeitpunkt kommt es auf ein gutes sprechmotorisches Vorbild an, d.h. die Eltern und Erzieherinnen müssen deutlich und nicht überhastet sprechen. Ein insgesamt affektfreies Sprechklima unterstützt zusätzlich.

Kinder im Anfangsunterricht orientieren sich beim Schreiben zunächst am Wortklangbild des sprechenden Lehrers. Wenn sie schreiben lernen, sind eigene Artikulationsbewegungen aktiv an der Analyse der Lautstruktur eines Wortes beteiligt (Nasarowa 1955). Wird Kindern die Möglichkeit genommen, schreibbegleitend zu artikulieren, vermehren sich die Fehler beim Abschreiben und im Diktat. Während sie schreiben, sprechen die Kinder das zu schreibende Wort leise vor sich hin. Kinder orientieren sich also letztlich an ihrem eigenen sprachlich-artikulatorischen Muster. Weist es Unzulänglichkeiten auf (die Abfolge der Artikuleme ist ungenau oder falsch, Artikuleme sind überflüssig oder fehlen), dann können ebenfalls Schreibfehler die Folge sein. Es ist deshalb bei lese-rechtschreibschwachen Schülern immer sinnvoll, sie *laut* oder *flüsternd* während des Schreibens sprechen zu lassen. Sprechen sie nicht, dann fehlen kinästhetische Innovationen.

Beim Lesenlernen zeigen sich Parallelen. Auch hier ist das Kind zum lauten Lesen anzuhalten. Das unterstützt die bewußte Kontrolle der kinästhetischen Gliederung. Sobald die artikulatorische Binnengliederung erfaßt wird, ist der Begriff verstanden. Das innersprachliche Konzept bildet sich heraus und das hörbare Lesen ist nicht mehr nötig. Personen mit einem entwickelten innersprachlichen Konzept vermögen sehr schnell zu lesen.

Das schreibbegleitende Sprechen tritt in dem Maße zurück, wie sich die Bewegungsmuster automatisieren. Nur bei komplizierten Wörtern spricht auch ein Erwachsener vor sich hin, um sich über die Struktur der Laut- und damit Schreibfolge klar zu werden. Je automatisierter die Sprechkinästhesie abläuft, um so günstiger sind die Voraussetzungen für das (verkürzte) innere Sprechen.

Ähnlich verhält es sich mit der Schreibkinästhesie. Sie hat einerseits die Sprechkinästhesie zur Voraussetzung, andererseits fördert sie diese. Schreibenlernen unterstützt sicheres Sprechen, weil die Analyse der Lautstruktur von der Analyse der Graphemstruktur profitiert. Was die Sprechwerkzeuge für die Motorik des Sprechens bedeuten, stellt die Motorik der Hand für das Schreiben dar. Handschriftliche, maschinenschriftliche und blindenschriftliche Leistungen sind nur auf der Grundlage feinstkoordinierter Bewegungsmuster möglich.

Sprechkinästhetische Mängel sind bei Dreijährigen normal. Bei Fünfjährigen jedoch erfordern sie bereits eine gezielte Förderung. Bei Schulanfängern kündigen noch vorhandene Stammelfehler fast immer Schwierigkeiten in der Rechtschreibung an. Ausgesprochene Stammelfehler finden sich in der 1. Klasse zwar selten, sie lassen sich jedoch bei genauem Hinhören noch bei etwa 10% dieser Kinder nachweisen. Mängel treten besonders bei Konsonantenhäufungen und den sogenannten »Zungenbrechern« in Erscheinung.

Fehlende Buchstabensicherheit führt u.a. zu Buchstabenverwechslungen, gestörter Buchstabenreihenfolge und -vollständigkeit. Derartige Fehler sagen noch nichts darüber aus, ob sie durch kinästhetische oder phonematische Mängel bedingt sind.

Oft liegen Unzulänglichkeiten in beiden Sprachwahrnehmungsbereichen vor. Wird z.B. statt »Wald« »Wld« geschrieben, so ist schwer zu entscheiden, ob das fehlende »a« eine Folge unzureichend gespeicherter Klang- oder Bewegungsspuren ist. Verwechslungen von Buchstaben, Hinzufügungen und Umstellungen hängen fast immer mit unzureichenden bzw. fehlerhaften Wortvorstellungen zusammen, die als Folge kinästhetischer und/oder phonematischer Differenzierungsmängel anzusehen sind. Als Ausgangspunkte können aber auch Schwächen in der melodischen oder rhythmischen Differenzierungs- und Gliederungsfähigkeit angesehen werden. Die Leistungsfähigkeit des Ensembles sprachbezogener Wahrnehmungen wird jeweils von seinem schwächsten Kettenglied entschieden. Das herauszufinden, ist mit Hilfe von Fehleranalysen allein nur bedingt möglich.

1.3.4 Die Fähigkeit zur melodischen Differenzierung

Sprache und Musik ähneln einander in gewisser Weise, da beide melodische Komponenten enthalten. Denken wir z.B. daran, wie Gefühlszustände in melodischen Merkmalen des Sprechens zum Ausdruck kommen und dadurch gewissermaßen als »Untertext« (Rubinstein 1977) zum gesprochenen Text mitgeteilt werden. Auch Stimmungen und Befindlichkeiten können sich beabsichtigt aber auch unbeabsichtigt auf diese Weise äußern. In einem Vortrag z.B. spielen bewußte melodische Akzentuierungen eine wichtige Rolle, um die Aufmerksamkeit der Hörer einzufangen und das Mitdenken zu erleichtern. Wer einen Menschen gut kennt, kann aus den Schwankungen in der Stimmführung (Tempo, Dynamik, Melodik) auf seine augenblickliche psychische Verfassung schließen. Die Stimme eines aufgeregten oder verzweifelten Menschen klingt ganz anders, als wenn er sicher und zufrieden ist.

Gleiche Wörter und Sätze drücken unterschiedliche Inhalte und Erwartungen in Abhängigkeit ihrer Intonation (Sprechmelodie) aus. Wenn z.b. die Mutter zum Kind sagt:

»Schau mich an.«,

dann kann dies – abhängig von der jeweiligen Veranlassung und Situation – zärtlich, bittend, energisch oder drohend gemeint sein. Der Tonfall drückt aus, welche unterschiedliche Reaktion des Kindes situativ erwartet wird. Ihn zu identifizieren ist das Ergebnis von Lernvorgängen. Sie sind an die Fähigkeit zur Differenzierung melodischer Modalitäten gebunden.

Der Lehrer teilt mittels der Melodieführung seiner Sprache dem Kind unterschwellig Wohlwollen, Zuneigung oder Ablehnung mit. Davon wird die emotionale Befindlichkeit des Schulanfängers beeinflußt. Von ihr gehen Wirkungen z.b. auf die Aktivitätsbereitschaft, das Risikoverhalten und die Neugier des Kindes aus. Davon wiederum hängt der Lernerfolg ab. Es verwundert, daß diese elementare Fähigkeit des Kindes als eine Voraussetzung intellektueller Entwicklung in Prüfverfahren zur Bestimmung der Schulfähigkeit kaum beachtet wird.

Jeder Mensch hat seine individuelle Sprechmelodie. An die seiner Bezugspersonen gewöhnt sich das Kind. Bei Umzügen in Gegenden mit anderer Mundart kann es deshalb Schwierigkeiten haben, den Lehrer, seine neuen Mitschüler und andere Menschen zu verstehen. Davon sind vor allem Kinder mit einer anderen Muttersprache betroffen. Je jünger Ausländerkinder sind und je besser sie melodisch differenzieren können, um so leichter fällt es ihnen, die Intonation der neuen Sprache zu übernehmen. Sie integrieren sich leichter in der neuen Sprachumwelt als ihre Eltern. Voreingenommenheiten gegenüber Anderssprechenden unterstützen das Entstehen von Außenseiterpositionen. Seltsamerweise werden manchmal in die neue Sprache übernommene Intonationen aus der Muttersprache in manchen Fällen als angenehm oder unangenehm empfunden.

Die Fähigkeit zur melodischen Differenzierung, wie sie für die Lautsprache erforderlich ist, erwirbt das Kind noch vor der Aneignung der Lautsprache. Wenn sich eine Mutter mit dem Säugling »unterhält«, vermag dieser den Inhalt des Gesprochenen natürlich nicht zu verstehen. Er lernt aber sehr schnell zu unterscheiden, welche melodischen Akzente für ihn eine Bedürfnisbefriedigung oder -verweigerung ankündigen. Eigentlich kann diese Fähigkeit zur Intonationsunterscheidung als ein erster Weg zur Erfassung der Sprache als Träger von Bedeutungen und als unterstützende Komponente für die Herausbildung des Sprachgedächtnisses angesehen werden.

Es ist kein Zufall, daß alle Völker der Welt Wiegenlieder haben. Sie geben dem Kind nicht nur Geborgenheit. Die Verbindung vom rhythmischen Schaukeln mit einer beruhigenden Melodie vermittelt dem Kind eine Atmosphäre des Wohlbefindens. Die Bedeutung von Wiegenliedern für das Sprechenlernen darf deshalb nicht unterschätzt werden. Wiegenlieder sind vom Wesen und der Funktion her anders als Marschlieder oder Schlager. Sie haben ihre Eigenart über die Jahrhunderte erhalten. In unserer technisierten Welt neigen wir dazu, selbst das Wiegenlied durch elektronische Tonträger zu ersetzen. Auch wenn die Mutter mit ihrer Singstimme nicht mit der Stimme auf der Kassette konkurrieren kann, übt sie, verbunden mit ihrem körperlichen Kontakt eine viel nachhaltigere Wirkung auf das Wohlbefinden des Kindes aus. Die melodische Differenzierungsfähigkeit erreicht schon sehr früh ein relativ hohes Niveau. 4–5jährige Kinder unterscheiden sich diesbezüglich kaum von den 5- bis 6jährigen Kindern.

Etwa 10% der Schulanfänger gelingt es nicht, ein einfaches Kinderlied melodie- und rhythmusgetreu zu singen. Das stellt eine ungünstige Voraussetzung für das Erfassen sprachlicher Feinheiten und damit für ihr schulisches Lernen dar.

Ein Zusammenhang zwischen Melodie und Sprache betrifft auch die geistige Aktivität eines Kindes in der Kommunikation. Wenn ein Lehrer einen Sachverhalt vermittelt und erläutert, dann drückt er durch melodische Akzentuierungen beim Sprechen aus, ob der von ihm entwickelte Gedanke besonders wichtig ist oder nicht, ob er abgeschlossen oder weitergeführt wird. Der Lehrer beeinflußt so mit melodischen Nuancen in starkem Maße das Mitdenken der Kinder, ihre geistige Aktivität. Monotone Sprechweise erschwert bekanntlich auch dem Erwachsenen das Aufrechterhalten der Aufmerksamkeit. Für Schulanfänger bedeutet eine melodisch differenzierte Sprechweise des Lehrers eine Hilfe für den Zugang zum Inhalt. Mangelt es einem Kind an der Fähigkeit zur melodischen Differenzierung, dann werden Diskrepanzen zwischen seiner geistigen Aktivität und der vom Lehrer beabsichtigten begünstigt. Die Synchronie des Mitdenkens geht verloren. Kenntnislücken sind eine Folge. Das Kind verliert den Anschluß beim Lernen und schaltet ab.

Es kann also davon ausgegangen werden, daß Melodiedifferenzierung eine wesentliche Vorläuferfunktion für das richtige Erkennen und Verwerten sprachlicher Gebilde ist. Die Erfassung des sprachlichen Inhalts setzt nicht nur die Unterscheidung phonematischer Merkmale voraus. In gleicher Weise sind Tonfall, Tonhöhe, Tonstärke und Tondauer zu differenzieren, sonst können Situationsspezifisches und die von emotionalen Merkmalen getragenen Sinnzusammenhänge für ein richtiges Handeln verlorengehen.

Hier finden sich auch Beziehungen zum Leseverständnis im Anfangsunterricht und zur Rechtschreibung. Für das Verstehen und Weiterverarbeiten des gelesenen Textes ist das Kind auf die Erfassung der Sinnzusammenhänge angewiesen. Erst dadurch wird der einzelne Satz verständlich. Kinder, die nicht verstehen, was sie lesen, zeigen im Tonfall und in der Betonung dafür deutliche Anzeichen. Selbst Bekanntes wird vom Kind nicht erkannt und deshalb melodisch falsch betont. Die Art der Melodieführung beim Lesen zeigt dem Lehrer an, ob der Schüler den Inhalt verstanden oder in der Lesetechnik noch Schwächen hat.

Wenn die melodische Differenzierungsfähigkeit als unersetzbare basale Grundlage für das Schreiben- und Lesenlernen bezeichnet wird, dann ist das auf keinen Fall mit einem Anspruch auf eine besonders ausgeprägte Musikalität des Kindes zu verwechseln. Oft wird übersehen, daß für die Erfassung der melodischen Nuancen der Sprache, die als Kodeträger für Emotionales und kognitive Strukturen fungieren, ein relativ einfacher Standard in der melodischen Differenzierungsfähigkeit gefordert ist. Dem entsprechen Wiegenlieder und einfache Kinderlieder mit der Einfachheit ihrer Tonintervalle und Melodieführung. Deshalb können auch sogenannte unmusikalische Kinder gut lesen und schreiben lernen und überhaupt in ihrer intellektuellen Entwicklung hervorragende Leistungen vollbringen. Ihre Melodiedifferenzierung reicht für den Standard, den Sprache diesbezüglich fordert, aus, um Sprache zu verstehen und um Wort- und Satzschemata im Gedächtnis zu speichern.

In anderen Sprachkulturen haben melodische Modalitäten eine höhere distinktive Rolle. Ein Beispiel für eine tonalische Sprache ist das Chinesische. Bei den folgenden Wörtern entscheiden Tonhöhe und Melodieverlauf über den semantischen Inhalt:

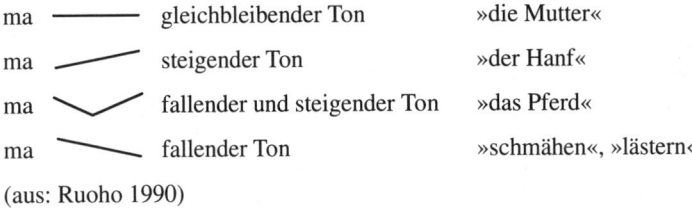

ma	gleichbleibender Ton	»die Mutter«
ma	steigender Ton	»der Hanf«
ma	fallender und steigender Ton	»das Pferd«
ma	fallender Ton	»schmähen«, »lästern«

(aus: Ruoho 1990)

Aus eigenen Längsschnittuntersuchungen (Breuer 1991) ist bekannt, daß LRS-Schüler und Lernbehinderte im Vorschulalter das Niveau Gleichaltriger in der Wahrnehmung melodischer Nuancen nur selten erreichen. Sprachbegabte dagegen weisen fast imer gute elementare Leistungen in diesem Bereich auf. Das begünstigt auch den späteren Erwerb von Fremdsprachen. Das Fehlen von melodischen Grundleistungen ist dagegen für den Sprachschwächetyp ein signifikantes Merkmal (Luchsinger/Arnold 1970).

So eigenartig es erscheinen mag, eine frühzeitige Anregung der Bereitschaft zum Singen und Tanzen bedeutet immer auch Sprachförderung und damit eine Verbesserung der Voraussetzungen für das Schreiben- und Lesenlernen.

Melodisch-rhythmisch-motorische Anregungen sind als Kernbestand sprachbezogener und damit intellektueller Frühförderung anzusehen. Jeder Lehrer ist gut beraten, wenn er diese Zusammenhänge beachtet. Er wird bei lese-rechtschreibschwachen Schülern sehr häufig deren Aversion gegenüber allen musikalischen Betätigungen beobachten können. Das erklärt sich z.T. aus erlebten Mißerfolgen und fehlendem Antrieb. Diese Kinder zeigen keine Bereitschaft zum Singen, bei Tanzspielen wirken sie ungeschickt und sie weichen aus, wenn sie ein Instrument spielen sollen. Über rhythmusbetonte Instrumente kann die Beziehung zur Melodie angebahnt werden. Da unmusikalisch retardierte Kinder auf geeignete entwicklungsfördernde Impulse verzichten, kommt es zunächst darauf an, vor allem spielerisch-lustbetonte Übungsformen zu wählen.

1.3.5 Die Fähigkeit zur rhythmischen Differenzierung

Rhythmus ist gleichzeitig Raum-, Zeit- und Maßstrukturierung. Einzelne optische, akustische, motorische und melodische Elemente werden serial zu einem gegliederten, einheitlichen Ganzen geordnet bzw. in ihrer Ordnung differenziert. Damit unterscheidet sich die Fähigkeit zur rhythmischen Differenzierung von Modalitätsbeachtungen in anderen Wahrnehmungsbereichen. Sie stellt höhere Anforderungen an Analyse- und Syntheseprozesse, weil sie letztlich die entscheidende Brücke zur semantischen Ebene darstellt.

Die Fähigkeit zur Erfassung und Realisierung rhythmischer Gliederungen kann geradezu als ein Ausdruck für das Niveau der Sprachentwicklung eines Kindes angesehen werden. Die zentrale Funktion der rhythmischen Differenzierungsfähigkeit für die Einheit von Wahrnehmen und Verstehen von Sprache ist wichtig für die Speicherung von Wort- und Schriftinhalten sowie von Satzschemata. Rhythmische Kinderreime z.B. machen nicht nur Vergnügen, sie lassen sich auch gut behalten und spielen für den sozialen Kontakt eine große Rolle. Kindern mit rhythmischen Störungen gelingt es bei Abzählversen z.B. nur schwer, entsprechende Koordinierungen zwischen Sprechsilbe und Geste zu vollführen. Dadurch können in dieser Situation Kontaktschwierigkeiten für das Kind entstehen, weil es die Situation nicht meistert. Wem z.B. ein bekanntes Wort momentan nicht einfällt, der hat meist immer den Rhythmus des Wortes behalten. Dieser Wortrhythmus wird innerlich wiederholt, bis die äußere Figuration des Wortes oft ganz plötzlich wiedergefunden ist. Andere Wörter, die zwischendurch einfallen, werden zunächst vom Rhythmus her geprüft, bevor sie wegen des falschen Inhalts abgelehnt werden. Klangliche Assoziationen werden auf den Rhythmus aufgesetzt und unterstützen das Wiedererkennen.

Thiele (1928) bemerkt dazu »Jedenfalls ist das rhythmische Schema, wenn einmal erregt, vor der Findung der einzelnen Wörter vorhanden und übt einen Einfluß auf die Evokation der Wörter aus. Das Unvermögen, einen Reihenrhythmus (und ähnlich so auch einen Satzrhythmus) zu produzieren, scheint eine besonders tiefe Abbaustufe der sprachlichen Ausdrucksfähigkeit anzuzeigen ...«

Beim Sprechen muß eine Umkodierung einzelner sprachbezogener Wahrnehmungsleistungen in eine serial gegliederte Struktur erfolgen. Das Nacheinander zeitlicher Sprechfolgen ist zu erfassen. Beim Schreiben und Lesen kommt erschwerend die Transformierung zeitlicher Strukturen in räumliche und umgekehrt hinzu. Um die notwendige Perfektion bei der Erfassung des Inhalts zu erreichen, wird ein automatisiertes verbo-sensomotorisches Niveau benötigt. Würde nämlich die verfügbare Aufmerksamkeit noch für die Differenzierung sinnlich-wahrnehmbarer Kodeträger voll beansprucht werden, wäre ein Verstehen von Sprache nicht möglich. Wie wichtig im Ensemble sprachbezogener Wahrnehmungsleistungen die Fähigkeit zur rhythmischen Differenzierung ist, zeigt sich bei intellektuell geschädigten Kindern. Diese weisen immer auch ausgeprägte Unzulänglichkeiten in der Erfassung rhythmischer Strukturen auf. Ihre Defizite korrelieren mit dem Schweregrad der Schädigung (Gentes 1976). Das hängt mit der zentralen Verankerung rhythmischer Basisfunktionen zusammen.

Retardierungen in der Fähigkeit zur rhythmischen Differenzierung sind sehr hartnäckig und trotz gezielter Förderung manchmal nur schwer aufzuholen.

Die Fähigkeit zur rhythmischen Differenzierung ist nicht an das Niveau auditiver Leistungen gebunden. Gehörlose, die aber intellektuell normal entwickelt sind, vermögen durchaus rhythmische Differenzierung gut zu erfassen und nachzuvollziehen. Trifft das nicht zu, sind sie zumeist auch intellektuell geschädigt. Auf die Bedeutung von rhythmischer Differenzierung und Aphasietherapie wurde bereits hingewiesen (siehe Seite 10f.).

Der sprachliche Rhythmus beruht weitgehend auf stärker und schwächer betonten sprachlichen Elementen, außerdem auf Pausen und Betonungen in serialen Strukturen. An sich wird eine Aussage zunächst vom Inhalt der (ausgewählten) Wörter bestimmt. Ihre Anordnung im Satz führt zu einer rhythmischen Gliederung, die das Anliegen der Aussage unterstützt. Die Wirkung von Lyrik und Prosa lebt von diesen rhythmisch-stilistischen Mitteln. Sie sind mit Elementen des Klanges, des Tempos, der Satzmelodie und der Lautgebung unmittelbar verbunden (Kleine Enzyklopädie, Die deutsche Sprache, 1970, S. 1118).

Der sprachliche Rhythmus stellt also eine Brücke zwischen den sinnlich-wahrnehmbaren Modalitäten und dem semantischen Inhalt dar.

Melodische und rhythmische Merkmale sind keineswegs identisch. Wohl gibt es keine Melodie ohne Rhythmus, jedoch kann Rhythmus ohne Melodie auftreten. Rhythmen mit Hilfe von Lichtsignalen, Klopfzeichen, Symbolfolgen usw. können Bedeutungen verschlüsseln. Das ist z.B. im Morsealphabet der Fall. Rhythmische Nuancen sind oft der entscheidende Hinweis auf den eigentlichen semantischen Höhepunkt innerhalb von Sätzen, die von ihrer schriftlichen Oberflächenstruktur her keine Unterschiede aufweisen. Das nachfolgende Beispiel soll das zeigen.

Obwohl die Reihenfolge der Wörter im Satz gleich ist, entscheidet die Betonung darüber, worin der tiefere Sinn, die spezifische Aussage des Satzes liegt (das jeweils betonte Wort ist unterstrichen):

Meine Mutter schläft. (Es schläft nicht eine andere Mutter, sondern meine.)
Meine Mutter schläft. (Es schläft nicht der Vater, nicht die Schwester, sondern
  die Mutter.)
Meine Mutter schläft. (Die Mutter wäscht nicht, kocht nicht, sondern schläft.)

Eine veränderte Stellung der gleichen Wörter verändert ebenfalls den Inhalt des Satzes:

Schläft meine Mutter? (Durch diese veränderte Wortstellung wird aus der
  Aussage eine Frage. Die Betonung bestimmt wiederum den Kern der Frage.)

Gliederungsmerkmale innerhalb des Satzes werden auch durch die unterschiedliche Position von Wörtern erreicht. Je nachdem, an welcher Stelle einzelne Wörter plaziert sind, werden semantische Schwerpunkte ausgedrückt. Es sei nur an die unterschiedliche Wirkung von Prosa und Lyrik mit gleichem Inhalt erinnert. Rhythmische Merkmale bestimmen also den Hintergrund einer Aussage. Im folgenden Beispiel entscheiden beim Schreiben Kommata bzw. beim Sprechen die Pausen darüber, wer über wen welches Urteil abgibt. Fehlen Pausen bzw. Hervorhebungen, weiß man nicht, wer wen meint:

>>Der Müller sagt der Bäcker ist mein Freund.<<
>>Der Müller, sagt der Bäcker, ist mein Freund.<<
>>Der Müller sagt, der Bäcker ist mein Freund.<<

Wird das Komma oder die Pause hinter »sagt« eingeschoben, ergibt sich eine ganz andere Aussage als im Falle von Kommata bzw. Pausen nach »Müller« oder »Bäcker«: »Der Müller« sagt der Bäcker »ist mein Freund«. Der Müller sagt: »Der Bäcker ist mein Freund«. Rhythmische Merkmale sind also eine Voraussetzung dafür, den Inhalt von Sprache zu verstehen. Würden z.B. zwischen den Wörtern keine Pausen bestehen, würden die Betonungsakzente oder Pausen verlagert sein, hätten die Wörter keine bestimmte Reihenfolge, dann wäre das Verständnis für den Inhalt und die Kommunikation erschwert.

Wenn dem Kind die rhythmische Struktur eines Wortes nicht klar ist, kommt es zu Umstellungen von Lauten und Silben. Buchstaben werden ausgelassen, Wörter werden zusammengeschrieben und die Silbentrennung gelingt nicht. (Fehler dieser Art können jedoch auch durch phonematische oder kinästhetische Schwächen bedingt sein.)

Rhythmisch retardierte Kinder beginnen beim Lautieren von »Oma« unter Umständen mit dem »A«, weil für sie dieser zuletzt gehörte Buchstabe am stärksten betont erscheint und deshalb als Anfangsbuchstabe gewählt wird. Dem Kind ist die Lautfolge nicht klar. Das könnte aber auch Ausdruck einer phonematischen oder sprechmotorischen Schwäche sein. Aber auch deren Vervollkommnung wird durch Rhythmusförderung ohne Zweifel unterstützt.

Die rhythmische Differenzierungsfähigkeit besitzt auch eine Grundlagenfunktion für die Ausbildung mathematischer Fähigkeiten. Der Standort von Einzelelementen innerhalb serialer Ordnungen ist beim Schreiben und auch beim Zählen wichtig. Damit hängen mathematische Begriffe wie »größer – kleiner«, »vorher – nachher« zusammen. Die Dauer der Intervalle z.B. stellt außerdem jeweils eine bestimmte Größe dar, die es automatisiert zu erfassen, mit anderen Größen der Dauer zu vergleichen gilt. Diese Zusammenhänge von Rhythmus und Intervallerfassung können mit ein Grund dafür sein, weshalb zwischen der rhythmischen Differenzierungsfähigkeit unmittelbar vor Schuleintritt und den Leistungen in Mathematik im Anfangsunterricht enge Beziehungen bestehen. Das Niveau der Differenzierungsfähigkeit eines Kindes hat auch Beziehungen zum Erfassen von Positionen, also zur Raum-Lagesicherheit. Ein Beispiel soll das belegen. Im Rahmen eines »Kurzverfahrens zur Überprüfung des lautsprachlichen Niveaus (KVS) von Fünf- bis Siebenjährigen« wird mit Hilfe einer Prüfaufgabe das Sprachverständnis ermittelt (Breuer/Weuffen 1990). Von den Kindern wird mündlich verlangt, u.a. folgende Raum-Lagebeziehungen zu realisieren:»Lege den kleinen, blauen Ball vor (hinter, neben) den weißen, großen Teddy«. Spätere LRS-Schüler, Lernbehinderte und agrammatisch sprechende Kinder machen bei diesen einfachen Raum-Lage-Aufgaben viele Fehler. Auffällig ist dabei der Zusammenhang dieser Sprachverstehensleistung mit den Ergebnissen der Kinder in der rhythmischen Differenzierung.

Die Fähigkeit, einen Rhythmus richtig zu erkennen und wiederzugeben, ist also nicht allein als Indikator dafür anzusehen, wie das Kind die formalen Muster der Sprache und die feineren Unterschiede und Subtilitäten der Bedeutung beherrscht. Die Indikatorfunktion der rhythmischen Differenzierung berührt auch die Qualität im Erfassen von Raumlagemodalitäten und serialen Abfolgen mit unterschiedlichen Intervallen. Mit Hilfe rhythmischer Strukturen erhalten optische, lautliche Zeichen und seriale Abfolgen ihre Gliederung. Sie schließt auch quantitative Aspekte (z.B. unterschiedliche lange Intervalle) ein. Die Gliederungen werden dadurch leichter überschaubar und lassen sich damit eher gedächtnismäßig speichern.

Wie groß die Bedeutung einer guten rhythmischen Differenzierungsfähigkeit für laut- und schriftsprachliche Leistungen von Kindern der ersten Klasse ist, zeigt sich in den Ergebnissen einer Untersuchung zum Zusammenhang von Rhythmus und Sprachgedächtnis (siehe Tabelle 5). Das Sprachgedächtnis wurde ebenfalls mit dem »Kurzverfahren zur Überprüfung des lautsprachlichen Niveaus« ermittelt.

Tab. 5: *Rhythmus und Sprachgedächtnis (n = 37)*

Rhythmusdifferenzierung	Sprachgedächtnis		
	gut	durchschnittlich	schwach
gut	6	14	0
schwach	0	9	8

Aus Tabelle 5 geht hervor, daß kein Kind, welches über ein gutes rhythmisches Differenzierungsniveau verfügte, schwache Sprachgedächtnisleistungen aufwies. Diese Schüler hatten auch keine Lernprobleme im Anfangsunterricht. Im Unterschied dazu erreichten Erstklässler mit schwachen rhythmischen Differenzierungsleistungen in keinem Falle gute Sprachgedächtnisleistungen. Diese fielen entweder durchschnittlich oder schwach aus. Parallelen dazu fanden sich in der Buchstabensicherheit, im Behalten einfacher Wörter und in den Ergebnissen des Schreib-Leselernprozesses.

Am augenfälligsten war auch der Zusammenhang zwischen schwachen Rhythmusleistungen und Schulerfolg bei agrammatisch sprechenden und geistig behinderten Kindern. Agrammatismus ist eine Störung auf der Satzebene, die Grammatik und Syntax betrifft. Diese Kinder sind nicht in der Lage, einen entfalteteren Gedanken grammatisch korrekt zu ordnen. Ihre Sprache wirkt kleinkindhaft. Beim Nachsprechen von Sätzen lassen sie Wörter aus, stellen Wörter um oder ersetzen sie durch andere. Hier wiederholen sich gewissermaßen auf der Satzebene die Fehler von LRS-Schülern auf der Wortebene (Rechtschreibung). Von 152 untersuchten agrammatisch sprechenden Kindern erreichten nur 16 (das sind 10,5%) altersentsprechende rhythmische Differenzierungsleistungen (Breuer/Weuffen 1977). Im Vergleich dazu weisen in einer Normalpopulation 84,6% der Schulanfänger eine altersentsprechende rhythmische Differenzierungsfähigkeit auf. Es ist mit hoher Wahrscheinlichkeit damit zu rechnen, daß rhythmisch retardierte Schüler Schwierigkeiten beim Schreiben- und Lesenlernen haben werden.

Diese und viele andere Ergebnisse (siehe u.a. Kürsten/Schöler 1991) sollten Lehrer in Anfangsklassen veranlassen, alle Schüler mit laut- und/oder schriftsprachlichen Mängeln hinsichtlich ihrer sprachbezogenen Wahrnehmungsleistungen zu überprüfen. Der erforderliche Zeitaufwand ist gering, der Nutzen für eine individuelle Gestaltung der Förderung jedoch hoch.

1.3.6 *Zum Ensemblecharakter der basalen Sprachwahrnehmungsleistungen*

Der Bedeutung von sprachbezogenen Wahrnehmungsleistungen für den Schulerfolg wurde in umfangreichen Längsschnittuntersuchungen nachgegangen. In der Tabelle 6 ist der Prototyp einer derartigen Untersuchung vom Kindergarten (KG bis Klasse 10) schematisch dargestellt.

Tab. 6: Längsschnittpopulation »G« 1976–1987 (n = 648)

Gruppe	Klasse											Sprachwahr-nehmungs-niveau[1]
	KG	1	2	3	4	5	6	7	8	9	10	
A	648	629	611	596	592	585	584	579	572	554	548	2,2
B	19											3,5
C		12	3		1							4,0
D			7									4,0
E		6	5	4	6	1	5	7	6	2	2	2,8
F									12	2		3,1
G									(9)		(71)	1,6

1 Die Werte geben an, in wie vielen Wahrnehmungsbereichen Fehlleistungen (unterschiedlichen Grades) vor Schulbeginn auftraten.

Erläuterungen
Gruppe A: Kinder, die mit ihrem Altersjahrgang die 10. Klasse abschlossen
(n = 549)

Gruppe B: Vom Schulbesuch zurückgestellte Kinder (n = 19)
Gruppe C: Kinder, die ihre Schullaufbahn in einer Lernbehindertenschule fortsetzen (n = 16)
Gruppe D: Kinder, die zwei Jahre eine LRS-Klasse besuchten und danach in eine 4. Klasse der Regelschule kamen (n = 7)
Gruppe E: Sitzenbleiber (n = 44)
Gruppe F: Kinder, die vorzeitig die Schullaufbahn abbrachen (n = 14)
Gruppe G: Kinder, die aus Gruppe A (n = 80) nach der 8. bzw. 10. Klasse in eine Bildungseinrichtung mit dem Ziel, das Abitur abzulegen, übertraten

Ein Jahr vor Schuleintritt wurde in dieser Population bei allen 648 Probanden das Niveau der sprachbezogenen Wahrnehmungsleistungen in der optischen, phonematischen, kinästhetischen, melodischen und rhythmischen Differenzierungsfähigkeit mit der »Differenzierungsprobe I« überprüft und katamnestisch mit der Schullaufbahn in Beziehung gesetzt. Neben den ermittelten Jahresendzensuren wurden in den unteren Klassen zahlreiche Vergleichsarbeiten in den Fächern Deutsch und Mathematik, Leseproben und andere Lernergebnisse berücksichtigt und mit den Schuleingangsbedingungen im Sprachwahrnehmungsniveau verglichen. Alle Probandengruppen bestätigten den Zusammenhang zwischen dem Sprachwahrnehmungsniveau vor Schuleintritt und dem späteren Schulerfolg. Vom Einschulungsjahrgang (n = 648) wurden 19 Kinder vom Schulbesuch zurückgestellt. Von den 629 altersgerecht eingeschulten Schülern haben 548 (84,6%) die 10. Klasse ohne Umwege abgeschlossen. 15,4% der Schüler dieses Bildungsjahrganges haben dieses Ziel nicht oder verspätet erreicht (siehe Gruppen C bis F). Dafür waren Lernschwierigkeiten vor allem im Anfangsunterricht verantwortlich. Dieser Anteil deckt sich praktisch mit der von Lehrern und in der Fachliteratur genannten Zahl von Kindern mit Lernschwierigkeiten. Die sogenannten »Ausreißergruppen« B bis F wiesen ein Jahr vor Schuleintritt gegenüber der Normalpopulation ein signifikant schwächeres Sprachwahrnehmungsniveau auf. Die Gruppe G (Schüler mit besonders gutem Schulerfolg) wies dagegen zum gleichen Zeitpunkt signifikant günstigere Sprachwahrnehmungsleistungen auf. Mit den ungünstigsten Voraussetzungen begannen jene Kinder mit dem schulischen Lernen, die später in einer Lernbehindertenschule oder in einer LRS-Klasse sonderpädagogisch betreut werden mußten.

Demgegenüber wiesen besonders erfolgreiche Schüler (Kinder mit der Note »sehr gut« in den Fächern Deutsch, Mathematik und Fremdsprache auf allen Jahresabschlußzeugnissen) nicht in einem einzigen Falle bei Schulbeginn ein schwaches verbosensomotorisches Niveau auf (Breuer/Petschaelis 1983). Ein Jahr vor Schulbeginn wurden bei ihnen ausschließlich sehr gute bis gute Wahrnehmungsleistungen festgestellt.

Derartige Längsschnittuntersuchungen wurden mehrmals mit tendenziell gleichen Ergebnissen wiederholt: *An der Brückenfunktion intakter Sprachwahrnehmungsleistungen für erfolgreiches Lernen im Anfangsunterricht besteht danach kein Zweifel.*

Diese Zusammenhänge treffen sowohl für das Ensemble der Sprachwahrnehmungsleistungen als Ganzes als auch für die einzelnen Wahrnehmungsbereiche zu.

Fähigkeiten zur Differenzierung sinnlich-wahrnehmbarer sprachlicher Kodeträger bildeten in der Anthropogenese des Menschen eine Grundlage für die Entwicklung der Sprache. Ohne sie gäbe es weder die Laut- noch die Schriftsprache. Mit Hilfe der Sprache gelang es dem Menschen, an die Stelle realer Gegenstände, Zustände,
Ereignisse, Tätigkeiten und Gefühle ein gedankliches Abbild, das Wort, treten zu lassen.

Eine zweite grundlegende Leistung des Menschen bestand darin, daß er mit Hilfe
vereinbarter Verknüpfungsregeln zwischen Wörtern auch entfaltete Gedanken zu
übermitteln und mit ihnen gedanklich zu operieren vermochte.

Die Bedeutung aller fünf sprachbezogenen Wahrnehmungsleistungen in ihrer
Einheit wird im Zusammenhang mit der sprachlichen und damit intellektuellen Entwicklung in der Ontogenese des Kindes oft unterschätzt. Meist werden nur einzelne
Seiten betont und es wird übersehen, daß intellektuelle Leistungen auf diesem Ensemble aufbauen.

Die Fähigkeiten zur Identifizierung und Differenzierung von Geruchs-, Ge-
schmacks- oder Temperaturmodalitäten z.B. spielten für die Entwicklung der Sprache keine Rolle, weil sich diese Sinnesdaten von einzelnen Menschen situativ nicht
kommunikationsbezogen eindeutig als Kodeträger reproduzieren ließen. Es wäre
auch unmöglich, die genannten Reize in präziser Struktur im Gedächtnis zu behalten.
Dafür erwiesen sich allein optische und akustische Figurationen als geeignet.

Die Bedürfnisse und der vitale Zwang zur Kommunikation und Kooperation haben zu dieser Selektion der sprachbezogenen Wahrnehmungsleistungen aus dem Arsenal möglicher sensomotorischer Leistungen geführt.

Zeigt in der Individualentwicklung einer der sprachtragenden Wahrnehmungsbereiche Unzulänglichkeiten bei seiner Ausformung, z.B. durch Blindheit oder Gehör-
losigkeit, sind kompensatorische Wege beim Erlernen der Laut- und Schriftsprache
unumgänglich. Dem wird durch sonderpädagogische Hilfen entsprochen.

Beim einzelnen Kind können aus den verschiedensten Gründen in einem oder
mehreren der fünf Sprachwahrnehmungsbereiche »Schwachstellen« unterschiedlichsten Grades auftreten. Ob sie ein Handicap im Entwicklungsprozeß darstellen,
hängt vom Ausmaß und von den Ursachen dieser Defizite ab. Werden sie rechtzeitig
aufgespürt, eröffnet sich die große Chance, ihre negative Wirkung auf das Sprechen-,
Schreiben- und Lesenlernen einzuschränken oder gar zu vermeiden. Die im folgenden Kapitel dargestellten diagnostischen Verfahren dienen dem Anliegen, Sprachwahrnehmungsdefizite bei normalsinnigen Kindern festzustellen.

Bei der Funktionsbestimmung der einzelnen Wahrnehmungsbereiche innerhalb
des Ensembles der Verbosensomotorik sind drei Ebenen zu unterscheiden:

Auf der ersten geht es um die Identifizierung von sinnlich-wahrnehmbaren Mo-
dalitäten, die die äußere Gestalt der Sprache ausmachen: ein Punkt, ein gerader
Strich, eine Rundung, zwei Ecken usw. als Elemente von Buchstaben, die konkrete
Lautbildung und die Unterscheidung von Lauten.

Auf der nächsten Ebene ist die räumliche und die zeitliche Beziehung der Modalitäten untereinander zu erkennen: der Punkt ist oben auf dem senkrechten Strich, der Bogen setzt rechts unten an, die Rundung verläuft an der Seite usw. Auf der Lautebene realisiert sich das in der Analyse und Synthese von Lauten.

Auf der dritten Ebene schließlich sind diese in ihrem Zueinander diskriminierten Elemente als eine Struktur, als ein Ganzes, zusammenzufügen. Sie erhalten auf dieser Ebene eine Zeichen- bzw. Bedeutungsfunktion. Das sinnerfüllte gesprochene oder geschriebene Wort entsteht.

Diese dritte Ebene, die der Zusammenführung zu einer semantisch belegbaren Struktur, ist die eigentlich entscheidende, um mit Hilfe sensorisch-motorischer Funktionen den Weg zur semantischen Repräsentanz der zu einer ganzheitlichen Struktur zusammengefügten sinnlich-wahrnehmbaren Details zu erreichen. Die Ergebnisse der dritten Stufe sind es, die schließlich im Gedächtnis ikonisch gespeichert werden. Buchstaben- und Lautmuster bilden das Ausgangsmaterial für qualitativ neue Einheiten. Visuelle und klangliche Strukturen werden im Gedächtnis schließlich konserviert und mit Hilfe von gespeichertem Regelwissen als Baumaterial für auszusprechende und zu schreibende Gedanken genutzt.

Auf dem Weg von der Identifizierung und Imitierung sinnlich-wahrnehmbarer Kodeträger der Sprache bis zur Verfügbarkeit von Wort- und Satzmustern sind alle Sprachwahrnehmungsbereiche beteiligt. Dabei kommt jedem eine spezifische Eigenständigkeit zu. Andererseits geht diese im Ensemble auf.

Die Fähigkeit zur optischen Differenzierung z.B. ist relativ unabhängig von der gesprochenen Sprache. Ihre Ausformung hängt wesentlich vom praktischen Hantieren, Spielen, Bauen usw. des Kindes ab. Die phonematische Differenzierung kann sich dagegen nur im Zusammenhang mit gehörter Sprache entfalten. Eine Besonderheit der rhythmischen Differenzierung wiederum ist einerseits ihre integrative Funktion für das Erreichen der dritten Ebene, also der Strukturierung, andererseits ihre tiefe zentrale Verankerung, denn Lebensäußerungen aller Art weisen eine rhythmische Komponente auf. Aus diesen unterschiedlichen Funktionen der einzelnen Sprachwahrnehmungsbereiche können symptomatisch gleiche laut- bzw. schriftsprachliche Fehlleistungen entstehen, die aber einen sehr unterschiedlichen sensomotorischen Ausgangspunkt haben. Nur wenn dieser bekannt ist, läßt sich eine ursachenorientierte frühschulische Förderung durchführen. Dabei wirken sich Förderungen in einem Sprachwahrnehmungsbereich oft positiv auch auf andere Bereiche aus. Das unterstreicht die Notwendigkeit, eine Analyse des Gesamtensembles sprachbezogener Wahrnehmungsleistungen vorzunehmen. Wie dabei rationell vorzugehen ist, wird im nächsten Teil des Buches besprochen.

2. Verfahren zur Diagnose sprachbezogener Wahrnehmungsleistungen von älteren Vorschulkindern und von Schülern mit Lernschwierigkeiten im Anfangsunterricht

Zur Diagnose sprachbezogener Wahrnehmungsleistungen eignen sich nachfolgend beschriebene Screenings, die mit förderdiagnostischer Zielstellung entwickelt wurden. Bei diesen Verfahren handelt es sich um keine Tests zur Klassifizierung eines Entwicklungsniveaus oder zur Einordnung der untersuchten Kinder in eine Rangreihe. Ihr Anliegen ist es, das aktuelle Niveau von Sprachwahrnehmungsleistungen festzustellen und jene Kinder herauszufinden, die in diesen basalen kognitiven Funktionen gegenüber der Altersnorm förderbedürftige Rückstände aufweisen.

Die vorgestellten Differenzierungsproben (DP I und DP II) sind als eine Einheit anzusehen. Je nach dem Alter der Kinder und dem pädagogischen Anliegen werden sie eingesetzt.

Die »Differenzierungsprobe für Fünf- bis Sechsjährige« (DP I) orientiert sich am verbosensomotorischen Niveau von Kindern im letzten Vorschuljahr und läßt erkennen, ob Schüler mit Lernschwierigkeiten im Anfangsunterricht über den benötigten Standard auf diesem Gebiet für den Erwerb der Schriftsprache verfügen. Etwa 15% der Schulanfänger beginnen ihre Schullaufbahn mit defizitären Sprachwahrnehmungsleistungen. Wegen der großen Bedeutung, die diesen für schulisches Lernen zukommt, empfiehlt es sich, die DP I bei auftretenden Lernschwierigkeiten so früh wie möglich einzusetzen. Das geschieht in der Regel etwa 6 Wochen nach Schulbeginn und kann bis zu 20% aller Schulanfänger betreffen. Ob verbosensomotorische Rückstände einzelner Kinder durch gezielte Wahrnehmungsförderung an das Niveau der Altersgefährten herangeführt werden konnten, wird mit der »Differenzierungsprobe für Sechs- bis Siebenjährige« (DP II) geprüft. Das geschieht etwa nach dem ersten Schulhalbjahr. Dieses Verfahren kann auch dann genutzt werden, wenn in den ersten Wochen des Schulbesuchs keine Untersuchung leistungsschwacher Schüler mit der DP I vorgenommen wurde.

Die Untersuchungen mit den »Differenzierungsproben« können nach entsprechender Einarbeitung von Psychologen, Logopäden, Sonderpädagogen, Grundschullehrern und Kindergärtnerinnen durchgeführt werden (Thewalt 1991; Haby 1988).

2.1 Die Differenzierungsprobe für Fünf- bis Sechsjährige und für Schüler mit Lernschwierigkeiten im Anfangsunterricht (DP I)

Bei der Konstruktion der Aufgaben wurde von den Anforderungen an das Niveau sprachbezogener Wahrnehmungsleistungen ausgegangen, auf denen der Schreib- und Leselernprozeß bei Schulanfängern aufbaut. Die hohe Dynamik, mit der sich die einzelnen Differenzierungsleistungen während des letzten Vorschuljahres vervoll- kommnen, wurde bei der Konstruktion der Items berücksichtigt. Jeder Wahrneh- mungsbereich weist für sich eine unterschiedliche Entwicklung auf. Während z.b. in der melodischen Differenzierungsfähigkeit bereits mehr als zwei Drittel aller Kinder ein Jahr vor Schuleintritt den angestrebten Standard erreicht haben, verfügt zum glei- chen Zeitpunkt in der optisch-graphomotorischen Differenzierungsfähigkeit erst je- des vierte Kind über Voraussetzungen, die den Ansprüchen zu Beginn des Schreib- und Leselernprozesses in der Schule entsprechen. Ähnlich verhält es sich mit den an- deren Wahrnehmungsbereichen (siehe Tabelle 7). Defizite sind also immer auf die Altersnorm zu beziehen. Erst dann läßt sich sagen, ob ein Rückstand vorliegt.

Tab. 7: Anteil von Kindern (%) mit guten Differenzierungsleistungen in einzelnen Wahrnehmungsbereichen bei Fünf- bis Sechsjährigen und Schulanfängern (Eder, 1976)

Zeitpunkt	Wahrnehmungsbereiche				
	Optisch	Phone-matisch	Kin-ästhetisch	Melodisch	Rhythmisch
1 Jahr vor Schulbeginn (n = 377)	23,9	49,5	69,2	69,0	56,3
$^{1}/_{2}$ Jahr vor Schulbeginn (n = 335)	41,1	66,7	89,0	81,8	69,9
nach Schulein-tritt (n = 169)	86,4	85,2	89,4	89,4	84,6

Die verschiedenartige Dynamik der einzelnen Wahrnehmungsbereiche im Vor- schulalter – wie sie aus der Tabelle 7 hervorgeht – ist für die Interpretation der zu ver- schiedenen Zeitpunkten ermittelten Ergebnisse bei Vorschulkindern wichtig. Bei den älteren Schülern einer Anfangsklasse bedeuten Rückstände in jedem Falle ein Han- dicap.

Die Durchführung der DP I mit Kindern im letzten Vorschuljahr hat aus vielen Gründen große Vorteile. Weil sich die entscheidenden verbosensomotorischen Vor- aussetzungen für den Lese-Schreiblernprozeß bereits im frühen Vorschulalter ausformen, ist es sinnvoll, auftretende Rückstände mit Hilfe der DP I im Interesse einer prophylaktisch orientierten Frühförderung so früh wie möglich festzustellen. Da sich das erreichte Niveau sprachbezogener Wahrnehmungsleistungen im Vorschulalter jedoch noch nicht in jeder Hinsicht zu erkennen geben kann – die Bewährung im Lese-Schreiblernprozeß steht noch aus –, bleiben Entwicklungsrückstände im Alltagsverhalten des Kindes fast immer verborgen. Mit der DP I können sie sichtbar gemacht werden. Damit könnte bereits zu diesem Zeitpunkt im Vorschulalter eine spielbezogene Wahrnehmungsförderung einsetzen. Sie wäre der später notwendigen Nachhilfe in der Schule überlegen, weil sie nicht im Zusammenhang und als Konsequenz erlebter Mißerfolge angesehen würde (Lückert 1966). Eine prophylaktische Praxis zur Vermeidung von Lese-Schreiblernproblemen setzt allerdings voraus, daß alle Kinder etwa ein Jahr vor Schulbeginn mit der DP I untersucht werden müßten, unabhängig davon, wie ihr Entwicklungsniveau allgemein eingeschätzt wird. Tragisch sind ja vor allem jene Lernschwierigkeiten im Anfangsunterricht, die sich vorschulisch durch keinerlei Symptome angekündigt haben. Mit einer prophylaktischen Aufdeckung von Praesymptomen für spätere Problemlagen im Anfangsunterricht ließe sich der Zeitraum bis zum Schuleintritt für eine Sprachwahrnehmungsförderung auch in all jenen Fällen nutzen, bei denen es auf den ersten Blick keine Veranlassung für spätere Lernprobleme zu geben scheint. Aus Vergleichsuntersuchungen ist bekannt, daß sich sprachbezogene Wahrnehmungsdefizite im Vorschulalter weit eher beseitigen lassen als im Schulalter. Das hängt mit sensiblen Phasen zusammen, in denen die Synchronie von Reifungs- und Lernprozessen pädagogisch günstig zu beeinflussen ist (Breuer/Weuffen 1990).

Ratsam ist es auf alle Fälle, sprachgestörte Vorschulkinder mit der DP I zu untersuchen. Danach wäre eine inhaltlich gezielte Förderung lautsprachlicher Grundlagen möglich (Weuffen 1984).

Die Durchführung der Untersuchung mit der Differenzierungsprobe

Die Untersuchung wird als Einzeluntersuchung durchgeführt, lediglich die Teilaufgaben zur Überprüfung der optischen Differenzierungsfähigkeit eignen sich als Gruppenversuch.

Der Versuchsleiter (VL) kennt die Instruktion auswendig. Neben angemessenen äußeren Bedingungen (Raum, Arbeitsplatz, Untersuchungsmaterialien) ist durch den VL eine Atmosphäre der positiv emotionalen Befindlichkeit und einer optimistisch-erwartungsfrohen Aufgabenzuwendung beim Kind zu sichern. Kritische Einschätzungen der Leistungen des Kindes sind in jedem Fall zu unterlassen, weil das Kind sonst seine tatsächlichen Leistungsmöglichkeiten nicht voll freisetzen würde.

Die Einstimmung des Kindes in die Untersuchungssituation erfolgt mit Hinweisen auf »spannende Aufgaben«, »auf künftige schulische Tätigkeiten im Unterricht«, »auf Aufgaben, die Spaß machen« usw. Das Kind muß sich wohl und geborgen fühlen, es darf keine Angst vor Mißerfolgen haben und soll die Gewißheit besitzen, daß es die Anforderungen zur Zufriedenheit des VL durchführt. Bemerkungen wie: »Das machst du gut«, »Da wird sich deine Mutti freuen«, »Da werden aber die anderen staunen« usw. lockern das Kind auf und fördern die Identifikation des Kindes mit den Anforderungen des VL

Erfahrungsgemäß macht es den Kindern Freude, die abwechslungsreichen Aufgaben der »Differenzierungsprobe« zu lösen. Dazu trägt u.a. bei, daß die Aufgaben mit dem Lesen- und Schreibenlernen in Verbindung gebracht werden. Durch den besonderen Charakter der Aufgaben werden dem Kind Mißerfolge kaum bewußt. Außerdem sichern die Kommentare des VL auch bei unzureichenden Ergebnissen das Erleben eines Erfolges.

Die *Durchführungszeit* beträgt insgesamt 10–12 Minuten. In Verbindung mit der Art der Aufgaben treten in dieser kurzen Zeit praktisch keine Konzentrationsprobleme auf. Ein Zeitlimit gibt es nicht.

Der VL hält die Ergebnisse auf dem Protokollblatt fest. Das geschieht laufend, nicht nur, wenn eine Fehlleistung notiert wird, ohne daß dem Kind »+« oder »–«-Notierungen sichtbar werden. Bei der Untersuchung ist alles zu vermeiden, was auch nur andeutungsweise den Eindruck einer Prüfung machen könnte. Art und Schwierigkeitsgrad der Untersuchungsaufgaben unterstützen dies. Erfahrungsgemäß gehen die Kinder neugierig und eifrig an die Lösung der Aufgaben. Verweigerungen treten praktisch nie auf. Sie können vereinzelt beim Einzelsingen eines Liedes und beim Nachsprechen vorkommen. Es ist deshalb ratsam, nicht mit diesen Aufgaben die Untersuchungen zu beginnen. Als Startaufgaben eignen sich am besten die Prüfaufgaben für den optisch-graphomotorischen Bereich.

Treten Verweigerungen auf, kann die spezielle Aufgabe unter anderen Bedingungen bzw. bei anderen Gelegenheiten wiederholt werden. Da die Reihenfolge der Aufgaben keinen Einfluß auf das Ergebnis hat, kann der VL selbst entscheiden, womit er beginnt.

Folgende *Materialien* werden benötigt: Bildtafeln der DP (sie befinden sich im Anhang S. 163ff.), Papier und Filzstift, Protokollblatt.

Auswertung: Die Diagnoseergebnisse besitzen zwar auch eine prognostische Bedeutung, im Vordergrund der Auswertung steht jedoch die Frage: In welchen Bereichen zeigen sich Rückstände, die eine Förderung nahelegen.

Alle Einzelaufgaben werden zusammenfassend alternativ mit »+« oder »–« bewertet. In Zweifelsfällen entscheidet sich der VL immer für ein »–«. Diese Art der alternativen Bewertung wird von manchen Pädagogen als ungerecht bzw. zu hart angesehen. Sie geht jedoch davon aus, auf keinen Fall den Förderanspruch eines Kindes zu übersehen. Sich *für* das Kind zu entscheiden, bedeutet in diesem Falle, eine Förderung einzuleiten. Würde man auf eine Förderung wegen einer zu optimistischen Bewertung verzichten, also im Zweifelsfall die Bewertung »+« wählen, so würde das betreffende Kind nicht in eine Förderung einbezogen werden, obwohl sie u.U. eine große Hilfe wäre. Außerdem: Im Prozeß der Förderung klären sich die Zweifel schnell auf. Problemlos kann die Förderung jederzeit abgesetzt werden. Es wäre jedoch für das Kind von großem Nachteil, wenn es ungerechtfertigt von einer Förderung ausgeschlossen würde.

2.1.1 Die Überprüfung der optisch-graphomotorischen Differenzierungsfähigkeit

Die dafür ausgewählten Aufgaben berücksichtigen Strukturelemente der *Richtung, Häufigkeit, Lage* und *Größe,* wie sie für Schriftzeichen typisch sind. Dem Kind werden Karten (siehe Anlage) mit Zeichen in der aus dem Protokollblatt zu ersehenden Reihenfolge einzeln mit der Aufforderung dargeboten, die Zeichen abzumalen. Die Vorlage bleibt während des Abzeichnens vor dem Kind liegen. Die Reihenfolge der Zeichen ist einzuhalten. Das Zeichen ⊨ bereitet die geringsten Schwierigkeiten und steht deshalb an erster Stelle. Zeichen ⅄ als schwierigstes steht an dritter Stelle. Die Schwierigkeitsvarianten gestatten es, den Grad des Rückstandes hervortreten zu lassen. Er entscheidet, ob eine Förderung angezeigt ist.

Die Instruktion für die einzelnen Zeichen lautet:

Zeichen 1 (⊨) »Male das Zeichen so ab, wie es ist. Ein Strich mit zwei Winkern daran.«
Zeichen 2 (.ꓲˈ) »Jetzt malst du dieses Zeichen. Ein Strich, oben ein Punkt und unten ein Punkt.«
Zeichen 3 (⅄) »Nun malen wir dieses Zeichen. Ein Strich und eine Ecke daran.«
Zeichen 4 (Z) »Bei diesem Zeichen geht es rüber, runter, rüber«
Zeichen 5 (S) »Das ist das letzte Zeichen. Ein Schweineschwänzchen.«

Bewertung der Ergebnisse:

Zum Zeitpunkt des Schulbeginns erreichen 86% aller Kinder bei allen Zeichen positive Lösungen. Bei der Einschätzung und Bewertung von Lösungen wird kontrolliert, ob die Richtung der Linienführung, die Lage der Figurenelemente und ihre Anzahl der Vorlage entsprechen. Unbeachtet bleiben die Größe der Zeichen und die Sicherheit der Strichführung. Es spielt auch keine Rolle, ob die Länge der »Winker« (Zeichen 1), die Größe der Punkte (Zeichen 2), die Länge der beiden Linien der »Ecke« (Zeichen 3), der Linien des Zeichens 4 und die Bogen des Zeichens 5 in ihren Proportionen der Vorlage genau entsprechen. Parallelität in Zeichen 4, Rundungsgrad und die Größe der beiden Rundungen in Zeichen 5 können von der Vorlage ebenfalls abweichen.

Für richtige Lösungen ist entscheidend:

Die beiden »Winker« (Zeichen 1) weisen tendenziell parallel nach rechts und sind am »Strich« angesetzt; die Punkte (Zeichen 2) sind rechts oben und links unten neben dem Strich gezeichnet; die »Ecke« (Zeichen 3) weist nach links und wird mit dem Versuch gemalt, sie am »Strich« zusammenzuführen. Beim »rüber, runter, rüber«

entstehen Winkel in der vorgegebenen Richtung (Zeichen 4), die Winkelgröße kann oben und unten einen rechten Winkel überschreiten, das »runter« wird in der Tendenz nach unten geführt. Parallelität der beiden Querstriche ist nicht erforderlich; in Zeichen 5 sind die Bogen in der Tendenz richtungsgetreu ausgeführt.

Von Vorschulkindern werden die Zeichen oft noch als Streubild gemalt, weil sie es noch nicht kennen bzw. gelernt haben, Schrift auf einer Linie anzuordnen. Die Reihung der Zeichen auf einer gedachten Linie stellt eine höhere Leistung dar. Ein Streubild bei Schülern, die bereits einige Wochen die Schule besuchen, ist selten und fast immer Ausdruck einer Raum-Lage-Unsicherheit, die es durch Fördermaßnahmen zu überwinden gilt. Ab und zu kommt es beim Nachmalen einzelner Zeichen auch zu Achsendrehungen. Das Zeichen wird z.b. »liegend« gemalt. Diese Kinder haben ebenfalls Schwierigkeiten im Erfassen von Raum-Lage-Beziehungen und oft auch ein gestörtes Körperschema. Sie sind diesbezüglich auch bei anderen Aufgaben zu beobachten.

Auf Seite 53 sind Beispiele für richtige und falsche Lösungen angeführt. Richtige bzw. falsche Lösungen lassen sich erfahrungsgemäß gut voneinander abgrenzen. Sollten bei der Bewertung dennoch Unsicherheiten auftreten, ist die betreffende Figur mit der Qualität der übrigen Figuren zu vergleichen. Die dabei erkannte Tendenz (»+« oder »−«) bestimmt die Entscheidung. Das Ergebnis wird auf dem Protokollblatt eingetragen.

Eine besondere Klippe für die Auswertung ist das Zeichen ⋋. Einige Kinder stellen es als Buchstaben »K« dar, d.h. die »Ecke« wird rechts vom Strich gezeichnet. Es ist nicht immer eindeutig, ob diese Abweichung von der Vorlage ⋋ als eine »Korrektur« der Vorlage im Sinne des bekannten Buchstabenbildes »K« anzusehen ist oder ob eine Raum-Lage-Unsicherheit vorliegt. In jedem Falle stellt die Darstellung »K« eine Abweichung von der Vorlage dar. Das kann mit mangelnder Aufmerksamkeit bei der Instruktion, einem oberflächlichen Hinhören, mit Ablenkbarkeit oder einer tatsächlichen Raum-Lage-Unsicherheit zusammenhängen. Diese Lösung – sei es, wie es sei – ist mit »−« zu bewerten, obwohl es sich dabei in vielen Fällen nicht um verbosensomotorische Unzulänglichkeiten handelt.

Aufmerksamkeit verdient auch das Zeichen S. Einige Kinder zeichnen es seitenverkehrt. Selbstverständlich ist das eine Minuslösung. Diese Darstellungsweise enthält aber u.U. einen Hinweis auf sichtbare oder kaschierte Linkshändigkeit. Das Kind ist deshalb zu beobachten, ob eventuell bei anderen feinmotorischen Hantierungen die linke Hand führend ist. Nach einer genaueren Überprüfung sollte überlegt werden, ob dem Kind das Schreiben mit der linken Hand erlaubt wird. Eine massive kaschierte Linkshändigkeit könnte u.U. zu einer großen Belastung des Kindes führen.

Die optisch-graphomotorische Differenzierungsfähigkeit der Schüler ist, bezogen auf das Schreiben- und Lesenlernen, altersgerecht entwickelt, wenn alle fünf Zeichen entsprechend der Vorlagen korrekt abgemalt wurden. Es ist davon auszugehen, daß darin der benötigte Standard im Niveau der optisch-graphomotorischen Differenzierungsfähigkeit für das Lesen- und Schreibenlernen zum Ausdruck kommt.

Treten bei Erstkläßlern unzureichende Lösungen auf, ist eine Förderung in diesem Wahrnehmungsbereich erforderlich. Dabei sollte auf die bewußte Beachtung von optischen Details und Raum-Lagemodalitäten orientiert werden. Effektiv sind derartige Übungen vor allem dann, wenn z.B. bei Bilderklärungen oder in realen Situationen visuell-sprechakustische Assoziationen angeregt werden: »Wo steht der Teller?« »Der Teller steht vor der Vase«. »Wo steht die Vase?« »Die Vase steht hinter dem Teller«. »Wo liegt der Löffel?« »Der Löffel liegt rechts neben dem Teller« usw. Hinweise, wie die Förderung zu gestalten ist, finden sich im Teil 4 dieses Buches.

Beispiele für richtige und falsche Lösungen von Aufgaben zur optisch-graphomotorischen Differenzierungsfähigkeit

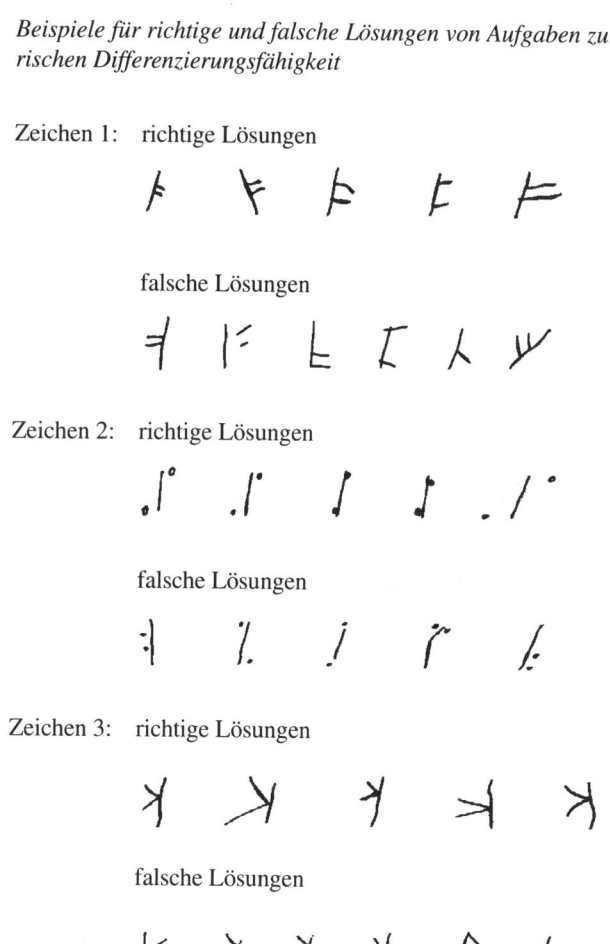

Zeichen 1:   richtige Lösungen

              falsche Lösungen

Zeichen 2:   richtige Lösungen

              falsche Lösungen

Zeichen 3:   richtige Lösungen

              falsche Lösungen

Zeichen 4: richtige Lösungen

Ƹ Ƹ ∠ Ƶ Ƭ

falsche Lösungen

Ʃ ⨬ ⨿ ⨏ ⨭ ∫

Zeichen 5: richtige Lösungen

ʃ ʒ ʃ ς ɾ ʃ ʃ

falsche Lösungen

ⴔ ⴎ ⴈ ⴑ ⴄ ⴋ

2.1.2 *Die Überprüfung der akustisch-phonematischen Differenzierungsfähigkeit*

Phonematische Unzulänglichkeiten, die zumeist im Alltagsverhalten des Kindes nicht auffallen, sind ohne entsprechende Prüfmittel nicht zu erkennen. Dazu reicht die normale Qualifikation einer Kindergärtnerin und eines Normalpädagogen nicht aus. Natürlich werden jene phonematischen Störungen von jedermann bemerkt, die als Folge einer Schwerhörigkeit auftreten. In diesen Fällen bemerkt der Grundschullehrer ihre Folgen in Schwierigkeiten der Lautanalyse und -synthese. Schwere phonematische Störungen äußern sich außerdem mehr oder weniger deutlich als Stammelfehler. Nicht immer beruhen Stammelfehler aber auf motorischen Retardierungen. Um herauszufinden, ob Stammelfehler oder Schwierigkeiten beim Lesen- und Schreibenlernen auf einer sprechmotorischen Schwäche oder/und auf sensorischen Mängeln beruhen, wird bei der Überprüfung des phonematischen Wahrnehmungsbereiches das Prinzip der Phonemvergleiche genutzt. Dieses Verfahren hat sich in der logopädischen Praxis als Methode seit langem bewährt (Schilling, A. und H. Schäfer 1962, Theiner, Ch. 1968). Für das Anliegen des Grundschullehrers und der Kindergärtnerin zur Ermittlung pädagogischer Ansatzstellen mit Hilfe der »Differenzierungsprobe« wird im Falle phonematischer Defizite die Methode des Phonemvergleichs mittels bildlicher Repräsentationen klangähnlicher Begriffe verwendet. Die »Differenzierungsprobe« benutzt dafür 10 Bildkarten. Dabei wurden solche Phonemvergleiche gewählt, die der Häufigkeit im Auftreten von phonematischen Unsicherheiten bei Kindern dieses Alters entsprechen.

54

Auf den 10 Bildtafeln (plus einer Bildtafel zur Sicherung des Verständnisses für die Aufgabe) sind jeweils zwei Begriffe unterschiedlichen Inhalts zeichnerisch dargestellt. Vom Wortklang der Wortbegriffe her werden phonematische Verwechslungen begünstigt, weil sie sich nur durch ein bedeutungstragendes Phonem unterscheiden. Die bildliche Darstellung muß so einfach und klar wie möglich sein, damit die gedankliche Aktualisierung der für den Phonemvergleich benötigten Wörter problemlos gelingt. Eine Unterscheidung z.B. von »Nadel« und »Nagel« bzw. von »Kanne« und »Tanne« erfordert, daß mindestens eines der Wörter für das Kind als Bezeichnung für einen der beiden Bildinhalte geläufig ist. Das reicht bei phonematischer Sicherheit aus, die angestrebte Unterscheidung der beiden Begriffe zu vollziehen. Wären beide Bilddarstellungen unklar, wäre die phonematische Leistung nicht zu beurteilen.

Zur Durchführung der Untersuchung
(die Bildtafeln befinden sich im Anhang S. 175ff.)

Zunächst wird mit der Bildtafel 0 »Keller – Teller« in die Aufgabe eingeführt. Die Bildtafel liegt vor dem Kind. Der VL sagt u.a.: »Du mußt genau hinhören. Auf dem einen Bild siehst du einen Keller, auf dem anderen Bild einen Teller. Keller – Teller (kleine Pause), das hört sich fast gleich an. Ich sage jetzt ein Wort, und du zeigst auf das betreffende Bild. Zeige Teller!«

Um zu vermeiden, daß sich die Kinder auf eine Seite der Bildtafel einstellen, nennt der VL nach »zeige« in den nächsten Aufgaben im beliebigen Wechsel eines der beiden Wörter des Wortpaares. Es ist unwahrscheinlich, daß ein Kind durch Zufall alle 10 Aufgaben trotz phonematischer Schwächen richtig löst. Da nur bei 5% der Kinder, die phonematisch unsicher sind, diese Wahrnehmungsschwäche isoliert auftritt, würde das betreffende Kind sicher in anderen Wahrnehmungsbereichen auffällig und damit in den lautsprachlichen Grundlagen gefördert werden. In 95% der Fälle sind phonematische Schwächen mit anderen Sprachwahrnehmungsschwächen verbunden.

Der VL verdeckt mit der Hand seinen Mund, um ein Ablesen des Wortes vom Mund auszuschließen. An sich beobachten die ABC-Schützen sehr genau den Mund des sprechenden Lehrers. Kinder mit phonematischen Schwächen konzentrieren sich dabei besonders. Spricht der Lehrer deutlich artikuliert und ohne Hast, unterstützt er das Absehen der Lippenbewegungen und erleichtert damit das Erkennen der Laute. Beim Unterscheiden der Artikulationsbewegungen z.B. bei »Tasche« und »Tasse« erkennt das gut beobachtende Kind das unterschiedliche Vorstülpen der Lippen bei beiden Wörtern. Je konzentrierter Kinder und je intelligenter sie sind, desto besser vermögen sie ihre Schwäche in diesem Bereich zu kompensieren bzw. zu kaschieren.

In normaler Umgangssprache wird eines der beiden Wörter gesprochen. Eine überdeutliche Artikulation ist zu unterlassen, weil sie über die tatsächlichen phonematischen Differenzierungsmängel des Kindes hinwegtäuschen würde.

Befolgt dasKind die Aufforderung nicht, wiederholt der VL das betreffende Wort in Verbindung mit »Zeige«, also z.b. »Zeige Keller«. Der Artikel des Wortes wird nicht mitgesprochen. Die Aufforderung bei der Probe kann mehrmals wiederholt werden, um sicher zu sein, daß die Aufgabe verstanden worden ist. Bei den Prüfaufgaben (Bildtafeln 1–10) darf die Aufforderung »Zeige …« nur einmal erfolgen.

Es kommt vor, daß Kinder fragend zum VL schauen, um bestätigt zu bekommen, ob sie das Richtige gezeigt haben. Darauf kann er mit folgenden Hinweisen reagieren: »Du machst das richtig« »Du hast es verstanden« »So kannst Du weitermachen«. Derartige Hinweise dienen der Ermunterung. Korrekturen und zusätzliche Hilfen sind zu unterlassen.

Sobald das Kind bei der Probeaufgabe mit dem Finger eindeutig auf ein Bild weist (nicht unbedingt auf das richtige), kann mit den Bewertungsaufgaben begonnen werden. Die Instruktion bleibt die gleiche. Viele Kinder erfassen das Wesen der Aufgabe sehr schnell. Bei ihnen kann die Instruktion verkürzt werden. Es wird die Bildtafel gezeigt und z.B. gleich gesagt: »Tanne – Kanne, zeige …«.

Bildtafel 1: »Auf dem einen Bild sehen wir einen Kopf, auf dem anderen Bild sehen wir einen Topf. Kopf – Topf, zeige …«

Bildtafel 2: »Auf dem einen Bild sehen wir eine fette Gans. Auf dem anderen Bild sehen wir einen lustigen Tanz. Gans – Tanz, zeige …«

Bildtafel 3: »Auf dem einen Bild sehen wir einen dicken Mann, der ist satt. Auf dem anderen Bild sehen wir einen Sack. Satt – Sack, zeige …«

Bildtafel 4: »Auf dem einen Bild liegt ein Kind im Bett. Es ist krank. Das Kind auf dem anderen Bild hatte großen Durst, es trank. Krank – trank, zeige …«

Bildtafel 5: »Auf dem einen Bild will die Mutti Kuchen backen. Auf dem anderen Bild will das Kind baden. Backen – baden, zeige …«

Bildtafel 6: »Auf dem einen Bild ist eine Tanne, auf dem anderen Bild eine Kanne. Tanne – Kanne, zeige …«

Bildtafel 7: »Auf dem einen Bild ist ein Nagel, auf dem anderen Bild ist eine Nadel. Nagel – Nadel, zeige …«

Bildtafel 8: »Auf dem einen Bild ist ein Kamm, auf dem anderen ist ein Kahn. Kamm – Kahn, zeige …«

Bildtafel 9: »Auf dem einen Bild ist eine Tasche, auf dem anderen Bild eine Tasse. Tasche – Tasse, zeige …«

Bildtafel 10: »Auf dem einen Bild sagt die Mutti zu dem Kind: »wasche«! Auf dem anderen Bild hält ein Soldat Wache. Wache – Wasche, zeige …«

Bei der Untersuchung von leistungsschwachen Kindern ist es statthaft, die Instruktion durch Zusätze zu erweitern, die das inhaltliche Verständnis fördern. Z.B. beim Phonemvergleich 1 »… den Kopf von einem Jungen«, Phonemvergleich 3: »Auf dem einen Bild sehen wir einen dicken Mann. Er hat viel gegessen. Sein Bauch ist voll. Er ist satt. Auf dem anderen Bild sind Kohlen im Sack. Satt – Sack, zeige …« usw.

Die Bewertung der Ergebnisse

85% der Schulanfänger lösen die geforderten Phonemvergleiche einwandfrei. Aus Längsschnittuntersuchungen geht hervor, daß phonematische Schwächen um so nachhaltiger das Schreiben- und Lesenlernen belasten, je länger sie andauern. Für die Bewertung gilt:

1. Fällt auch nur ein Phonemvergleich falsch aus, lautet das Gesamtergebnis »–«. Die Probeaufgabe wird nicht gewertet.
2. Es sind alle Schüler zu fördern, bei denen zwei und mehr Phonemvergleiche falsch ausfallen.
3. Hinter einem einzelnen Ausfall verbirgt sich nicht unbedingt eine phonematische Schwäche. Die Fehlleistung kann auch Ausdruck situativer oder habitueller Konzentrationsmängel sein, obwohl bei der Art und Kürze der Aufgaben nur in Ausnahmefällen Konzentrationsmängel auftreten.
   Da eine Förderung im phonematischen Bereich immer auch eine Aufmerksamkeitsschulung bedeutet, erweist sie sich zugleich als Konzentrationshilfe.
4. Phonematische Unzulänglichkeiten verdienen immer Aufmerksamkeit, besonders wenn sie gekoppelt mit Ausfällen in anderen sprachbezogenen Wahrnehmungsbereichen auftreten.

2.1.3 Die Überprüfung der kinästhetisch-artikulatorischen Differenzierungsfähigkeit

Zur Überprüfung der kinästhetisch-artikulatorischen Differenzierungsfähigkeit wurde die Nachsprechprobe von Guthke (1964) mit geringfügigen Abweichungen übernommen. Vom Kind sind Wörter nachzusprechen, die schwer zu artikulieren sind:

»Postkutsche«,
»Aluminium« und
»Schellfischflosse«.

Diese Wörter sind den meisten Kindern nicht geläufig. Das ist beabsichtigt, weil es auf die Überprüfung der Fähigkeit des Kindes ankommt, Vorgesprochenes, auch wenn es unbekannt ist, korrekt nachzusprechen. Diese Fähigkeit beherrschen bei Schuleintritt etwa 85% der Kinder. Die übrigen Kinder haben beim Nachsprechen von bestimmten Konsonanten häufig Schwierigkeiten. Die Prüfwörter wurden nach diesem Gesichtspunkt ausgesucht, um sicher zu sein, ob ein Kind korrekt zu artikulieren vermag. Diese Fähigkeit könnte nicht geprüft werden, wenn es sich um ein bereits fest eingeschliffenes sprechmotorisches Muster handeln würde. Von einigen Pädagogen, die das eigentliche diagnostische Anliegen zunächst nicht erkennen, wird das Nachsprechen kindgemäßer, bekannterer Wörter mit der Begründung gefordert, die Prüfwörter seien zu schwierig. Hier wird übersehen, daß die Feststellung sprechmotorischer Mängel im Interesse des Kindes liegt.

Die Instruktion lautet: »Ich spreche dir jetzt ein Wort vor, passe gut auf, damit du es richtig nachsprechen kannst. Du sprichst erst dann, wenn ich das Wort gesprochen habe. Höre gut zu!« Der VL artikuliert deutlich und langsam, ohne Übertreibung. Eine deutliche Artikulation ist nicht mit einer theatralischen zu verwechseln. Das ist nicht immer einfach. Es gehört ein geübtes Ohr dazu, auch feinere Aussprachefehler herauszuhören. Zwischen den Wortteilen »Post« und »kutsche« wird eine kurze Pause gemacht. Derartige Pausen sind auch bei den anderen Versuchswörtern im Protokollblatt mit einem Querstrich markiert. Wird das Wort richtig nachgesprochen, spricht der VL das nächste Wort zum Nachsprechen vor. Wenn dem Kind beim Nachsprechen Fehler unterlaufen, unterläßt der VL Korrekturen oder bewertende Bemerkungen und sagt: »Gut so, sprich noch einmal: Post-kutsche«. Diese positiven Ermunterungen sollen verhindern, dem Kind seine Schwäche bewußt werden zu lassen.

Insgesamt sind bei jedem Wort zwei Wiederholungen möglich. Treten auch bei der zweiten Wiederholung (also beim dritten Nachsprechen) immer noch Artikulationsfehler auf, wird zum nächsten Wort übergegangen. Dazu fordert der VL auf: »So, und jetzt sprechen wir ein anderes Wort. Erst spreche ich wieder das Wort, dann sprichst du nach. Höre zu: Alu-minium.« Bei diesem Wort achtet der VL beim Sprechen darauf, keine Verschleifung durch die Einfügung eines »j« eintreten zu lassen (Aluminijum).

Die Aufforderung zur Wiederholung wird von einigen Kindern als Mißerfolg erlebt. Man bemerkt ihr Unbehagen. Um so wichtiger sind positive Bestätigungen. In seltenen Fällen verweigert das Kind die Wiederholung, weil ihm die Fehler peinlich werden. In diesen Fällen ist seitens des VL eine besonders freundliche, den Tatbestand der Wiederholung bagatellisierende Zuwendung notwendig. Das Nachsprechen ist nicht zu erzwingen. Die Leistung des Kindes wird mit »–« bewertet.

Das dritte Versuchswort wird zunächst wie folgt dargeboten: »Jetzt sprechen wir ein sehr langes Wort. Zuerst sprich mir nach: Schell-fisch.« Das Nachsprechen dieses Teilwortes wird nicht wiederholt und nicht gewertet. Danach lautet die Aufforderung: »Jetzt kommt das ganz lange Wort. Höre gut zu: Schell-fisch-flosse.«

Die Bewertung der Ergebnisse

Der VL muß äußerst genau auf die Artikulation der vom Kind nachgesprochenen Wörter achten, um Abweichungen in der Aussprache zu erkennen. Die Bewertungen werden auf dem Protokollblatt hinter den einzelnen Wörtern wie folgt eingetragen:

— Das Nachsprechen des Wortes gelingt sofort und ohne Fehler:	3 Punkte
— Das Nachsprechen gelingt nach der ersten Wiederholung ohne Fehler:	2 Punkte
— Das Nachsprechen gelingt erst nach der zweiten Wiederholung ohne Fehler:	1 Punkt
— Das Nachsprechen gelingt auch nach der zweiten Wiederholung nicht ohne Fehler:	0 Punkte

Damit ergeben sich maximal 9 Punkte, wenn das Kind alle drei Wörter beim ersten Nachsprechen ohne Fehler artikuliert. Die Gesamtpunktzahl wird aus der Summe der bei den einzelnen Wörtern erreichten Ergebnisse wie folgt berechnet: Erreicht der Schüler nach dreimonatigem Schulbesuch eine Gesamtpunktzahl von sechs*) und mehr Punkten, wird das Gesamtergebnis mit »+« gewertet. Seine kinästhetisch-artikulatorischen Fähigkeiten sind altersgerecht entwickelt. Werden 5 oder weniger Punkte erzielt, lautet das Gesamtergebnis in diesem Bereich »–«.

Eine Förderung ist zu empfehlen und wird um so dringlicher, je weniger Punkte vom Schüler erreicht werden. Oft liegt noch ein rudimentäres Stammeln vor.

Als Nachsprechfehler gelten:

1. Auslassen von Lauten (z.B. Poskutsche, Schellfischfosse, Aluminum usw.);
2. Hinzufügung von Lauten (z.B. Postkutscher, Schnellfischflosse, Schellflischflosse, Albuminium, Aluminijum);
3. Ersetzen von Lauten durch andere (z.B. Kostkutsche, Posttutsche, Alumilium, Schelltischfolosse, Schellfischfrosse);
4. Laute werden in der Position vertauscht (z.B. Potskutsche, Postkuschte, Amulinium, Schellfilschfosse);
5. Andere Stammfehler als deutlich hörbare Abweichungen von richtigen Lautbildungen;
6. Mehrere dieser Fehler treten gleichzeitig beim Nachsprechen auf.

Drei von vier Kindern sind bereits ein Jahr vor Schuleintritt frei von derartigen Artikulationsfehlern. Etwa jeder 10. Schulanfänger beginnt seine Schullaufbahn mit förderbedürftigen Artikulationsmängeln.

Durch das Schreiben- und Lesenlernen verringern sich diese Mängel weiter. Beide Kulturtechniken unterstützen die Ausbildung der Sprechmotorik. Ist das nicht der Fall, wirken sich Artikulationsmängel sehr negativ auf die Rechtschreibung aus. Eine logopädische Betreuung ist angezeigt, wenn bei einem Schüler der ersten Klasse Artikulationsmängel noch Wochen nach Schulbeginn weiterbestehen.

Auch für die Beurteilung des sprech-kinästhetischen Niveaus gilt, etwaige Rückstände mit den Ergebnissen in den anderen Wahrnehmungsbereichen zu vergleichen. Eine sprechmotorische Förderung wirkt sich auch auf die übrigen Sprachwahrnehmungsbereiche positiv aus, besonders deutlich auf die phonematische und rhythmische Differenzierungsfähigkeit.

2.1.4 Die Überprüfung der melodischen Differenzierungsfähigkeit

Dieser wichtigen Komponente für das Sprechen-, Schreiben- und Lesenlernen und für die intellektuelle Entwicklung insgesamt wird in einschlägigen und standardisier-

---

* In früheren Veröffentlichungen galten bereits fünf Punkte als Pluslösung. Dieser Wert hat sich für Schulanfänger inzwischen als zu niedrig erwiesen.

ten Entwicklungstests für Kinder kaum Beachtung geschenkt. Das dürfte in einer unberechtigten Gleichsetzung von Musikalität und der Fähigkeit zur Differenzierung der Sprechmelodie liegen. Den für das Sprechen-, Schreiben- und Lesenlernen erforderlichen Standard der Melodiedifferenzierung bewältigen auch sogenannte unmusikalische Kinder. Wiegen- und einfache Kinderlieder sind außergewöhnlich nützlich, um diesen Standard der Intonationsdifferenzierung auszuprägen zu helfen. Sie stellen an die Unterscheidung von Tonhöhen und Tonhöhenverläufen so geringe Anforderungen, wie sie normalerweise in umgangssprachlichen Intonationen auftreten.

Die Erfassung der melodischen Differenzierung ist auf verschiedene Weise möglich. Üblich ist z.B. das Nachsingen von Melodiefragmenten, die auf einem Instrument (auch Tonträger) vorgespielt oder vom VL vorgesungen werden. In diesen Fällen muß allerdings der VL selbst ein Instrument spielen oder melodiegetreu vorsingen können bzw. einen Tonträger zur Verfügung haben. Im Ergebnis zahlreicher Versuche erwies sich folgende Variante als geeignet: Der Schüler wird aufgefordert, das bekannte Kinderlied »Alle meine Entchen« zu singen. Dazu sind nur wenige Schüler nicht in der Lage oder bereit. Ist das Lied unbekannt oder wird es abgelehnt, kann das Kind auch ein anderes einfaches Kinderlied wählen.

Die Instruktion lautet: »Weißt du was, jetzt singst du mir ein schönes Lied vor. Kennst du das Lied ›Alle meine Entchen‹? Dann singe es mir doch einmal vor.«

Manche Kinder haben Hemmungen, mit dem Singen sofort zu beginnen oder allein zu singen. In diesen Fällen ermuntert der VL zunächst: »Wir werden beide zusammen singen.« Der VL beginnt das Lied zu singen. Sobald das Kind mitsingt, wird seine Stimme immer leiser, und das Kind singt allein weiter.

Ist das Kind im Moment nicht zu veranlassen, ein Lied zu singen, darf es nicht gezwungen werden. Ein Kind, das zu etwas gezwungen wird, verliert die Freude am Mitmachen. Man kann die Aufgabe zu einem anderen Zeitpunkt durchführen. Auch beim gemeinsamen Singen läßt sich eventuell die Sicherheit in der Melodieführung heraushören, vorausgesetzt, der Lehrer steht neben oder hinter dem Kind.

Zur Bewertung der Ergebnisse

Zum Zeitpunkt des Schuleintritts sind etwa noch 10% der Kinder nicht in der Lage, ein einfaches Kinderlied melodiegetreu zu singen. Dieser Anteil ist nicht wesentlich geringer als bei Kindern, die ein Jahr jünger sind. Das geforderte Niveau der melodischen Sicherheit wird von der überwiegenden Mehrzahl der Kinder schon frühzeitig erreicht. Es kommt nur ganz selten vor, daß Kinder allein im melodischen Bereich unsicher sind. Fast immer zeigen Kinder mit melodischen Schwächen auch in anderen sprachbezogenen Wahrnehmungsbereichen Rückstände.

Insgesamt ist eine melodische Differenzierungsschwäche (immer bezogen auf die Anforderungen eines einfachen Kinderliedes) als Handicap für das Lernen im Anfangsunterricht anzusehen.

Als Unzulänglichkeiten gelten Melodieabweichungen und grobe Rhythmusfehler. Da keine exakten Normwerte für die Bewertung der melodischen Differenzierungsfähigkeit vorgegeben werden können, ist der VL auf sein eigenes Urteil angewiesen. Bei Bestimmungen der Objektivität dieser Bewertungen konnte Große-Thie (1977) jedoch nachweisen, daß z.b. Kindergärtnerinnen dabei eine weitgehende Übereinstimmung erreichen.

Komplizierter ist es für VL, die selbst Schwierigkeiten haben, melodiegetreu zu singen. Sie sollten melodisch »sattelfeste« Partner unauffällig zu Rate ziehen. Ist ein Kind in allen anderen Wahrnehmungsbereichen sicher, dann ist zu erwarten, daß eine melodische Unsicherheit perspektivisch weniger ins Gewicht fällt. Dennoch sind Anregungen zum Singen, Musizieren und Tanzen zu empfehlen.

Die Bewertung erfolgt alternativ mit »+« oder »–«. Ist der VL unsicher, ob er mit »+« oder »–« bewerten soll, ist die Entscheidung für »–« deshalb zu empfehlen, damit eine Förderung eingeleitet werden kann. In ihrem Gefolge ist eine eindeutige Bewertung bald möglich.

2.1.5 Die Überprüfung der rhythmischen Differenzierungsfähigkeit

Auch die rhythmische Differenzierungsfähigkeit spielt in klassischen Entwicklungsdiagnosen oft eine untergeordnete Rolle. Das ist sehr verwunderlich, weil die Fähigkeit zur rhythmischen Gliederung und Strukturierung als übergreifendes Wesensmerkmal von Informationsverarbeitungsprozessen angesehen werden kann. Gliedernde und andere strukturierende Merkmale sind Bausteine für die Kodierung von Laut- und Schriftsprache und damit auch des Denkens. Rhythmische Gliederungen lassen sich innerhalb aller sprachbezogenen Wahrnehmungsbereiche nachweisen. Sie besitzen deshalb eine übergreifende, integrative Funktion.

Im Ergebnis umfangreicher Längsschnittuntersuchungen über die gesamte Schullaufbahn hinweg haben sich zur Überprüfung der sprachbezogenen rhythmischen Differenzierungsfähigkeit bei Vorschulkindern und jüngeren Schulkindern relativ einfache Aufgaben bewährt, die eine Verbindung von akustischen und motorischen Gliederungen beinhalten.

Zur Durchführung der Untersuchung

Dem Schüler wird ein Takt vorgeklatscht, den er nachzuklatschen hat. Bei der Probeaufgabe soll das Kind das Klatschen des VL auch sehen. Bei den Bewertungsaufgaben jedoch wendet der Schüler dem VL den Rücken zu, damit die Klatschbewegungen optisch nicht wahrgenommen werden können. Der Klatschrhythmus wird als eine unterschiedliche Folge von »kurz« – »lang« geklatscht. Für »kurz« steht in der Instruktion ein Punkt (.), für »lang« ein Strich (–). Der Strich ist jeweils auch der betonte Teil. Das ist in der Probeaufgabe der dritte Schlag, in der ersten Wertungsaufgabe der erste, in der zweiten Wertungsaufgabe der zweite. Der betonte Teil wird durch kräftigeres Klatschen hervorgehoben.

Die Instruktion lautet: »Du kannst doch schon mit den Händen klatschen. Klatsche mal. Fein. Nun spielen wir genaues Klatschen. Ich klatsche dir etwas vor, du hörst genau zu, damit du auch so klatschen kannst. Du darfst erst klatschen, wenn ich aufhöre. Passe auf.« Der VL klatscht: . . – .»Jetzt du«.

Klatscht das Kind falsch, sagt der VL »schön!« und läßt die Aufgabe wiederholen. Der Klatschrhythmus der Probeaufgabe kann bis zu zweimal wiederholt werden. Die Wiederholung wird mit der Bemerkung:»Gut so, höre wieder genau zu. Jetzt klatschen wir noch einmal« angeregt.

Fällt das Ergebnis wieder negativ aus, beginnt der VL trotzdem mit der ersten Wertungsaufgabe. Er fordert den Schüler nun auf, ihm den Rücken zuzukehren und wieder ganz genau hinzuhören. VL:»Paß auf, jetzt klatsche ich.« Die erste Wertungsaufgabe: – . . VL:»Jetzt du.« Bei einer Fehlleistung sagt der VL:»Wir klatschen noch einmal, ich klatsche wieder vor.« Der VL klatscht und läßt wiederholen.

Eine zweite Wiederholung entfällt. Dieser Vorgang wiederholt sich bei der zweiten Wertungsaufgabe: . – . .

Zur Bewertung der Ergebnisse:

Jede Abweichung vom vorgeklatschten Rhythmus (außer bei der Probeaufgabe) gilt als Fehler. Wird die Aufgabe bereits beim ersten Nachklatschen richtig gelöst, erhält das Kind dafür 2 Punkte. Gelingt das Nachklatschen erst im zweiten Versuch (nachdem der VL noch einmal vorgeklatscht hat), wird 1 Punkt vergeben. Gelingt der zweite Versuch nicht, werden 0 Punkte eingetragen. Ein nochmaliges Wiederholen entfällt. Ermunternde und bestätigende Bemerkungen sind auch in diesem Falle notwendig, um das Erleben eines Mißerfolgs zu verhindern. Niemals erfolgt eine Bewertung mit »Das war falsch, noch einmal!« oder »Das war falsch, du kannst das nicht!« Der Ausklang der Überprüfung muß für das Kind angenehm sein, es muß sich geborgen fühlen. Gegebenenfalls kann ohne Rhythmus gemeinsam »Beifall« geklatscht werden. Die höchste Punktzahl beträgt 4, wenn beide Aufgaben im ersten Versuch richtig nachgeklatscht werden. 3 Punkte erreicht das Kind, wenn es eine Aufgabe im ersten, die andere Aufgabe im zweiten Versuch löst.

Ein positives Ergebnis ist auch dann erreicht, wenn beide Aufgaben im zweiten Versuch richtig gelöst werden. Erreicht das Kind weniger als 2 Punkte, dann gilt die Gesamtaufgabe als nicht gelöst und wird mit Minus bewertet.

Ein Jahr vor Schulbeginn erreichen bereits mehr als die Hälfte aller Kinder positive Ergebnisse, also wenigstens 2 Punkte. Bei Schuleintritt zeigen noch etwa 15% der Schulanfänger Rückstände in diesem wichtigen Bereich. Ähnlich wie bei der melodischen Differenzierung treten Rückstände in der Fähigkeit zur rhythmischen Differenzierung nur selten isoliert auf. Das unterstreicht die zentrale Bedeutung dieser Fähigkeit im Ensemble sprachbezogener Wahrnehmungsleistungen.

Für die Auswertung gelten folgende Orientierungen:

1. Kinder mit weniger als 2 Punkten sind hinsichtlich ihrer rhythmischen Differenzierungsfähigkeit zu fördern, weil Unsicherheiten weitreichende Auswirkungen haben können und schwer aufzuholen sind.

2. Rhythmusschwächen treten häufig in Kombination mit anderen Differenzierungsmängeln auf.
3. Massive Rhythmusschwächen sind kurzzeitig kaum zu verbessern. Bei der Förderung muß man sich auf längere Zeiträume einstellen und deshalb viel Geduld zeigen.

2.1.6 Gesamtauswertung der DP I – Untersuchungsergebnisse

Rückstände im Niveau der sprachbezogenen Wahrnehmungsbereiche haben zu verschiedenen Zeitpunkten in der Entwicklung des Kindes eine prognostisch unterschiedliche Bedeutung.

Zunächst ist daran zu denken, daß es innerhalb eines Einschulungsjahrganges große Altersunterschiede gibt. In den Schulklassen sind die jüngsten gegenüber den ältesten Kindern des jeweiligen Altersjahrganges bis zu einem Jahr jünger. Damit können beträchtliche Differenzen im Leistungsniveau psychophysischer Funktionen zusammenhängen, weil sich diese in der Zeit ausformen (Naegele/Valtin 1989). Wenn man z.B. bedenkt, daß der Sprechbeginn normalerweise um das erste Lebensjahr liegt, stehen den älteren Kindern des Einschulungsjahrganges 12 Monate mehr zur Vervollkommnung ihrer lautsprachlichen Leistungen zur Verfügung.

Die Entwicklungsunterschiede innerhalb einer Anfängerklasse können aber noch gravierender sein, wenn im Einzelfall Entwicklungsverzögerungen oder -beschleunigungen auftreten. Beginnt ein jüngeres Kind des Einschulungsjahrganges erst mit dem zweiten Lebensjahr zu sprechen, dann dezimiert sich die verfügbare Zeit für Entwicklungsfortschritte im sprachlichen Bereich zusätzlich.

Ähnliche Streuungen, die durch das Lebensalter und individuelle Entwicklungsabläufe bedingt sind, betreffen z.B. auch die Motorik. Die Mühe, die ein Lehrer in die Förderung der sprachbezogenen Wahrnehmungsbereiche seiner lernschwachen Schüler investiert hat, zahlt sich bei den meisten in deren Fortschritten beim Lesen- und Schreibenlernen aus. Sie erreichen den Anschluß an die Leistungen ihrer Klassengefährten und hören auf, Sorgenkinder zu sein.

Eine Wiederholungsuntersuchung nach etwa dreimonatiger Förderung mit der DP I empfiehlt sich bei jenen Kindern, die nach wie vor unzureichende Lese-Schreiberfolge erreichen. Die Befunde aus einer derartigen Wiederholungsuntersuchung mit der DP I werden sich in der Regel von denen der ersten Untersuchung mit der DP I positiv unterscheiden. Sollten dennoch in einzelnen Sprachwahrnehmungsbereichen Rückstände sichtbar werden, ist die Förderung weiterzuführen (Pischner 1988). Bei lese-rechtschreibschwachen Schülern, die bei der Wiederholungsuntersuchung mit der DP I keine Sprachwahrnehmungsdefizite zu erkennen geben, ist eine Untersuchung mit der DP II zu empfehlen. Dieses Verfahren läßt verbosensomotorische Rückstände bei den inzwischen älter gewordenen Schülern, die sich außerdem durch Unterricht und Förderung in ihren Sprachwahrnehmungsleistungen weiterentwickeln konnten, schärfer hervortreten. Wie wichtig ein altersgerechter Standard im

Niveau der Sprachwahrnehmungsfunktionen für das Lernen in der Schule ist, zeigt sich an Schülern, die wegen globaler oder partieller Lernschwierigkeiten in der Schule auffällig werden. Der Vergleich ihres Sprachwahrnehmungsniveaus mit den Leistungen einer unausgelesenen Gruppe von Kindern im letzten Vorschuljahr bzw. mit einer unausgelesenen Gruppe von Schülern aus den Klassen eins bis drei der Grundschule macht dies deutlich (siehe Abbildung 1).

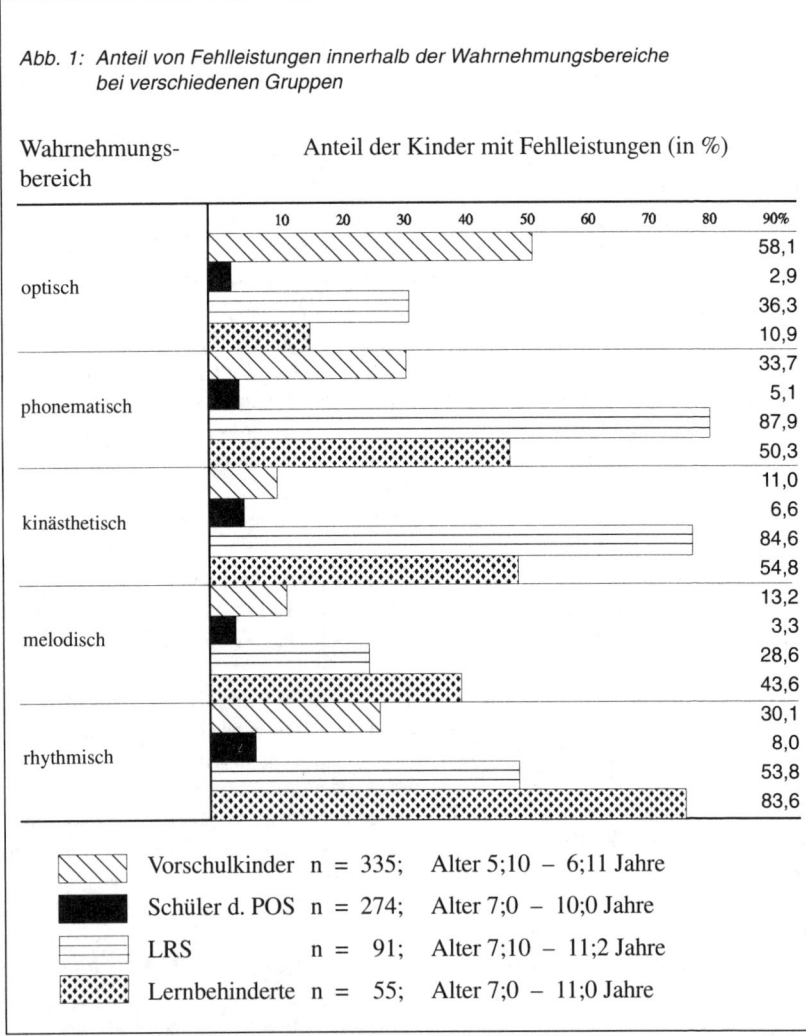

Abb. 1: Anteil von Fehlleistungen innerhalb der Wahrnehmungsbereiche bei verschiedenen Gruppen

Wahrnehmungs-
bereich

Anteil der Kinder mit Fehlleistungen (in %)

Wahrnehmungsbereich		Anteil (in %)
optisch	Vorschulkinder	58,1
	Schüler d. POS	2,9
	LRS	36,3
	Lernbehinderte	10,9
phonematisch	Vorschulkinder	33,7
	Schüler d. POS	5,1
	LRS	87,9
	Lernbehinderte	50,3
kinästhetisch	Vorschulkinder	11,0
	Schüler d. POS	6,6
	LRS	84,6
	Lernbehinderte	54,8
melodisch	Vorschulkinder	13,2
	Schüler d. POS	3,3
	LRS	28,6
	Lernbehinderte	43,6
rhythmisch	Vorschulkinder	30,1
	Schüler d. POS	8,0
	LRS	53,8
	Lernbehinderte	83,6

Vorschulkinder n = 335; Alter 5;10 – 6;11 Jahre
Schüler d. POS n = 274; Alter 7;0 – 10;0 Jahre
LRS n = 91; Alter 7;10 – 11;2 Jahre
Lernbehinderte n = 55; Alter 7;0 – 11;0 Jahre

Vier Ergebnisse dieses Vergleichs sind hervorzuheben:

1. Obwohl die LRS-Schüler und Lernbehinderten etwa 3 Jahre älter als die Vergleichsgruppe aus Kindern im letzten Vorschuljahr sind, weist ihr Sprachwahrnehmungsniveau signifikant schwächere Leistungen auf.
2. In der unausgelesenen Population gleichaltriger Grundschüler treten nur noch Restsymptome von Sprachwahrnehmungsdefiziten auf. Sie verteilen sich ausschließlich auf leistungsschwache Schüler.
3. Bei LRS-Schülern liegt ein Schwerpunkt der Ausfälle im phonematisch-kinästheischen Bereich. Bei Lernbehinderten liegt dieser Schwerpunkt im rhythmischen Bereich.
4. Gemeinsam ist also LRS-Schülern und Lernbehinderten ein retardiertes Sprachwahrnehmungsniveau. Es ist deshalb kaum möglich, beide Gruppen bereits im Vorschulalter oder in den ersten Schulwochen voneinander zu unterscheiden. Diese Unterscheidung ist erst im Ergebnis der Analyse ihrer Lernfähigkeit und im Effekt von Förderaktivitäten zu erreichen.

Der Vergleich eines Kontrolldiktats am Ende des ersten Schulhalbjahres bringt diese Zusammenhänge ebenfalls zum Ausdruck:

Tab. 8: Verbosensomotorisches Niveau und Diktatleistung

	Durchschnittliche Fehlerzahl im Kontrolldiktat (Ende 1. Schulhalbjahr) (n = 903; durchschn. Fehlerzahl 4,8)
Verbosensomotorikniveau gut (0 bis 1 Ausfall)	1,57
Verbosensomotorikniveau schwach (Ausfälle in 3 bis 5 Wahrnehmungsbereichen)	6,87

Der Unterschied zwischen beiden Gruppen ist enorm. Verfügt ein Kind schon frühzeitig über gute verbosensomotorische Voraussetzungen, dann sind seine Chancen auf Lernerfolge im Anfangsunterricht wesentlich besser als bei jenen Kindern, die ihre Sprachwahrnehmungsmängel durch schulisches Lernen erst überwinden müssen.

In die gleiche Richtung weisen die Ergebnisse einer Leseprobe. Im Einzelversuch wurden ca. 400 Kinder hinsichtlich ihrer Lesefähigkeit geprüft. Die Ergebnisse dieser Untersuchung decken sich praktisch vollkommen mit denen aus dem Kontrolldiktat. Die besseren Leser verfügten bereits frühzeitig über gute Sprachwahrnehmungsleistungen, während die schlechten Leser mit Sprachwahrnehmungsdefiziten bei Schuleintritt belastet waren.

Für den Pädagogen ist in diesem Zusammenhang die Frage entscheidend, ob sich das Sprachwahrnehmungsniveau durch gezielte Förderung verbessern läßt und ob im Gefolge damit die Ergebnisse beim Schreiben- und Lesenlernen verbessert werden können. Beide Fragen lassen sich eindeutig mit »ja« beantworten, ohne daß zwischen dem Sprachwahrnehmungsniveau und dem Schulerfolg monokausale Abhängigkeiten bestehen. Es kommt sowohl vor, daß sich Sprachwahrnehmungsdefizite einer Förderung entziehen bzw. erreichte Verbesserungen im Sprachwahrnehmungsniveau nicht automatisch zu besseren Ergebnissen im Schreib-Leselernprozeß führen. Die Gründe für diese Sonderfälle sind vielfältig. Für eine Förderresistenz kann die tiefe zentrale Verankerung der Störung im Gehirn verantwortlich sein, für die ausbleibenden Lernerfolge bei verbesserten Sprachwahrnehmungsleistungen können methodisch-didaktische Schwächen des Lehrers oder das Fehlen einer positiven emotionalen Befindlichkeit des Kindes in der Schule bzw. andere Beziehungsstörungen die Ursache sein.

Die Zusammenhänge zwischen verbessertem Sprachwahrnehmungsniveau durch Förderung und dem damit erreichten Schulerfolg nach Klasse zwei gehen aus der Tabelle 9 hervor.

Tab. 9:	*Sprachwahrnehmungsniveau im Vorschulalter und Schulerfolg nach Klasse 2 bei einer geförderten (n = 516) und bei einer ungeförderten (n = 988) Gruppe*	
Sprachwahrnehmungsniveau	von wieviel % der Kinder erreicht und deren Durchschnittszensur in Lesen, Schreiben und Rechnen (in Kl. 2)	
	A	B
gut	31 (1,8)	54 (1,8)
mittel	51 (2,1)	39 (2,2)
schwach	18 (2,5)	7 (2,5)
Anm.:	Gruppe A = Ungefördert, Gruppe B = Gefördert; beide Gruppen besuchten vor Schulbeginn einen Kindergarten.	

Der Vergleich zwischen den Sprachwahrnehmungsleistungen beider Gruppen ergibt:

1. Die Kinder der Gruppe B mit Förderung wiesen bei Schuleintritt deutlich bessere Sprachwahrnehmungsleistungen auf.
2. Die Verbesserungen drücken sich sowohl in der Zahl guter als auch in der Zahl schwacher Sprachwahrnehmungsleistungen zu Schulbeginn aus.
3. Der Zuwachs an Kindern mit besseren sowie die Reduzierung von Kindern mit schwachen Sprachwahrnehmungsleistungen führte zu keiner Reduzierung des Schulleistungsniveaus, d.h. im Ergebnis der Förderung erreichten signifikant mehr Kinder gute und signifikant weniger Kinder schwache Lernergebnisse. Ohne Förderung wären diese Ergebnisse nicht erreicht worden.
4. Mit der Förderung wurde eine positive emotionale Befindlichkeit bei deutlich mehr Kindern und eine starke Reduzierung ungünstiger Befindlichkeiten erreicht.

Bei der Interpretation der Zensuren ist zu bedenken, daß die Notenskala in den neuen Bundesländern (dort wurden die Untersuchungen durchgeführt) früher von 1 bis 5 reichten. Eine Zensur »3« in den ersten beiden Schuljahren war unter diesen Bedingungen fast immer als ein deutliches Signal von Lernproblemen anzusehen.

Sprachwahrnehmungsdefizite am Ende des ersten Schulhalbjahres können sich sowohl bei Schülern mit einer Teilleistungsschwäche als auch bei Schülern mit einer globalen Lernschwäche finden.

Lernbehinderte Kinder fallen in der Regel durch geringe Fortschritte im Unterricht und in der Förderung ihrer zumeist globalen Sprachwahrnehmungsdefizite auf. Ihre verbosensomotorische Lernfähigkeit ist wesentlich geringer als die der teilleistungsgestörten LRS-Kinder.

Eigentlich ist erst zu diesem Zeitpunkt und im Ergebnis der Förderfortschritte eine Differenzierung beider Gruppen möglich. In Begründungen innerhalb eines Gutachtens für eine Überweisung von Schülern in eine Schule für Lernbehinderte oder für die Einleitung von Fördermaßnahmen für LRS-Schüler müßte deshalb zu diesem Zeitpunkt dem Aspekt der Förderresistenz Beachtung geschenkt werden.

Allgemein lernbehinderte Schüler zeigen schwache lautsprachliche Leistungen und eine geringe Lernfähigkeit trotz Fördermaßnahmen.

Während der Untersuchung mit der DP I werden die Einzelergebnisse mit »+« oder »–« in den Rubriken des Protokolls (siehe Anhang S. 160) für die einzelnen Wahrnehmungsbereiche eingetragen. Für jeden Wahrnehmungsbereich ist außerdem zu entscheiden, ob bei Minusergebnissen eine Förderung zu empfehlen ist. In diesem Falle wird ein »F« (als Symbol für Förderung) im Anhangskästchen eingetragen.

Diese Fördervermerke werden für die einzelnen Wahrnehmungsbereiche am Ende des Protokollblattes in der Rubrik »Gesamtauswertung« zusammengefaßt. Auf diese Weise ist auf einen Blick zu erkennen, in welchen Wahrnehmungsbereichen ein Kind speziell gefördert weren sollte. Zwei Beispiele für die Führung des Auswertungsprotokolls für die DP I und DP II finden sich auf Seite 79 bis 86.

Wann sollte sich der Lehrer für eine spezielle Förderung von Kindern mit Sprachwahrnehmungsdefiziten entscheiden?

1. Zu fördern sind alle Kinder, bei denen massive Ausfälle in einem oder in mehreren Wahrnehmungsbereichen auftreten.
2. Förderungsbedürftigkeit nimmt zu, wenn in mehreren Wahrnehmungsbereichen Minusleistungen festgestellt werden, vor allem, wenn massive Ausfälle in einzelnen Bereichen vorliegen.
3. Nicht immer geht aus den diagnostischen Befunden eindeutig hervor, ob eine Förderung erforderlich ist. In diesen Fällen sollte sich der Lehrer immer für eine Förderung entscheiden. Im Prozeß der Förderung wird er bald Klarheit erhalten, ob sie erforderlich ist.
4. Folgende Informationen können in Zweifelsfällen die Interpretation der DP-Ergebnisse ergänzen:

- Liegen frühere Verbosensomotorik-Befunde vor, lassen sich Enwicklungstendenzen erkennen. Zu beachten dabei ist, ob eine Förderung bereits stattgefunden hat. Dazu würde auch eine Sprachtherapie zu rechnen sein.
- Unter den Schülern können sich unter Umständen auch überalterte befinden. Treten bei ihnen immer noch verbosensomotorische Mängel auf, dann fallen diese, unabhängig von den Ursachen, um so schwerer ins Gewicht.
- Immer ist von der Gesamtbefindlichkeit des Kindes und seiner Entwicklung auszugehen.
5. Verbosensomotorisch gut entwickelte Kinder verfügen fast immer auch über ein altersentsprechendes lautsprachliches Niveau. Bei einer normgerechten Aussprache, einem ausreichenden Wortschatz und einer guten Satzbildung stellen leichtere verbosensomotorische Mängel zu Schulbeginn nur selten ein Präsymptom für beständige Lernschwierigkeiten dar. Eine Ausnahme können Legastheniker bilden. Ergibt die Diagnose des Niveaus ihrer Lautsprache mit dem »Kurzverfahren zur Überprüfung des lautsprachlichen Niveaus (KVS)« (Breuer/Weuffen 1990) altersgerechte Befunde, ist die weitere Prognose für die Entwicklung günstig.

Mit den ermittelten Diagnosebefunden ist besonders sorgfältig umzugehen. Sie dienen zur Orientierung des Lehrers, ob konkrete Förderhilfen notwendig sind. Jede isolierte Betrachtung dieser Befunde oder ihre Weitergabe an dritte Personen (etwa an Kollegen oder Eltern) kann zu Mißverständnissen führen. Würde den Eltern z.B. mitgeteilt: »Ihr Kind hat in drei von fünf untersuchten Wahrnehmungsbereichen die Altersnorm noch nicht erreicht, so daß sich daraus wahrscheinlich Probleme beim Lesen- und Schreibenlernen ergeben werden«, dann würden die Eltern damit wahrscheinlich nichts anfangen können, weil sie die Zusammenhänge zwischen Sprachwahrnehmungsleistungen und dem Erwerb der Schriftsprache nicht überblicken. Übrig bliebe eine unnötige Verunsicherung. Für den Lehrer von Schülern mit förderbedürftigen Sprachwahrnehmungsrückständen kommt es in diesem Zusammenhang darauf an, sein internes Wissen den Eltern gegenüber so behutsam wie möglich auszudrücken, so daß sie verstehen, wie sie ihrem Kind noch besser helfen können. Dazu gehört es z.B. über Maßnahmen zu sprechen, wie etwa durch Alltagsverrichtungen eine Verbesserung der optischen Differenzierungsfähigkeit erreicht werden kann.

2.2 Die Differenzierungsprobe für Sechs- bis Siebenjährige bzw. für Schüler mit beständigen Lese-Schreiblernschwierigkeiten (DP II)

2.2.1 Allgemeine Hinweise

Die »DP II« ergänzt das Verfahrenssystem zur Überprüfung sprachbezogener Wahrnehmungsleistungen bei jüngeren Schulkindern. Sie wird mit jenen Schülern durchgeführt, die trotz bisher erfolgter Sprachwahrnehmungsförderung nach wie vor große

Mühen beim Schreiben- und Lesenlernen und/oder in anderen Unterrichtsfächern haben.

Die Normwerte der DP II für das Niveau der Sprachwahrnehmungsleistungen liegen höher als die der DP I. Sie sind auf die Altersstufe von Schülern der ersten Klasse bezogen. Außerdem wurde bei der DP II berücksichtigt, daß diese Schüler mehrere Monate lang bereits in den Lese-Schreiblernprozeß einbezogen waren. Dadurch erfolgte bereits ein Training der akustischen, artikulatorischen, optischen und graphomotorischen Wahrnehmungsbereiche.

Die DP II soll Auskunft darüber geben, ob die bisher durchgeführte Sprachwahrnehmungsförderung ihre Ziele erreicht hat oder nicht. Werden bei lese-rechtschreibschwachen Schülern mit der DP II noch immer Sprachwahrnehmungsdefizite festgestellt, so ist die Sprachwahrnehmungsförderung fortzusetzen. Mit hoher Wahrscheinlichkeit hat man es bei Förderresistenz mit einer zentralen Verankerung der Defizite zu tun.

Als Diagnosezeitraum haben sich für die DP II die Monate Januar/Februar im ersten Schuljahr als zweckmäßig erwiesen, weil dann der Lehrer unterscheiden kann, ob es sich bei den Schülern um gelegentliche (passagere) oder um andauernde (permanente) Lernprobleme handelt.

Aus vielen Vergleichsuntersuchungen ist bekannt, daß 10 bis 14% aller ABC-Schützen andauernde Lernprobleme haben. Das sind etwa 3 bis 4 Kinder je Klasse.

Die »DP II« wurde in einer Längsschnittuntersuchung psychometrisch abgesichert (Behrndt, S.M., 1985). Dabei wurde u.a. die Schullaufbahn von 400 Kindern mit Ausgangsdaten des Sprachwahrnehmungsniveaus und anderen Entwicklungsdaten in Beziehung gesetzt.

Das Grundanliegen der DP II ist das gleiche wie das der DP I: es werden dieselben Sprachwahrnehmungsbereiche überprüft. Die Prüfungsaufgaben wurden allerdings den höheren Analyse- und Syntheseanforderungen und -möglichkeiten im Schwierigkeitsgrad angepaßt. Als Grobsiebverfahren dient die DP II der Erkundung verbosensomotorischer Defizite als mögliche Ausgangspunkte für schwache Leistungen beim Lernen.

Anliegen der Verfahrensentwicklung war es, die Diagnose auf die Kompetenz und das Anliegen von Grundschullehrern abzustimmen.

Untersuchungsdauer:

Für jeden Schüler beträgt sie kaum 20 Minuten. Dieser Zeitaufwand reduziert sich mit zunehmender Erfahrung des VL.

Jede Untersuchung ist als Einzeluntersuchung in einem störungsfreien Raum durchzuführen. Der Schüler darf nicht unter dem Eindruck vorangegangener Mißerfolge stehen oder übermüdet sein. Jeder Anschein einer Prüfungs- oder Unterrichtssituation ist zu vermeiden.

Die Einstimmung des Kindes auf die Untersuchung erfolgt mit Hinweisen auf spannende Aufgaben, die eine Art Rätsel sind. Die Reihenfolge der Aufgaben ist vertauschbar. Ein Zeitlimit ist nicht vorgeschrieben.

Die jeweiligen Probeaufgaben für die einzelnen Wahrnehmungsbereiche dienen auch hier dem Zweck, beim Schüler das erforderliche Aufgabenverständnis zu sichern. Er muß begriffen haben, was von ihm verlangt wird. Erst dann ist mit den Prüfungsaufgaben zu beginnen.

Wenn in Ausnahmefällen kein Aufgabenverständnis zu erreichen ist, wird dennoch mit der ersten Prüfungsaufgabe begonnen. Kann sie der Schüler nicht lösen, wird dieser Aufgabentyp abgebrochen und insgesamt mit »–« bewertet. In einem solchen Falle wird zu den Aufgaben des nächsten Wahrnehmungsbereichs übergegangen. Der Schüler darf es nicht merken, daß er versagt hat. Entsprechende Beobachtungen können auf dem Protokollblatt festgehalten werden. Während der Untersuchung trägt der VL die Ergebnisse im Protokollblatt so ein, daß dem Kind die Eintragungen verborgen bleiben.

Als Untersuchungsmaterial werden benötigt: Vorlagen für die optische und phonematische Differenzierung (siehe Anlage); für die Überprüfung der melodischen Differenzierungsfähigkeit wird ein Klavier oder ein anderes geeignetes Musikinstrument eingesetzt (z.B. Flöte, Gitarre, Schifferklavier, Xylophon) bzw. die Tonfolgen werden von einer Kassette abgespielt; Protokollblatt und Schreibzeug.

2.2.2 *Die Überprüfung der optischen Differenzierungsfähigkeit*

Im Unterschied zur »DP I« haben die Schüler jetzt schriftähnliche Zeichen untereinander zu vergleichen. Auf die graphomotorische Umsetzung wird verzichtet, weil die Kinder in diesem Alter derartige Fertigkeiten weitgehend beherrschen. Probleme dagegen gibt es noch häufig mit der Erfassung von Raum-Lage-Modalitäten. Diese Fähigkeit wird unter Beachtung von Details geprüft. Das ist notwendig, weil sich die optischen Raum-Lageunterschiede der einzelnen Zeichen in einer Reihe nur geringfügig unterscheiden. Begonnen wird mit der ersten Probeaufgabe. Die anderen Zeichenreihen werden abgedeckt.

Die Instruktion lautet: »Sieh dir dieses Zeichen (⊨) genau an. Es ist ein Strich mit zwei Winkern dran. Er zeigt nach dieser Seite, nach rechts.« Während der VL spricht, fährt er mit dem Zeigefinger das Zeichen nach. »Zwischen diesen Zeichen« (der VL fährt mit dem Finger die Zeile der Zeichen von links nach rechts ab) »ist dieses Zeichen« (der VL zeigt noch einmal auf das Anfangszeichen) »versteckt. Suche es. Es sieht ganz genau so aus, wie dieses erste Zeichen.«

Gelingt es dem Kind nicht, das richtige Zeichen zu finden, hilft ihm der VL Er nimmt den Zeigefinger des Kindes und sucht mit dem Kind gemeinsam. Dabei erklärt er – immer mit der Orientierung auf das Anfangszeichen – die Merkmale des zu suchenden Zeichens. Ist es gefunden, sagt der VL: »Aha, hier ist ja das Zeichen. Es ist ein Strich mit zwei Winkern dran. Schau, es sieht genau so aus wie das Zeichen hier vorn.«

Analog ist mit der zweiten Probeaufgabe zu verfahren. Das Zeichen wird so erklärt: »Jetzt suchen wir dieses Zeichen (**Z**). Bei diesem Zeichen geht es rüber, runter und wieder rüber. Nun suchst du das Zeichen in dieser Reihe.« (Der VL fährt mit dem Zeigefinger die Reihe ab).

Auch bei dieser Probe können Hilfen gegeben und die wesentlichen Details beim Suchen besprochen werden.

Bei den vier nachfolgenden Prüfaufgaben erhält das Kind keine helfenden Hinweise. Vom VL werden die Konturen der Anfangszeichen mit den Fingern nicht nachgezogen. Es wird nur verbal erläutert. Wenn das Kind den VL fragt oder fragend anschaut, darf er nur freundlich sagen »Schau genau hin, ob es genau so aussieht wie das erste Zeichen. Dann zeige es mir.« Zeigt das Kind schließlich auf ein Zeichen, dann sagt der VL: »So, jetzt suchen wir das nächste Zeichen.«

Die Anfangszeichen werden den Kindern wie folgt erläutert:

1. Zeichen: **S** »Sieh dir jetzt dieses Zeichen genau an. Es sind Kurven, suche es in dieser Reihe.«
2. Zeichen: **J** »Nun suchen wir dieses Zeichen. Ein Strich, oben ein Punkt und unten ein Punkt. Suche es in dieser Reihe.«
3. Zeichen: **⊬** »Nun kommt dieses Zeichen dran. Ein Kreuz und ein Strich daran. Suche es in dieser Reihe.«
4. Zeichen: **϶** »Dieses Zeichen ist ein Kringel. Suche es in dieser Reihe.«

Die Bewertung der Ergebnisse:

Das vom Kind gewählte Zeichen wird im Protokollblatt durchgestrichen. Das ist für weiterführende Untersuchungen nützlich (z.B. wenn tendenziell immer spiegelverkehrte oder völlig anders strukturierte Zeichen gewählt werden). Im Bewertungskästchen der jeweiligen Zeichenreihe erscheint ein »+« oder »–«, je nachdem, ob das richtige oder ein falsches Zeichen gewählt wurde.

Das Gesamtergebnis für die optische Differenzierungsfähigkeit lautet »+«, wenn alle vier Prüfzeichen richtig gefunden wurden. Ansonsten lautet das Gesamtergebnis »–«. Eine Förderung ist bei zwei und mehr »–« – Leistungen angezeigt.

2.2.3 Die Überprüfung der phonematischen Differenzierungsfähigkeit

Bei den Prüfaufgaben der DP II entfällt bei der phonematischen Prüfung die Veranschaulichung durch das Bildmaterial. Es kommt ausschließlich auf genaues Zuhören an. Das erfordert eine höhere Aufmerksamkeit. Vom Prinzip her ähneln die ausgewählten und zu vergleichenden Wortpaare dem akustischen Wort-Unterscheidungs-Test nach Monroe (1946). Dem Kind werden Wortpaare vorgesprochen, die entweder aus zwei gleichen oder zwei verschiedenen Wörtern bestehen. Dazu wurden Vergleichswörter ausgewählt, die klanglich und strukturell ähnlich sind. Werden die

Wortpaare dem Kind vorgesprochen, darf es die Sprechbewegungen des VL nur bei den Probeaufgaben sehen. Deshalb steht bei den Prüfaufgaben das Kind mit dem Rücken zum VL Das verstärkt die Notwendigkeit zum genauen Hinhören.

Begonnen wird mit folgenden drei Probeaufgaben, um das Aufgabenverständnis auf jeden Fall sicherzustellen. Der VL artikuliert normal und sagt zum Kind: »Ich sage dir jetzt zwei Wörter. Du sollst mir hinterher sagen, ob es zwei gleiche oder zwei verschiedene Wörter sind. Du mußt genau hinhören, wenn ich spreche, um zu erkennen, ob die Wörter gleich oder nicht gleich sind. – Jetzt spreche ich die ersten beiden Wörter. Höre genau hin: ›Haus – Maus.‹ Wenn das Kind nicht von sich aus sagt, daß die Wörter nicht gleich sind, fragt der VL nach einer kurzen Pause: »Hast du zwei gleiche oder zwei verschiedene Wörter gehört?«

Fällt die Antwort des Kindes richtig aus, wird die zweite Probeaufgabe in gleicher Weise durchgeführt. Sagt das Kind jedoch, die Wörter seien gleich, dann wiederholt der VL die Wörter. Er sagt: »Ich spreche die beiden Wörter noch einmal. Du hörst zu, ob sie etwas Gleiches oder etwas Verschiedenes bedeuten. Höre: Haus – Maus.« Reagiert das Kind unsicher, erläutert der VL: »Ist ein Haus das gleiche wie eine Maus?« Das wird vom Kind sicher verneint. Dann sagt der VL: »Siehtst du, die Wörter Haus – Maus sind nicht gleich. Jetzt sage ich dir zwei andere Wörter. Du überlegst wieder, ob sie gleich oder nicht gleich sind. Höre genau hin: Vogel – Vogel.« Sagt das Kind nicht von sich aus sofort: »die sind gleich« (oder dasselbe), dann fragt der VL nach einer kurzen Pause: »Waren die Wörter gleich oder nicht gleich?« U.U. nennt er sie noch einmal, damit das Kind die Aufgabe versteht.

Bei der dritten Probeaufgabe wird das Wortpaar »Bein – Wein« verwendet und wie bei den ersten beiden Probeaufgaben verfahren. Die ausführliche Art der Einführung durch drei Probeaufgaben ist deshalb wichtig, damit das Kind genau weiß, was von ihm verlangt wird. Bei den Prüfaufgaben entfallen stützende Hinweise.

Für die Prüfaufgabe sind folgende Wortpaare zu vergleichen:

Petra	–	Peter
Tür	–	Tier
bemühen	–	bemühen
graben	–	traben
Konsum	–	Komsum
Seife	–	Seite
acht	–	acht
Postkutsche	–	Potzkusche
Nagel	–	Nadel
dem	–	den

Die Wortpaare sind in der auf dem Protokollblatt angegebenen Reihenfolge zu nennen. Wiederholungen sind nicht gestattet. Entscheidet sich das Kind nicht von sich aus, kann der VL fragen: »Gleich oder anders?« Die richtigen bzw. falschen Ergebnisse werden im Protokollblatt eingetragen.

Zur Bewertung:

Fällt einer der Phonemvergleiche falsch aus, lautet das Gesamtergebnis »–«. Eine Förderung ist anzuraten, wenn zwei und mehr Phonemvergleiche mit »–« bewertet werden.

2.2.4 Die Überprüfung der kinästhetischen Differenzierungsfähigkeit

Artikulationsschwächen treten bei Schülern der ersten Klasse nur noch selten, hauptsächlich bei komplizierten Konsonantenverbindungen auf. Wenn allerdings in diesem Alter noch Artikulationsmängel bestehen, wirken sie sich ungünstig auf die Rechtschreibung aus, weil sich das Kind beim Schreiben immer auch an seinem eigenen Artikulationsmuster orientiert. Falsche sprechmotorische Muster in diesem Alter sind oft so stark verfestigt, daß es nur mühsam gelingt, sie zu beseitigen. Alle Kinder mit einer undeutlichen Aussprache (Konsonantenverschleifungen) finden sich in der Gruppe der schwachen Rechtschreiber.

Bei diesem Aufgabentyp haben sich Probeaufgaben als überflüssig erwiesen. Selbst Lernbehinderte verstehen die Aufforderung, daß sie etwas nachsprechen sollen.

Die nachzusprechenden Wörter sind:

Konsumgenossenschaft
Krambambuli
Elektrizität

Die Instruktion lautet:

»Ich spreche dir jetzt Wörter vor, die du nachsprechen sollst. Es sind drei Wörter. Das erste Wort, das du nachsprechen sollst, wenn ich es vorgesprochen habe, heißt: *Konsumgenossenschaft*. (Kurze Pause) Nun du.«

Spricht das Kind das Wort fehlerfrei nach, wird das nächste Wort vorgesprochen. Erfolgt das Nachsprechen fehlerhaft, wiederholt der VL mit den Worten:

»Ja, das sprechen wir noch einmal.«

Spricht das Kind immer noch fehlerhaft nach, wird das Wort ein zweites Mal wiederholt. Dabei ist zu sichern, daß dem Kind der Grund für die Wiederholung verborgen bleibt. Der VL bringt mimisch und mit wenigen Worten seine positive Zuwendung zum Ausdruck.

Unabhängig davon, wie der dritte Nachsprechversuch (die zweite Wiederholung) des Kindes ausfällt, wird mit dem nächsten Testwort fortgesetzt.

»Nun spreche ich dir das zweite Wort vor. Höre wieder genau zu. *Krambambuli*. Sprich es genau so nach.«

Je nach der Qualität des Nachsprechens wird wiederholt oder das dritte Wort vorgesprochen. Der VL sagt dann:

»Nun spreche ich dir ein letztes Wort vor. Du hörst wieder genau hin, damit du es richtig nachsprechen kannst. *Elektrizität.* Sprich es bitte genau so nach.«

Die Bewertung der Ergebnisse:

Gelingt das Nachsprechen sofort ohne Fehler, werden 3 Punkte im Protokollblatt eingetragen. Gelingt das Nachsprechen nach der ersten Wiederholung fehlerfrei, erhält das Kind 2 Punkte. Ein fehlerfreies Nachsprechen erst nach der zweiten Wiederholung wird mit 1 Punkt bewertet. Für eine fehlerhafte zweite Wiederholung gibt es 0 Punkte. Das Kind kann demzufolge bis zu 9 Punkten erreichen. Eine Pluslösung liegt vor, wenn mindestens 6 und mehr Punkte erreicht werden. Bei 5 und weniger Punkten ist eine Förderung angezeigt.

2.2.5 Die Überprüfung der melodischen Differenzierungsfähigkeit

Im Unterschied zur DP I – bei der das Kind ein einfaches Kinderlied zu singen hat – prüft diese Teilaufgabe die Fähigkeit, vorgegebene kurze und einfache Tonfolgen miteinander zu vergleichen. Es ist herauszuhören, ob sie gleich oder nicht gleich sind. Diese Leistung entspricht einer sehr einfachen rezeptiven musikalischen Fähigkeit.

Die zu vergleichenden Tonfolgen werden vorgespielt. Mit zwei Probeaufgaben wird in die Aufgabe eingeführt, wobei es darauf ankommt, das Aufgabenverständnis der Kinder zu sichern.

Probeaufgaben

Probeaufgabe 1

Probeaufgabe 2

Die Instruktion für die Probeaufgaben lautet:

»Ich spiele dir jetzt etwas vor. Höre gut zu, denn nachher spiele ich gleich noch etwas vor und du sollst mir sagen, ob ich das gleiche noch einmal oder etwas anderes gespielt habe. Jetzt spiele ich das erste Stück, höre zu.« Der VL schlägt die Töne der ersten Probeaufgabe an, das Kind darf ihm dabei zusehen. »Nun spiele ich das zweite Stück. Höre wieder gut zu und überlege, ob es wie das erste Stück klingt oder ob es sich anders anhört.«

Wenn das Kind nicht antwortet oder die zweite Tonfolge als nicht gleich bezeichnet, wiederholt der VL die ganze Probe bis zu zweimal. Dabei kann er weitere Hinweise geben, die dem Kind helfen, die Tonfolgen zu erfassen. Je nach der Situation und Reaktion des Kindes kann er z.B. die Tonfolge mitsingen oder nachsingen lassen.

Unabhängig davon, ob das Kind die richtige Lösung gefunden hat, wird anschließend die zweite Probeaufgabe durchgeführt. VL:»Jetzt spiele ich dir noch einmal zwei Stücke vor. Du sagst mir nachher wieder, ob sie gleich oder anders geklungen haben. Höre genau zu.« Der VL spielt das erste Stück der zweiten Probeaufgabe vor, dann sagt er:»Jetzt spiele ich das zweite Stück. Vergleiche es mit dem ersten Stück und sage mir dann, ob die beiden Stücke gleich oder anders geklungen haben.« Der VL spielt das zweite Stück vor und fragt:»Waren beide Stücke gleich oder anders?« U.U. wiederholt der VL noch einmal beide Tonfolgen kurz hintereinander und fragt wieder.

Mit den Prüfaufgaben wird begonnen, auch wenn das Kind die Probeaufgaben nicht richtig gelöst und der VL keine Gewißheit hat, die Aufgaben seien verstanden worden. Er vermerkt diese Ungewißheit im Protokoll.

Bei den Prüfaufgaben dreht sich das Kind mit dem Rücken zum VL Die Instruktion entspricht den Probeaufgaben. Zusätzliche Hinweise entfallen jedoch, auch wenn das Kind etwa eine Wiederholung fordert. Der VL fragt lediglich:»Waren die beiden Stücke gleich oder anders?« – »Höre wieder genau hin, es kommen die nächsten beiden Stücke« usw.

Die Tonfolge der Prüfaufgaben lautet:

Prüfaufgabe 1

Prüfaufgabe 2

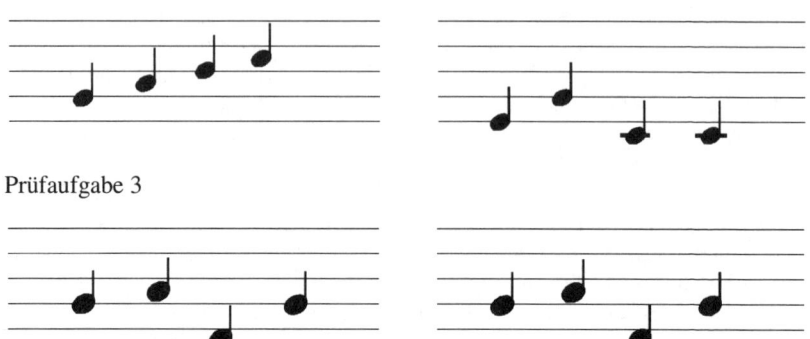

Prüfaufgabe 3

Zur Auswertung der Ergebnisse:

Auf dem Protokollblatt wird bei den einzelnen Prüfaufgaben mit »+« bzw. »–« die Lösung bewertet. Sind die Kinder unsicher und nicht in der Lage, eine eindeutige Antwort zu geben, wird für das Ergebnis »–« eingetragen. Wenn auch nur eine der drei Prüfaufgaben falsch ist, lautet das Gesamtergebnis »–«. Schüler der ersten Klasse können nur in Ausnahmefällen diese Aufgaben nicht lösen. Deshalb ist bei Fehlleistungen eine Förderung zu empfehlen.

2.2.6 *Die Überprüfung der rhythmischen Differenzierungsfähigkeit*

Die Aufgaben entsprechen in ihrer Anforderungsstruktur dem Aufgabentyp in der DP I. Der Schwierigkeitsgrad wurde erhöht. Eine Probeaufgabe dient auch hier der Sicherung des Aufgabenverständnisses.

Begonnen wird mit der Probeaufgabe. Die Instruktion lautet:

>»Ich klatsche dir jetzt etwas vor. Du paßt gut auf, denn du sollst dann genau so mit deinen Händen klatschen wie ich. Erst klatsche ich. Wenn ich fertig bin, klatschst du. Passe auf, ich klatsche jetzt.«

Der VL klatscht die Probeaufgabe (. – . . [kurz, lang, kurz, kurz]), das Kind darf zusehen.

>»Jetzt du.«

Hat das Kind richtig nachgeklatscht, folgt die erste Prüfaufgabe usw. Macht es Fehler, sagt der VL zum Kind:

>»So, jetzt klatschen wir noch einmal, höre wieder gut zu.«

Der VL klatscht die Probeaufgabe noch einmal und sagt:

»Jetzt wieder du.«

Eine zweite Wiederholung entfällt. Dem Kind wird gesagt:

»Das Klatschen macht dir Spaß. Wir machen jetzt weiter.«

Prüfaufgaben:

Bevor der VL die erste Prüfaufgabe klatscht, wird das Kind aufgefordert, ihm den Rücken zuzukehren.

»Passe gut auf, ich klatsche.«

Es folgt die erste Prüfaufgabe (. . – . [kurz, kurz, lang, kurz]):

»Jetzt du.«

Klatscht das Kind richtig nach, folgt die zweite Prüfaufgabe (. . – . . [kurz, kurz, lang, kurz, kurz]).

Eine einmalige Wiederholung ist bei beiden Prüfaufgaben möglich, wenn das Kind falsch nachklatscht. Die Kommentare des VL sind dabei ermunternd und zugewandt. Es wird nichts gesagt, was mit der falschen Lösung zusammenhängt.

Zur Bewertung der Ergebnisse:

Die Bewertung erfolgt mit Punkten. Wird eine Aufgabe bereits beim ersten Versuch richtig nachgeklatscht, wird sie mit 2 Punkten bewertet. Gelingt die richtige Lösung erst beim zweiten Nachklatschen (also mit der ersten Wiederholung), wird ein Punkt vergeben. Insgesamt kann ein Kind maximal 4 Punkte erreichen. Die Ergebnisse werden auf dem Protokollblatt vermerkt.

Eine Förderung ist angebracht, wenn das Kind zwei oder weniger Punkte erreicht. Dieser strenge Maßstab ist dem höheren Alter des Kindes angepaßt, zumal besonders die Förderung der rhythmischen Differenzierungsfähigkeit für das Kind von hoher Bedeutung ist.

2.2.7 *Die Gesamtauswertung der Untersuchungsergebnisse der DP II*

Die Ergebnisse der DP II-Untersuchung werden auf dem Protokollblatt in die erste Spalte der Rubrik »Zusammenfassung der Ergebnisse« (siehe Anlage S. 162) eingetragen.

In der zweiten Spalte dieser Rubrik wird vermerkt, in welchen Wahrnehmungsbereichen eine Förderbedürftigkeit besteht. In diesem Falle ist in das entsprechende Feld ein »F« als Symbol für Förderung einzutragen. Ein solcher Überblick ist nicht nur für die inhaltliche Orientierung der Förderung hilfreich, er ermöglicht auch die

Zusammenstellung von Kleingruppen mit Schwächen in gleichen Wahrnehmungsbereichen für die Förderung.

Da die DP II nur mit Kindern durchgeführt wird, deren Lese-Rechtschreibschwäche trotz Förderung bisher nicht behoben werden konnte, ist in einigen der fünf Wahrnehmungsbereiche fast immer mit Minusleistungen zu rechnen. Sollten überraschenderweise durchweg Plusleistungen vorkommen, dann liegen die Ursachen der Lese-Rechtschreibschwäche nicht im schwachen Niveau der Sprachwahrnehmung. Es können motivationale Gründe dafür verantwortlich sein. Lernschwierigkeiten sind niemals monokausal zu erklären. Das ändert jedoch nichts an der Grundlagenfunktion elementarer Sprachwahrnehmungsleistungen.

Bei der Interpretation der DP II-Ergebnisse ist zu bedenken, daß sich im Zusammenhang mit schulischem Lernen zwischen dem Funktionssystem der sprachlichen Grundlagen (Verbosensomotorik) und dem der Laut- und der inneren Sprache integrative Beziehungen herausgebildet haben. Das hängt mit der Bedeutung präziser Wahrnehmungen für die Qualität kognitiver Prozesse, also auch für das Schreiben- und Lesenlernen zusammen.

Die Förderung lese-rechtschreibschwacher Schüler ist fast immer durch vorangegangene Mißerfolgserlebnisse im Unterricht kognitiv und emotional belastet. Führt man mit ihnen eine Förderung von Sprachwahrnehmungsleistungen durch, fehlt es im Erleben des Kindes an direkten Beziehungen dieser Fähigkeit zur Tätigkeit des Lesen- und Schreibenlernens. Es entfällt gewissermaßen der Charakter von Nachhilfeunterricht. Thewaldt (1991) konnte diesen positiven Einfluß einer sprachwahrnehmungsbezogenen Förderung überzeugend an Ulmer Kindern nachweisen. Ihr gelang es, durch diese Förderung die Lese-Rechtschreibleistungen wesentlich zu verbessern. Eine Vergleichsgruppe, die mit traditionellen Methoden einer fehlerbezogenen Nachhilfe gefördert wurde, konnte diese guten Ergebnisse nicht erreichen.

Die Gesamtergebnisse eines Kindes bei der »DP II« liefern dem Klassenlehrer sehr konkrete Anhaltspunkte für die Abfassung von Beurteilungen und Schülergutachten, wie sie z.B. im Zusammenhang mit der Überweisung von Schülern der ersten oder zweiten Klasse in Sonderschuleinrichtungen gefordert werden. Damit ist schon angedeutet, daß die »DP II« auch mit älteren Schülern durchgeführt werden sollte, wenn derartige Schullaufbahnentscheidungen anstehen.

Die Ergebnisse der »DP II« können keine differenzierte Gesamteinschätzung des betreffenden Schülers leisten. Sie liefern aber durch die Konkretheit der Befunde und der damit aufgeklärten pädagogischen Zugriffstellen für die Förderung und Beurteilung der Lernfähigkeit eines Kindes wichtige Hinweise.

Für die schriftliche Einschätzung der betreffenden Kinder sind u.a. wichtig:
— Hat das Kind an einer Förderung seiner Sprachwahrnehmungsfähigkeiten bereits teilgenommen? Wie lange? Wie hat es sich dabei verhalten?
— Wie hat sich das Niveau der Sprachwahrnehmungsleistungen im Verlaufe der Zeit bzw. im Ergebnis der Förderung verändert?
— Wie läßt sich diese Frage für die einzelnen Wahrnehmungsbereiche beantworten?

- Welche Auswirkungen hatte die insgesamt indirekte (mehr oder weniger spielbetonte) Förderung auf das Verhalten des Kindes im Unterricht und auf die Ergebnisse beim Lernen?
- Zeigen sich zwischen der verbosensomotorischen Lernfähigkeit und dem Verlauf (den Ergebnissen) des Lernens und besonders des Lese-Schreiblernprozesses Übereinstimmungen?
- Welche Unterstützung und welches Verständnis zeigte das Elternhaus?
- Welche Hinweise sind für die weitere Förderung des Kindes zu beachten?

Grundsätzliches Anliegen der Prüfung mit der DP I und DP II ist es, Hinweise auf förderbedürftige Sprachwahrnehmungsrückstände bei Schülern zu erhalten. Auf diese Weise werden Ansatzstellen für eine gezielte pädagogische Arbeit des Lehrers gewonnen. Die ermittelten Befunde sind weder ein Ersatz für eine Gesamteinschätzung des Kindes noch reichen sie für übergreifende bzw. quantitative Aussagen zu dessen kognitiven Möglichkeiten. Die Befunde der DP I und DP II dienen gewissermaßen dem »Einbau förderdiagnostischer Erkenntnisse in die Entwicklung, in Lernprozesse, Unterrichtsprozesse (Curricula), in das Leben eines in seiner Entwicklung gefährdeten Individuums schlechthin« (Bundschuh 1980, S. 39). Dieses Anliegen wird durch den Bezug auf Altersnormen unterstützt.

DP-Ergebnisse sind Orientierungshilfen für den Lehrer. Nicht mehr und nicht weniger. Sie können dem Lehrer individuelle Lernprozesse im Anfangsunterricht »durchsichtiger« machen. Symptombefangenheit kann damit überwunden werden.

Detailerkenntnisse über den »background« von Lernresultaten machen diese verständlicher. Damit kann der Lehrer auf die individuellen Voraussetzungen des Kindes besser Rücksicht nehmen. Diagnose und Förderung bilden eine untrennbare Einheit. Jede Förderung erreicht Wirkungen. Diese wiederum stellen diagnostische Befunde, d.h. Grundlagen für die Gestaltung der weiteren Förderung dar. Diagnose und Förderung vereinigen sich zu einem Prozeß. In diesem Sinne dürfen die DP I und die DP II als förderdiagnostische Verfahren für die Hand des Lehrers angesehen werden.

Ergebnisprotokolle von DP I- und DP II-Untersuchungen an zwei Schülern der Klasse 1

Auf den folgenden beiden Seiten wird zuerst das Protokollblatt des Schülers Hans Schmidt dargestellt.

Erläuterungen zu diesem Beispiel:

Auf Hans wurde die Lehrerin schon in den ersten Schulwochen aufmerksam, weil der Schüler besonders schüchtern war und wenig Initiative zeigte. Von sich aus sprach er kaum. Im Kontakt mit seinen Mitschülern hielt er sich sprachlich zurück. Wurde er vom Lehrer angesprochen, antwortete er nur mit Wortfragmenten und einfachen Sätzen. Was er allerdings sprach, artikulierte er korrekt.

Erste Schwierigkeiten hatte er beim Erlernen der Buchstaben, die er immer wieder verwechselte. Bei einfachsten Syntheseanforderungen versagte er. Es gelang ihm

1. Beispiel: Protokollblatt zu beiden Differenzierungsproben

Name des Schülers: *Schmidt*   Vorname: *Hans*
Klasse: 1b

DP I   DP II
Alter am Untersuchungstag: 6;6   Alter am Untersuchungstag: 6;11

Optische Differenzierung

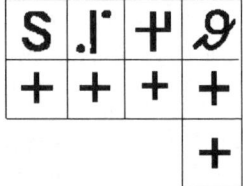

⊨	.Γ˙	⊁	Z	S
+	+	−	−	−

−

S	.Γ˙	⊬	ϑ
+	+	+	+

+

Phonematische Differenzierung

Kopf	−	Topf	+	Petra	−	Peter	+
Tanz	−	Gans	+	Tür	−	Tier	+
Sack	−	satt	+	bemühen	−	bemühen	+
krank	−	trank	+	graben	−	traben	+
backen	−	baden	+	Konsum	−	Komsum	−
Kanne	−	Tanne	−	Seife	−	Seite	+
Nagel	−	Nadel	−	acht	−	acht	+
Kamm	−	Kahn	+	Postkutsche	−	Potzkusche	+
Tasche	−	Tasse	−	Nagel	−	Nadel	+
Wache	−	wasche	+	dem	−	den	+

−

−

Kinästhetische Differenzierung

Post-kutsche	3
Alu-minium	3
Schell-fisch-flosse	3
	+

Konsum-genossenschaft	3
Krambam-buli	2
Elektri-zität	3
	+

Melodische Differenzierung

Rhythmische Differenzierung

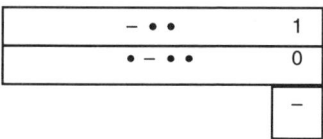

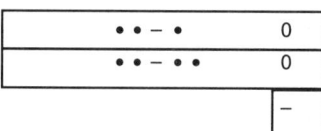

Gesamtauswertung

opt.	phon.	kin.	mel.	rhyth.
–	–	+	–	–
F	F		F	F

opt.	phon.	kin.	mel.	rhyth.
+	–	+	–	–
	F		F	F

Bemerkungen:
Aufnahme in eine Fördergruppe

Bemerkungen:
Fortführung der Förderung

Unterschrift des VL

Unterschrift des VL

nicht, Konsonanten mit Vokalen zu einem Wort (z.b. da, Oma, am) lesend zusammenzuziehen. Die Lese-Schreiblernschwierigkeiten verstärkten sich mit steigenden Anforderungen.

Weniger Schwierigkeiten hatte er im Rechnen. Den Zahlenraum bis 10 beherrschte er bald, einfache Rechenoperationen vollzog er zwar langsam, aber meist ohne Fehler. Wurde in der Klasse ein Lied gesungen, beteiligte er sich sehr leise, Hans blieb jedoch stumm, wenn er allein singen sollte.

Die Eltern von Hans zeigten sich an der Zusammenarbeit mit der Schule interessiert und baten den Lehrer um Hinweise, wie sie ihrem Kind am besten helfen konnten. Im Gespräch stellte sich heraus, Hans war eine Frühgeburt und hatte bei der Geburt nur 2010 Gramm gewogen. In den ersten Lebensjahren war er oft krank, hatte aber die ersten Wörter bereits mit einem Jahr gesprochen.

Die gesundheitliche Stabilisierung erfolgte etwa nach dem zweiten Lebensjahr. Weitere erwähnenswerte Auffälligkeiten waren der Mutter nicht bekannt.

Familie Sch. bewohnt mit drei Kindern (6, 8 und 12 Jahre) ein Einfamilienhaus. Die Mutter ist Hausfrau, der Vater ist Lokführer. Die ökonomischen Verhältnisse sind ausgewogen. Die Mutter trägt die Hauptverantwortung für die Erziehung der Kinder. Hans war immer ein ruhiges und sensibles Kind, das keine Schwierigkeiten machte und übertragene Aufgaben zufriedenstellend löste. Die Mutter war deshalb von seinen Lernschwierigkeiten im Anfangsunterricht sehr überrascht.

Ihre Enttäuschung war auch deshalb groß, weil die älteren Geschwister von Hans erfolgreich lernen.

Zunächst war die Mutter deshalb der Meinung, für die Lernschwierigkeiten von Hans sei die Lehrerin verantwortlich. Es fehle ihr wohl an der richtigen Einstellung zu Hans und an Erfahrungen in der Unterrichtsgestaltung. Zu Hause sei Hans sehr fleißig und willig, spreche aber ungern von der Schule.

Im persönlichen Kontakt mit der Lehrerin korrigierte die Mutter ihre Einstellung. Sie zeigte sich beeindruckt von den verständnisvollen Bemühungen der Lehrerin bei der Förderung ihres Kindes, vor allem von der Tatsache, daß Hans, nachdem er an einem speziellen Förderunterricht teilgenommen hatte, trotz seiner Lernschwierigkeiten gern zu Schule ging. Im Gespräch mit der Mutter erläuterte die Lehrerin wesentliche Ursachen für die Schwierigkeiten beim Lesen- und Schreibenlernen ihres Kindes. U.a. nutzte sie dabei Kenntnisse, die sie aus der Untersuchung mit der DP I gewonnen hatte. Aus dem Protokoll ist ersichtlich, daß Hans bei Schulbeginn in 4 Sprachwahrnehmungsbereichen förderbedürftige Rückstände hatte. Entsprechend wurden mit Hans Fördermaßnahmen im optischen, phonematischen, melodischen und rhythmischen Bereich durchgeführt. Die Mutter unterstützte diese Förderung, nachdem sie von der Lehrerin dafür Hinweise erhalten hatte und auf die Bedeutung dieser Förderung für das Schreiben- und Lesenlernen hingewiesen worden war.

Nach etwa fünf Monaten gezielter Sprachwahrnehmungsförderung verbesserten sich die Schreib-Leseleistungen von Hans deutlich. Er gehörte zwar noch immer zu den schwächeren Schülern, doch war nicht zu übersehen, daß er dabei war, immer besser den Anschluß an das Niveau der übrigen Schüler seiner Klasse zu finden. Die

Lehrerin verstand es ausgezeichnet, bei Hans eine positive emotionale Befindlichkeit zu sichern, und konnte sich diesbezüglich auf die Eltern als Partner stützen.

Die Überprüfung mit der DP II nach 5 Monaten spiegelte den erreichten Fortschritt im Niveau der Sprachwahrnehmungsleistungen allerdings nicht in allen Bereichen wider. Verbessert hatten sich die Leistungen im optischen und phonematischen Bereich. Im melodischen und rhythmischen Bereich dagegen zeigten sich keine wesentlichen Fortschritte. Diese Symptomatik entspricht den allgemeinen Erfahrungen bei einer Teilleistungsstörung (Busemann 1994). Verbesserungen in den genannten Bereichen sind fast immer nur mühsam und langzeitlich zu erreichen. Aus diesem Grunde wurden die Förderungen im melodischen und rhythmischen Bereich fortgesetzt. Im Verlaufe des zweiten Schuljahres stellten sich auch hier Verbesserungen ein. Das spiegelte sich in den Schulleistungen wider. Hans hatte sich zudem körperlich deutlich stabilisiert und aufgehört, ein Problemkind zu sein. Jedoch beim Erwerb der Fremdsprache traten später erneut Lernprobleme auf.

Das Ergebnisprotokoll des zweiten Schülers (s. S. 84 und 85 weist deutliche Unterschiede auf.

Erläuterungen zum 2. Beispiel:

Kurt ist ein Jahr älter als seine Klassenkameraden, weil er um ein Jahr vom Schulbesuch zurückgestellt wurde. Anlaß dafür war sein allgemein schwaches intellektuelles und sprachliches Leistungsvermögen. Trotz logopädischer Behandlung, die über einen Zeitraum von 18 Monaten vor Schuleintritt durchgeführt wurde, bestanden immer noch Rudimente von Stammeln und Agrammatismus. Kurt fiel im Anfangsunterricht durch Unkonzentriertheit und rasche Ermüdbarkeit auf. Seine Aufmerksamkeit hielt nur kurze Zeit vor und es gelang nicht, ihn zur konstanten Mitarbeit zu führen. Er versagte in allen Fächern. Seine Leistungen im Schreiben, Lesen und Rechnen waren völlig unzureichend. Kurt konnte nur einige Buchstaben benennen, ohne in der Lage zu sein, diese zu einer Silbe oder einem Wort zu verbinden. Mechanisch vermochte er bis 10 zu zählen. Rechenoperationen gelangen ihm nur im Zahlenraum 1 bis 4. Einfache Wörter konnte er abschreiben, obwohl es dabei häufig zu Auslassungen und sogenannten Aufmerksamkeitsfehlern kam. Die Schrift war nur schwer zu lesen, weil er die Linienführung nicht einhalten konnte und die Relationen von Ober-, Mittel- und Unterlängen nicht beachtete. Es kam zu vielen Überschreibungen und Korrekturen, die das gesamte Schriftbild zusätzlich unleserlich machten.

Ähnlich schwache Leistungen erreichte er im Zeichnen. Obwohl er bereits älter als sieben Jahre war, stellte er Menschen noch als Kopffüßler dar, räumliche Anordnungen von Einzelheiten als Streubilder. Im Musik- und Sportunterricht verhielt er sich meist aufgabenbezogen aktiv. Er sang fast melodiegetreu einfache Lieder mit. Im Sport fiel seine Ungeschicklichkeit bei der Koordinierung komplizierter Bewegungsabläufe auf. Es gelang ihm kaum, einmal einen Ball zu fangen, gezielt zu werfen und zu balancieren. Gut waren seine Leistungen im Laufen. Hier zeigte er auch Ausdauer.

2. Beispiel: Protokollblatt zu beiden Differenzierungsproben

Name des Schülers: *Müller*   Vorname: *Kurt*
Klasse: 1b

DP I   DP II
Alter am Untersuchungstag: 7;5   Alter am Untersuchungstag: 7;9

Optische Differenzierung

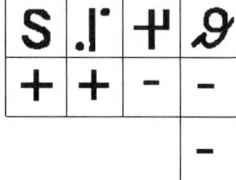

⊢	⌐Γ	⊁	Z	S
–	–	–	+	–

–

S	⌐Γ	⊬	ϑ
+	+	–	–

–

Phonematische Differenzierung

Kopf	–	Topf	+
Tanz	–	Gans	+
Sack	–	satt	–
krank	–	trank	–
backen	–	baden	+
Kanne	–	Tanne	–
Nagel	–	Nadel	–
Kamm	–	Kahn	+
Tasche	–	Tasse	+
Wache	–	wasche	+

–

Petra	–	Peter	+
Tür	–	Tier	+
bemühen	–	bemühen	+
graben	–	traben	+
Konsum	–	Komsum	–
Seife	–	Seite	+
acht	–	acht	+
Postkutsche	–	Potzkusche	–
Nagel	–	Nadel	+
dem	–	den	–

–

Kinästhetische Differenzierung

Post-kutsche	1
Alu-minium	1
Schell-fisch-flosse	0

–

Konsum-genossenschaft	1
Krambam-buli	2
Elektri-zität	0

–

Melodische Differenzierung

Rhythmische Differenzierung

– • •	1
• – • •	0

–

• • – •	0
• • – • •	0

–

Gesamtauswertung

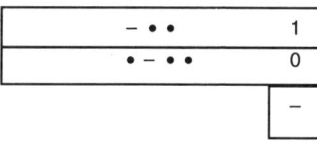

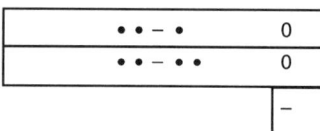

Bemerkungen:
Aufnahme in eine Fördergruppe

Bemerkungen:
Vorstellung in der schulpsychologischen
Beratungsstelle erforderlich

Unterschrift des VL

Unterschrift des VL

Auf Ermunterungen und persönliche Zuwendung reagierte er auffallend freudig und mit demonstrativer Anhänglichkeit. Er gab sich dann besondere Mühe, vermochte sich jedoch nur kurzzeitig einer Aufgabe zuzuwenden. Sehr bald suchte er sich durch Ersatzhandlungen zu betätigen.

Von Mißerfolgen und kritischen Einwänden zeigte er sich wenig beeindruckt. Diese bagatellisierende Einstellung gegenüber unzureichenden eigenen Lernleistungen entsprang keiner Gleichgültigkeit, sondern war Ausdruck seiner Unfähigkeit, die Qualität von Leistungen real und selbstkritisch einzuschätzen.

Kurt kommt aus einer kinderreichen Familie. Sein Vater arbeitet im Schichtbetrieb in einer Molkerei, die Mutter ist Hausfrau. Als viertes von sechs Kindern wird er von der Mutter als Sorgenkind bezeichnet. Schon in der Schwangerschaft hatte die Mutter seinetwegen Beschwerden. Die Geburt wurde von ihr als kompliziert bezeichnet. Er habe als Säugling Ernährungsstörungen gehabt, war in den ersten Lebensjahren oft krank und mußte wegen asthmatischer Anfälle wiederholt ins Krankenhaus. Er ist auch heute noch allergisch gegenüber Fischgerichten und Eierspeisen.

Zu laufen hat Kurt erst mit zwei Jahren begonnen, noch später mit dem Sprechen. Weil er mit 5 Jahren immer noch sehr unverständlich sprach, erhielt er Sprachunterricht. Diesen besuchte er regelmäßig. Die Artikulation verbesserte sich, aber kaum Grammatik und Syntax in der Satzbildung. Noch heute kommt es häufig vor, daß er nachts einnäßt, gelegentlich auch am Tage.

Die Zurückstellung vom Schulbesuch erfolgte mit Zustimmung der Eltern in der Hoffnung, daß Kurt Zeit gewinnt, seine Entwicklungsprobleme zu überwinden. Er konnte im letzten Jahr vor Schuleintritt einen Kindergarten besuchen. Dort gefiel es ihm gut, und wie alle anderen Kinder freute er sich schließlich auf die Schule. Doch sehr bald sagte er zu seiner Mutter, im Kindergarten sei es besser gewesen.

Die Überprüfung in den einzelnen Sprachwahrnehmungsbereichen spiegelte die retardierte Entwicklung des Kindes wider. Obwohl ein Jahr älter als die anderen Kinder mit Lernproblemen in der ersten Klasse, zeigte er in den meisten Wahrnehmungsbereichen ein Niveau, wie es normalerweise fünfjährige Kinder übertreffen. Im phonematischen, kinästhetischen und rhythmischen Bereich traten massive Rückstände auf. Die daraufhin eingeleiteten Wahrnehmungsförderungen besuchte er gern und hatte Freude an den dort durchgeführten spielerischen Übungsaufgaben. Der Fördereffekt blieb jedoch gering. Bei der Kontrolluntersuchung mit der DP II bestanden in allen geprüften Sprachwahrnehmungsleistungen – mit Ausnahme der melodischen – förderbedürftige Rückstände. Die DP II hatte eine deutliche Förderresistenz aufgedeckt. Diese ist charakteristisch für global lernbehinderte Kinder. Da sich bei der Fortführung der Sprachwahrnehmungsförderung diese Tendenz der unzureichenden verbosensomotorischen Lernfähigkeit bestätigte, auch keine besseren Schulleistungen zu erreichen waren, wurde Kurt in einer schulpsychologischen Beratungsstelle vorgestellt. Die durchgeführten psychologischen Untersuchungen ergaben die Notwendigkeit (sein IQ betrug 0,80) einer sonderpädagogischen Betreuung des Kindes in einer Lernbehindertenschule. Das Vorhandensein einer Teilleistungsschwäche konnte ausgeschlossen werden.

2.3 Wann ist die Anwendung der »Differenzierungsprobe« angezeigt?

Die »Differenzierungsproben« sind kein Ersatz für eine umfassende Entwicklungsbeurteilung, auch wenn dem Niveau der lautsprachlichen Grundlagen (der Verbo-Sensomotorik) im Spektrum der psychophysischen Struktur bei älteren Vorschulkindern und jüngeren Schulkindern eine zentrale Kettengliedfunktion auf dem Wege zur Laut- und Schriftsprache und letztlich zum inneren Sprechen, also zur Entwicklung geistiger Fähigkeiten zukommt. Nachfolgend werden mögliche Anwendungsfelder genannt.

2.3.1 Anwendungsmöglichkeiten der »Differenzierungsprobe für Fünf- bis Sechsjährige (DP I)«

Sie liefert wichtige diagnostische Informationen bei Einschulungsentscheidungen, bei Kindern mit Sprachstörungen (Weuffen, 1986), mit Schwierigkeiten beim Lesen- und Schreibenlernen (Breuer, H. und M. Weuffen, 1990), mit globalen und partiellen Lernbehinderungen (Breuer, H. und F. Gentes, 1978) und/oder Verhaltensauffälligkeiten (Franke, 1988). Auch bei Aphasikern (Weuffen, 1978) und erwachsenen Analphabeten (Kamper, 1990) kann die DP I auf vorhandene verbosensomotorische Rückstände hinweisen.

Im Rahmen von Einschulungsentscheidungen

Rückstände in den sprachbezogenen Wahrnehmungsleistungen werden bei Vorschulkindern nur dann bemerkt, wenn sie deren Alltagsverhalten sichtlich beeinträchtigen. Mit der DP I werden auch subtilere bzw. massiv-partielle Mängel, die den Lese-Schreiblernprozeß mitunter stark belasten können, sichtbar gemacht. An sich wären Reihenuntersuchungen mit der DP I zu Beginn des letzten Vorschuljahres sinnvoll, weil sich schriftsprachlich bezogene Wahrnehmungsmängel vor Schuleintritt nicht zu erkennen geben. Zu diesem Zeitpunkt könnten diese Mängel jedoch prophylaktisch wirkungsvoll angegangen werden. Förderung zu diesem Zeitpunkt hätte den großen Vorteil, nicht als »Nachhilfe« nach schulischen Mißerfolgen erlebt zu werden.

Steht die Frage einer Zurückstellung zur Entscheidung, dann würde diese unterstützt, wenn das betreffende Kind kurz vor Schuleintritt noch globale und massive Rückstände in der Verbo-Sensomotorik aufweist.

Für die Entscheidung einer vorzeitigen Einschulung dagegen spricht, wenn das vorgestellte Kind in den sprachbezogenen Wahrnehmungsbereichen gute Ergebnisse erreicht. Meist handelt es sich um besonders begabte Kinder. Aus Längsschnittuntersuchungen ist kein Fall bekannt, der bei voller verbosensomotorischer Sicherheit ein Jahr vor Schulbeginn in der Schule versagt hätte. (Breuer/Petschaelis 1983).

Mit den Ergebnissen der »DP I« allein können Einschulungsentscheidungen allerdings nicht begründet werden.

Bei sprachauffälligen Kindern

Sprachgestörte Kinder weisen praktisch immer in mehreren Wahrnehmungsbereichen Rückstände auf. Das trifft besonders für kombinierte Sprachstörungen zu. Ausnahmen finden sich bei einigen isoliert auftretenden Sprachauffälligkeiten, wie z.B. beim Stottern oder beim Sigmatismus.

Auch die sogenannten gehemmten, schüchternen und zurückhaltenden Kinder, die sich sprachlich spontan kaum äußern, sind zu beachten. Als Ursache ihrer sogenannten Gehemmtheit werden oft charakterliche Eigenarten angesehen. Tatsächlich liegt ihr aber nicht selten ein schwaches lautsprachliches Niveau zugrunde. Die DP I liefert bei sprachgestörten Kindern diagnostische Informationen, die für die Aufstellung eines Therapieplans und für prognostische Einschätzungen z.B. des Zeitaufwandes sehr wichtig sind (Weuffen 1986). Vom Niveau sprachbezogener Wahrnehmungsleistungen hängt u.a. der Dauereffekt einer logopädischen Therapie wesentlich ab (Breuer/Weuffen 1983).

Bei Geistigbehinderten

Geistig behinderte Kinder haben im Alter von 5 bis 6 Jahren (meist auch noch später) immer deutliche Rückstände in der Verbosensomotorik. Mit dem Schweregrad der geistigen Behinderung nehmen sprachbezogene Differenzierungsmängel zu und bleiben lange bestehen. Typisch für diese Kinder ist eine Häufung der Unzulänglichkeiten im rhythmischen Bereich. Außerdem besteht eine starke Förderresistenz. Das liegt an der zentralen Verankerung der Rückstände.

Es ist zwar nicht möglich, durch Wahrnehmungsförderung eine geistige Behinderung zu überwinden. Durch die sprachbezogene Sinnesförderung in Verbindung mit praktischen Tätigkeiten und sprachlicher Anregung können die Lernpotenzen dieser Kinder jedoch besser ausgeschöpft werden (Breuer/Gentes, 1978).

Bei Kindern mit Lese-Rechtschreibschwäche (LRS) und anderen Lernschwierigkeiten im Anfangsunterricht

Die meisten dieser Kinder waren im Vorschulalter unauffällig, sie versagten aber in der Schule beim Lesen- und Schreibenlernen. Sie wiesen fast immer sprachbezogene Wahrnehmungsmängel auf. Diese fallen um so stärker ins Gewicht, je älter LRS-Schüler oder andere Schüler mit Lernschwierigkeiten zum Zeitpunkt der Untersuchung sind.

Aus Längsschnittuntersuchungen ist bekannt, daß die Lese-Rechtschreibschwäche eher überwunden wird, wenn die verbosensomotorischen Voraussetzungen intakt sind. Das zeigt sich vor allem auch beim Erwerb einer Fremdsprache. Rund 75% der erfolgreich geförderten LRS-Kinder zeigen hierbei ähnliche Schwierigkeiten wie beim Erwerb der schriftlichen Form ihrer Muttersprache. Bei allen anderen Kindern mit Lernschwierigkeiten im Anfangsunterricht lassen sich häufig Restsymptome von Sprachwahrnehmungsmängeln nachweisen. Ihre Kenntnis kann dem Lehrer helfen, seine individuellen Fördermaßnahmen gezielter durchzuführen.

Bei Kindern mit Verhaltensauffälligkeiten im Anfangsunterricht

Bei verhaltensgestörten Kindern werden Wahrnehmungsstörungen in den verschiedensten Körpersinnen (Tastsinn, Raum-Lageempfindungen usw.) festgestellt. Betreffen sie den Bereich der Sprachwahrnehmungen, führen sie zum schulischen Versagen, weil diffuse Wahrnehmungsleistungen die Orientierung in der Situation des Lernens und Spielens mit anderen Kindern erschweren. Im Elternhaus gibt es kaum Vergleiche mit Gleichaltrigen, so daß sich erst im Kindergarten oder in der ersten Klasse das Kind als anders, als unterlegen erlebt und dabei Unbehagen empfindet. Die Verhaltensstörung kann hier ihren Ausgang nehmen.

Hyperaktive Kinder z.B. haben Schwierigkeiten, die einzelnen Wahrnehmungen in ihrer modalen und serialen Beziehung richtig zu selektieren und in ihrer Bedeutung im Handeln zu wichten (Augustin 1988). Sie erscheinen ihnen gleichwertig, ohne es zu sein. Die Folgen sind Impulsivität, Konzentrations- und Aufmerksamkeitsstörungen. Verhaltensstörungen stellen einen destruktiven Versuch zur Kompensation dar. Deshalb empfiehlt es sich, das sprachbezogene Entwicklungsniveau beziehungsgestörter Kinder ebenfalls zu prüfen.

Bei Aphasikern und erwachsenen Analphabeten

Jede Diagnose eines Aphasikers zur Aufklärung pädagogischer Ansatzstellen ist sehr komplex und zeitaufwendig. Im Rahmen der logopädischen Praxis hat sich eine Orientierungsdiagnose mit der DP I deshalb bewährt, weil mit ihr Ausfälle in sprachbezogenen Wahrnehmungsbereichen festgestellt werden, die für weiterführende Spezialuntersuchungen in den ermittelten Ausfallbereichen wichtige Hinweise geben. Dieser Rationalisierungseffekt bei der Diagnose bedeutet Zeitersparnis und kommt den Kompensationsbestrebungen in der Therapie zugute.

So unwahrscheinlich es anmutet, erreichen manche erwachsene Analphabeten, die eine Schule besucht haben, nicht das mit der DP I geforderte Sprachwahrnehmungsniveau (Kamper, 1990). Unter Umständen haben diese Menschen die Schriftsprache deshalb nicht beherrschen gelernt oder sie wieder verlernt, weil unsichere lautsprachliche Grundlagen eine gedächtnismäßige Speicherung erschwerten. Ausbleibende Übungen verhinderten bei ihnen die Automatisierung des Gelernten.

2.3.2 Die Anwendungsmöglichkeiten der »Differenzierungsprobe für Sechs- bis Siebenjährige (DP II)«

Dieses Verfahren wird mit Kindern oder auch Erwachsenen durchgeführt, bei denen der Schreib-Leselernprozeß bereits abläuft bzw. ablief. Dadurch ist die »akustisch-sprechmotorische Assoziationskette um neue Elemente bereichert, nämlich um optisch-motorische Assoziationen, deren spezifisches Signal das gedruckte und geschriebene Wort ist. Diese Assoziationsreihe hat, analog dem Sprechen, eine sprechmotorische Reaktion zum Endglied.« (Anajew 1963, S. 390). Werden die angestrebten Lernergebnisse des Schreibens und Lesens nicht oder nur unvollkommen erreicht, ist mit einer brüchigen Sprachwahrnehmungsgrundlage zu rechnen. Diese muß zum Objekt der Förderung werden.

Bei Schülern mit beständigen Schwierigkeiten im Schreib-Leselernprozeß

In fast jeder Anfangsklasse finden sich Schüler, die trotz intensiver und aufwendiger Bemühungen des Lehrers die Grundfertigkeiten des Lesens und Schreibens nicht oder nur unvollkommen erlernen. Trotz aller Bemühungen bleiben sie hinter ihren Altersgefährten zurück. Die DP II kann in diesen Fällen dem Lehrer helfen, eine der möglichen Ursachen für Lese-Schreiblernstörungen genauer abzuklären und damit seine methodischen Überlegungen anzuregen. Die DP II wird deshalb mit Kindern durchgeführt, die im Anfangsunterricht versagen. Damit unterscheidet sich die DP I prinzipiell vom pädagogischen Anliegen der DP II. Während erstere vorwiegend prophylaktisch und frühschulisch orientiert ist, geht die DP II von den Symptomen einer bereits festgestellten massiven Schreib-Leselernschwäche aus. Ermittelt der Lehrer mit Hilfe der DP II z.B. bei einem Schüler mit Leseschwierigkeiten Mängel in der optischen Differenzierungsfähigkeit, dann kommt es zunächst weniger auf einen höheren Übungsaufwand beim Lesen an. Wichtiger für den Schüler ist es, seine Fähigkeit zur Differenzierung subtiler optischer Modalitäten zu verbessern. Für ABC-Schützen ist es oft nützlicher, Grundleistungen ihrer Wahrnehmungstätigkeit durch entsprechende Spiele und Beschäftigungen zu vervollkommnen, als bestimmte Techniken des Schreibens und Lesens mechanisch zu fördern.

Bei Schülern in Schulen für Lernbehinderte und Geistigbehinderte

Gerade bei Geistigbehinderten kommt es sehr darauf an, ständig um eine höhere Präzision ihrer Sinnestätigkeit bemüht zu sein. Die Anwendung der DP II liefert in diesen Fällen Hinweise zur Schwere der geistigen Behinderung und zur Notwendigkeit einer speziellen Sinnesförderung.

Aus Längsschnittuntersuchungen ist bekannt, daß Lernbehinderte und vor allem Geistigbehinderte auch im höheren Schulalter auf der Ebene ihrer Sprachwahrnehmungsleistungen und Sinnestätigkeit große Mängel aufweisen. Da der Erfolg des Lernens in diesen Sonderschuleinrichtungen stark von einer anschaulichen und konkreten Methode abhängt, ist es dem Sonderpädagogen eine große Hilfe, wenn er von jedem Kind konkret weiß, in welchen Wahrnehmungsbereichen es intakt bzw. behindert ist.

Andere Anwendungsmöglichkeiten der DP II

Weitere Anwendungsmöglichkeiten der DP II liegen in der Ergänzung von Einblicken in individuelle Besonderheiten von Kindern und Erwachsenen, bei denen bereits mit der DP I Wahrnehmungsmängel ermittelt wurden, und bei denen eine darauf abgestimmte Förderung tendenziell erfolgreich verlief. Die Ergebnisse der DP II zeigen, ob es die Förderung vermocht hat, die verbosensomotorischen Mängel nicht nur symptomatisch, sondern auch in ihrer oft tiefen Verankerung zu überwinden.

2.4 Ursachen für Sprachwahrnehmungsdefizite und Konsequenzen für die Förderung

Im Einzelfall die Frage nach den Ursachen zweifelsfrei zu beantworten, ist für den Praktiker weder möglich noch notwendig. Sie wird für ihn eigentlich erst dann aktuell, wenn Fördereffekte ausbleiben. In diesen Fällen ist er veranlaßt, die Zusammenarbeit mit Sonderpädagogen, Psychologen und Medizinern zu suchen. Dafür werden auch die meisten Eltern dankbar sein.

Wer eine Förderung von Sprachwahrnehmungen durchführt wird feststellen, daß dabei sehr unterschiedliche Ergebnisse erreicht werden. Es gibt Schüler, bei denen es relativ schnell gelingt, selbst massive und globale Rückstände zu überwinden. Andere wiederum erweisen sich als förderresistent, d.h. es will nicht gelingen, vorhandene Defizite abzubauen. Normalerweise kommt es dann zur Veränderung der Förderstrategien und zu anderen didaktisch-methodischen Konsequenzen. Bei diesen Kindern lassen sich Fortschritte nur mit hohem und längerem Förderaufwand erreichen.

Unterschiedliche Effekte einer Förderung können die Folge einer unterschiedlichen Bedingtheit der Defizite sein. An welche Ursachen ist dabei zu denken? Allgemein läßt sich sagen, daß Defizite entweder auf dispositionellen Faktoren oder/und auf ungünstigen Umwelteinflüssen beruhen.

Demnach kann
1. mit dispositionellen Ausgangspunkten,
2. mit Folgen einer Deprivation bzw. ungünstigen Umwelteinflüssen,
3. mit einer ungeeigneten pädagogisch-didaktischen Vorgehensweise im Unterricht und
4. mit einem Zusammenwirken dieser Ursachenfaktoren gerechnet werden.

Welche Ursachenkonstellation den Ausgangspunkt darstellt, hat Einfluß auf die Ergebnisse der Förderung.

Dispositionelle Ausgangspunkte können sowohl vererbt sein als auch durch Schädigungen des kindlichen Gehirns in der prae-, peri- bzw. postnatalen Phase entstehen. Vom Ausmaß cerebraler Dysfunktionen hängt es ab, ob die geistige Entwicklung global oder nur partiell beeinträchtigt wird. Bei globalen cerebralen Störungen ist die Lernfähigkeit des Kindes insgesamt betroffen. Es lernt langsamer, beansprucht viele Hilfen und hat fast immer Mühe, den altersbezogenen Lernzielen gerecht zu werden. In besonders schweren Fällen ist es nicht möglich, ein solches Kind in einer Regelklasse optimal zu fördern. In diesen Fällen ist die Lernschwäche wahrscheinlich mehrfach determiniert (Johnson/Mykleburst 1971). Der Besuch einer Sonderschule und die damit verbundene direktere, individuumbezogene Unterrichtsgestaltung kann hier helfen, die Beeinträchtigungen in bestimmtem Umfang zu kompensieren.

Minimale bzw. partielle cerebrale Dysfunktionen können zu Teilleistungsstörungen führen, ohne daß dabei die Intelligenz der Kinder betroffen sein muß. Teilleistungsstörungen, die sich in der Feinmotorik auswirken, äußern sich in einer unordentlichen Schrift, in ungeschickten Bewegungsabläufen, im verspäteten Sprechenlernen, im langanhaltenden Stammeln usw. Teilleistungsstörungen können außerdem Mängel in der Raumorientierung, im Erfassen von Raum-Lagebeziehungen oder in der akustischen und optischen Wahrnehmung serialer Abläufe und deren Diskrimination in sprachlichen Inhalten zur Folge haben. Die damit zusammenhängenden unpräzisen Sinnesdaten erschweren das automatisierte Erfassen sinnlich-wahrnehmbarer Kodeträger der Sprache und damit die Speicherung von präzisen Wort- und Satzschemata.

Teilleistungsstörungen als Folge minimaler cerebraler Dysfunktionen können auch andere Auswirkungen haben, die aber kaum Einfluß auf das Sprechen-, Schreiben- und Lesenlernen besitzen. Das betrifft z.b. die Rechenschwäche, die Farbblindheit, die Unmusikalität u.a.

Ein feiner Indikator für minimale cerebrale Dysfunktionen ist das Niveau der Regulation von Artikulationsprozessen. Da es möglich ist, dieses Niveau mit Hilfe physiopolygraphischer Untersuchungen zu erfassen, lassen sich Beziehungen zwischen dem erreichten Regulationsniveau und dem erreichten Stand in der Sprachwahrnehmungsentwicklung ermitteln.

Verlaufen Reifungsprozesse programmgemäß, wirkt sich das auf Lernprozesse des Spracherwerbs günstig aus. Es kann dann von einer Synchronie zwischen Reifen und Lernen gesprochen werden. Diese Ausgewogenheit ist gestört, wenn Reifungsprozesse verzögert oder fehlerhaft ablaufen oder/und weil angemessene Stimulierungen fehlen.

Als repräsentatives Beispiel für den Zusammenhang zwischen dem Reifungszustand des kindlichen Gehirns und dem Niveau sprachlicher Grundlagen kurz vor Beginn des Schreib-Leselernprozesses sei nachfolgend das Ergebnis physiopolygraphischer Untersuchungen mitgeteilt.

Beim Nachsprechen von Wörtern und bei anderen sprachlichen Anforderungen

(Gegenstände und Tätigkeiten benennen, Unterschiede bzw. Gleichheiten auf Bildern erkennen), wurden bei 37 Kindern mit guten und bei 63 Kindern mit schwachen Sprachwahrnehmungsleistungen zu Beginn des letzten Vorschuljahres u.a. der Kontraktionsverlauf der Artikulationsmuskulatur und Funktionen des vegetativen Systems (Puls, EMG rechter und linker Unterarm) aufgezeichnet. Die Registrierung der Myogramme und der bioelektrischen Aktivität erfolgte mit Hilfe eines Elektroencephalographen und speziell hergestellter »Abnehmer« (Breuer/Lehmann/Steingart/Weuffen 1977). Die ermittelten Ergebnisse lassen Zusammenhänge zwischen dem Niveau der sprachlichen Grundlagen und dem allgemeinen Reifungszustand des Gehirns deutlich erkennen. Abbildung 2 zeigt den beschriebenen Sachverhalt für das Nachsprechen des Wortes »Haus«. Während Uwe nur eine kurze Kontraktionszeit der Artikulationsmuskulatur beim Nachsprechen benötigt (1), Puls und EMG-Verlauf im vegetativen Bereich unbeeinflußt ablaufen (3–5), verbraucht Karin bei der gleichen Aufgabe im Bereich der Artikulationsmuskulatur und im EMG viel mehr Zeit und damit bedeutend mehr Energie, um das gleiche Ergebnis zu erreichen. Bei ihr haben wir es – im Unterschied zu Uwe – noch mit Reifungsrückständen beim Zusammenspiel und in der Anatomie der aufgezeichneten Hirnfunktionen zu tun. Die sprachliche Erregung im Gehirn breitet sich bei Karin noch diffus, unproduktiv aus. Damit ist Energieverlust verbunden, der negative Auswirkungen auf ihre Konzentrationsfähigkeit und Ermüdung hat. Die ökonomischen sprechmotorischen Aktivitäten und das Fehlen von »Nebenwirkungen« auf vegetative Funktionen bei Uwe sind Ausdruck eines altersgerechten Reifungszustandes des Gehirns, bei Karin dagegen sind Reifungsrückstände nicht zu übersehen.

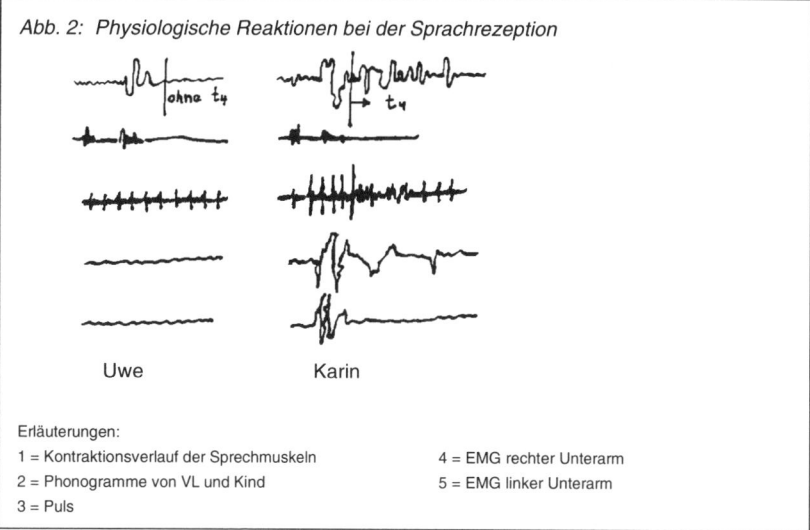

Abb. 2: Physiologische Reaktionen bei der Sprachrezeption

Uwe   Karin

Erläuterungen:

1 = Kontraktionsverlauf der Sprechmuskeln   4 = EMG rechter Unterarm

2 = Phonogramme von VL und Kind   5 = EMG linker Unterarm

3 = Puls

Diese Unterschiede sind im Alltagsverhalten beider Kinder nicht zu bemerken. Erst in anamnestischen Daten fanden sich Hinweise. Uwe sprach bereits mit 10 Monaten die ersten Wörter, auch seine anderen Entwicklungsdaten entsprachen der Norm. Als er in die Schule kam, besaß er ein gutes lautsprachliches Niveau. Er artikulierte korrekt, verfügte über einen reichen Wortschatz und sprach grammatisch richtig. Das Lesen- und Schreibenlernen bereitete ihm keine Mühe.

Karin begann erst am Ende es zweiten Lebensjahres zu sprechen. Auch das Laufenlernen und andere motorische Entwicklungsdaten traten verspätet auf. In den ersten drei Lebensjahren erkrankte sie mehrmals schwer. Bei Schuleintritt artikulierte sie noch einige Laute ungenau, ihr Wortschatz war ausreichend; bei längeren Sätzen unterliefen ihr grammatische und syntaktische Fehler. Sie gehörte zu den Kindern, die im Umgang mit Erwachsenen wenig sprechen und deshalb fälschlicherweise als schüchtern und gehemmt bezeichnet werden. Während sie im Rechnen, in den musischen Fächern, im Sozialverhalten und bei praktischen Anforderungen keine Probleme hatte, gab es bei Karin große Schwierigkeiten beim Lesen- und Schreibenlernen. Damit ist die Indikation einer Teilleistungsstörung gegeben.

Dieser Zusammenhang zwischen einem sprachphysiologisch schwachen Ausgangsniveau und den späteren Schwierigkeiten beim Lesen- und Schreibenlernen läßt sich jedoch nicht bei allen Kindern mit Lernschwierigkeiten im Anfangsunterricht so eindeutig nachweisen. Der Überblick in Tabelle 10 zu den Ergebnissen der 37 Kinder mit guten (Gruppe I) und 63 Kindern mit schwachen (Gruppe II) Sprachwahrnehmungsleistungen ein Jahr vor Schulbeginn bestätigt dies. In der Tabelle 10 ist die durchschnittliche Kontraktionszeit der Artikulationsmuskulatur (die als Ausdruck des Reifungszustandes der sprachphysiologischen Grundlagen angesehen werden kann) erfaßt. Jedes Kind hatte 60 der bereits angeführten einfachen sprachlichen Anforderungen zu erfüllen.

Tab. 10: Beziehungen zwischen der Kontraktionszeit der Artikulationsmuskulatur und dem Sprachwahrnehmungsniveau		
Durchschnittliche Kontraktionszeit	Sprachwahrnehmungsniveau	
	+ (n = 37)	− (n = 63)
0 − 6 Sek.	94,6	28,6
6,1 − 12 Sek.	5,4	41,2
12,1 u. mehr Sek.	−	30,2

Die Kinder mit guten Sprachwahrnehmungsleistungen erreichten in 94,6% der Fälle sehr gute sprachphysiologische Werte (0–6 Sekunden). Nur 2 Kinder erreichten schwächere Werte. In keinem einzigen Falle lagen diese im extrem schwachen Bereich (12,1 Sek. und mehr). Die Kinder mit schwachen Sprachwahrnehmungsleistungen dagegen zeigten ein sehr heterogenes Bild. Während nur 28,6% gute sprachphysiologische Werte aufwiesen, fielen diese bei 41,2% deutlicher schwächer und bei 30,2% extrem schwach aus.

In dieser Heterogenität der Kontraktionszeiten spiegelt sich die unterschiedliche Bedingtheit und prognostische Valenz des schwachen vorschulischen Sprachwahrnehmungsniveaus wider. Am erfolgreichsten verläuft die Förderung in Gruppe II bei jenen Kindern, die über ein altersentsprechendes Reifungsniveau des Gehirns verfügen. Bei den anderen Kindern benötigt die Förderung viel mehr Zeit und bleibt mitunter ohne sichtbare Verbesserungen.

Ähnlich verhielt es sich mit den anderen ermittelten physiologischen Daten. Tendenziell untergliederten sich die Ergebnisse der Kinder mit schwachen Sprachwahrnehmungsleistungen in etwa drei (annähernd) gleichstarke Gruppen: Fast ein Drittel der leistungsschwachen Kinder verfügte über ein altersentsprechendes Reifungsniveau der ermittelten physiologischen Funktionen, ein reichliches Drittel der Kinder wies noch Rückstände auf, ein knappes Drittel der Kinder hatte deutliche Reifungsrückstände. Diese Befunde stimmen fast völlig mit denen von Lempp (1979) überein. In seinen Untersuchungen weisen ein Drittel der Schulversager mit Sicherheit frühkindliche Hirnschäden auf, bei einem anderen Drittel sind für das Versagen umweltbedingte Ursachen verantwortlich, bei den anderen Kindern nimmt er eine Kombination biologischer und sozialer Ursachen für das Versagen an. Ähnliche Ursachenkonstellationen fand auch Feller (1982) für die in Tabelle 10 erfaßten Kinder.

Einem Lehrer ist es natürlich nicht möglich, die Frage der Verursachung von Lernschwierigkeiten etwa mit physiopolygraphischen Untersuchungen zu klären. Wichtige Hinweise auf eine reifungsbedingte Lernschwäche liefern ihm anamnestische Daten. Um sie zu erfahren, muß er ein vertrauensvolles Verhältnis zu den Eltern des Kindes aufbauen.

Die Ergebnisse der angeführten Untersuchungen erklären, weshalb manche lernschwache Kinder auf Fördermaßnahmen gut ansprechen, während sich bei anderen Kindern Fördererfolge nur verzögert oder gar nicht einstellen wollen. Diejenigen Kinder, deren hirnorganischer Reifungszustand noch Rückstände aufweist, müssen bei gleichen Lernanforderungen ein Vielfaches an physiologischer Energie aufbringen, um dem Unterricht folgen zu können. Es darf dann nicht verwundern, wenn diese Kinder bald ermüden und zunehmend unkonzentriert wirken. Das ist keine Folge unzureichender Lernmotivation sondern organisch bedingt. Besonders schwer haben es diejenigen Kinder, die neben reifungsbedingten hirnphysiologischen Rückständen gleichzeitig auch ein Defizit an sozial-kulturellen Anregungen erfahren.

Kinder aus sozialen Unterschichten sind unter LRS-Schülern eindeutig überrepräsentiert (Valtin 1977). Das hatte zur Folge, die LRS vorwiegend als ein soziales Problem zu sehen. Als Ursachen sah man den niedrigeren Bildungsgrad der Eltern, deren geringe berufliche Qualifikation, beengte Wohnverhältnisse, hohe Kinderzahl, geringes Einkommen und mangelnde sprachlich-kulturelle Anregungssituation an. Kinder aus solchen Verhältnissen erfahren weniger Anregungen für die Sprach- und Denkentwicklung als Kinder der Mittel- und Oberschicht. Dort wird auch ein guter Schulstart für den weiteren Schulerfolg höher bewertet und entsprechend angestrebt.

Es ist jedoch nicht angebracht, die Ursachen der LRS einseitig als reifungs- oder als sozialbedingt zu interpretieren. Die Ursachen dieser Lernschwierigkeiten sind komplex und multifaktoriell. Atzesberger (1981) fordert mit Recht, in jedem Einzelfall eine genaue Anamnese zur Aufklärung der Ursachen für LRS zu erheben. Das gehäufte Auftreten von Beschwerden in der Schwangerschaft, von Geburtskomplikationen, von Frühgeburten, Erkrankungen in den beiden ersten Lebensjahren, von Ernährungsstörungen, motorischen Retardierungen, Sprachentwicklungsverzögerungen, Sprachstörungen, Linkshändigkeiten usw. bei ihnen wird auch von anderen Autoren hervorgehoben (Malmquist 1973; Schenk-Danzinger 1975; Kossow 1973; Becker 1967 u.a.). Diese Risikofaktoren führen häufig zu minimalen cerebralen Dysfunktionen. Sie werden im Vorschulalter leicht übersehen, weil die Kinder intellektuell bzw. sprachlich unauffällig bleiben. Den Umwelttheoretikern ist insofern zuzustimmen, als Mütter aus sog. Unterschichten den mit diesen Risiken verbundenen Konsequenzen oft weit weniger sensibel gegenüberstehen und über weniger Kenntnisse und Möglichkeiten verfügen, mit ihnen fertig zu werden, als das bei Müttern aus der Mittel- und Oberschicht der Fall ist. Ein Beispiel für den Zusammenhang zwischen der beruflichen Qualifikation der Eltern und der Chance eines Kindes, seine Entwicklungsverzögerungen im Bereich der Sprachwahrnehmungen zu überwinden, zeigen Ergebnisse einer Untersuchung, in die Kinder einbezogen waren, die im letzten Vorschuljahr massive Rückstände in der sprachbezogenen Wahrnehmungstätigkeit aufwiesen. Im Verlaufe einer Längsschnittstudie ließ sich ermitteln, bei welchen Kindern diese vorschulischen Entwicklungsdefizite langzeitlich ungünstige Auswirkungen auf den Schulerfolg hatten bzw. bei welchen Schülern diese Defizite ohne Auswirkungen blieben. Das Ergebnis spricht für sich: Diejenigen Schüler, die trotz massiver vorschulischer Defizite in der Schule ohne Schwierigkeiten beim Lesen- und Schreibenlernen blieben, hatten in 80% der Fälle Eltern mit einer abgeschlossenen Berufsausbildung. Die Eltern derjenigen Kinder dagegen, die auch in der Schule Lese-Schreiblernschwierigkeiten aufwiesen, hatten nur in 20% der Fälle einen Beruf abgeschlossen (Breuer 1989).

An diesem Beispiel wird der Einfluß sozialer Faktoren auf die Entwicklungschance eines Kindes mit ungünstigen Schuleingangsbedingungen deutlich.

Treffen sowohl biologische als auch soziale Risikofaktoren bei lernschwachen Kinder zusammen, verstärkt sich ihr entwicklungshemmender Einfluß. Die Förderung kann in solchen Fällen kurzzeitig auch keine Erfolge erreichen.

3. Zur Zusammenarbeit mit Eltern und Fachexperten

3.1 Die Zusammenarbeit mit den Eltern

Die Mehrzahl der Eltern nimmt an der schulischen Entwicklung ihrer Kinder lebhaften Anteil. Sie wissen, wie wichtig eine gute Schulbildung für das spätere Fortkommen ist. Ohne sie besteht wenig Möglichkeit, einen qualifizierten Beruf zu erlernen. Kinder aus engagierten Elternhäusern werden vom ersten Schultag an angehalten, fleißig zu lernen. Die Eltern kümmern sich um die Hausaufgaben und geben dabei die erforderliche Unterstützung. Wenn sie den Eindruck haben, daß ihr Kind mit der Erfüllung schulischer Anforderungen nicht zurechtkommt, suchen sie von sich aus den Kontakt zum Klassenlehrer ihres Kindes.

Leider nehmen nicht alle Eltern in dieser Weise Anteil, wenn ihre Kinder Probleme beim Lernen haben. Dafür kann es verschiedenste Gründe geben. Es gibt Eltern, die ihre eigene Schulzeit in schlechter Erinnerung haben und deshalb mit Voreingenommenheit den Schwierigkeiten des Kindes begegnen. Sie finden von sich aus nie den Weg zur Schule, obwohl sie u.U. sehr schnell bereit sind, dem Lehrer die Schuld am Versagen ihres Kindes zuzuweisen.

Zu nennen sind auch jene gleichgültigen Eltern, für die der Lehrer allein die Verantwortung für das Lernen trägt. Dafür würde er ja bezahlt.

Obwohl uninteressierte und gleichgültige Eltern die Ausnahme bilden, ist an eine solche Möglichkeit zu denken. Kinder, denen es an elterlicher Unterstützung fehlt, sind besonders benachteiligt. Ihnen sollte die Fürsorge des Lehrers in erhöhtem Maße gelten.

Der Lehrer kann also im Elternhaus mit unterschiedlichsten Einstellungen rechnen. Wie er diesen verschiedenen Anregungsbedingungen im Elternhaus gerecht wird, offenbart seine ethische Einstellung und berufliche Kompetenz.

Den Kindern das Lesen und (Recht-)Schreiben beizubringen, ist Aufgabe der Schule, nicht aber der Eltern. Diese Einsicht bestimmt die Rollen der Beteiligten, wenn es um die Zusammenarbeit von Lehrern und Eltern geht. Worauf kommt es dabei an?

1. Es hat sich als nützlich erwiesen, möglichst bald nach der Einschulung einen Elternabend durchzuführen (Breuninger/Beetz 1991). Noch ehe bei einzelnen Kindern Lernschwierigkeiten auftreten, sollen die Eltern in geeigneter Weise

erfahren, daß die Möglichkeit dafür prinzipiell besteht. Lernschwierigkeiten sind weder zu dramatisieren noch zu bagatellisieren. Es sollte sachlich hauptsächlich auf Klippen im Schreib-Leselernprozeß hingewiesen werden, die Jahr für Jahr überraschend auftreten können. Auch bei Kindern, von denen man es nie erwartet hätte.

An einigen anonymen bzw. konstruierten Beispielen könnte das demonstriert werden. Dabei sind mögliche Ursachen zu nennen und zu erläutern, wie auftretende Schwierigkeiten gemeinsam überwunden werden können.

2. Die Eltern sind auch darauf hinzuweisen, Lernschwierigkeiten auf keinen Fall zu einem häuslichen Drama auswachsen zu lassen (Portmann, 1989). Alles Schimpfen, übermäßiges Üben, Strafen und der Entzug von Lieblingsbeschäftigungen tragen eher zur Verunsicherung des Kindes als zur Verbesserung seiner Leistungen bei. Untauglich sind auch ständige Vergleiche mit den Leistungen besser lernender Geschwister oder anderer Schüler. Solche Vergleiche entmutigen. In extremen Fällen können daraus neurotische Störungen entstehen (Bettnässen, Stottern, Nägelkauen u.a.). Im Gespräch mit den Eltern ist zu erkunden, in welcher Weise und mit welchen Methoden sie bisher versucht haben, die Lernschwierigkeiten zu überwinden. Ihre Mühen sind anzuerkennen. Sicher haben die Eltern aus der Sicht des Lehrers dabei auch Fehler gemacht. Aber auch das geschah in der Absicht, dem Kind zu helfen. Deshalb sind kritisierende Hinweise zum Erziehungsstil entweder überhaupt zu unterlassen oder behutsam mit sachlichen Argumenten zur Sprache zu bringen. Dabei ist immer von den positiven Seiten des Kindes auszugehen und jeder Lernfortschritt zu würdigen. In diesem Zusammenhang berät der Lehrer die Eltern auch über die zweckmäßige Gestaltung des Arbeitsplatzes sowie der Arbeitsbedingungen zu Hause. Das Kind sollte sich erst nach einer Spielpause, möglichst im Freien, an seine Schulaufgaben setzen. Auch wenn bisher kaum darauf geachtet wurde, sollten Störungen jeder Art vermieden werden. Dazu gehören auch ein laufender Fernsehapparat und laute Musik.

3. Es ist davon auszugehen, daß Lernschwierigkeiten niemals die Folge eines bösen Willens des Kindes sind. Das Kind leidet darunter, wenn es die Leistungen seiner Mitschüler nicht erreicht. Es ist besonders gekränkt, wenn es als faul oder dumm bezeichnet wird. Das Selbstwertgefühl ist zu diesem Zeitpunkt besonders gefährdet.

4. Die Eltern sind zu fragen, ob das Kind vor Schuleintritt bereits an einer Sprachübungsbehandlung teilgenommen hat. Wird das bejaht, ist den Eltern zu erläutern, daß manchmal die Ursachen für behandlungsbedürftige Sprachstörungen im Vorschulalter auch der Ausgangspunkt für die Schwierigkeiten beim Erwerb der Schriftsprache in der Schule sein können.

5. Bei Kindern, die in allen Lernfächern große Mühe haben mitzukommen, sind besonders solche Hinweise der Eltern zu beachten, daß in der Schule der Lernstoff zu schnell behandelt wurde. Eltern, die diese Meinung äußern, bemerken zu Hause bei der Anfertigung der Schulaufgaben oft, daß ihre Kinder zusätzliche Erläuterungen benötigen, weil sie in der Schule nicht mitgekommen sind.

Seltener werden Eltern den Lehrer drängen, schneller im Lehrstoff vorzugehen, weil sie von ihren Kindern den Eindruck haben, sie beginnen sich in der Schule zu langweilen. Diesem Drängen sollte in den ersten beiden Schuljahren mit Zurückhaltung begegnet werden. Das wichtigste Anliegen des Anfangsunterrichts besteht darin, stabile Grundlagen in den Kulturtechniken Schreiben, Lesen und Rechnen bei möglichst allen Schülern zu schaffen. Hochbegabte Schüler sind dem Gros der Klasse meist voraus. Sie sollten mit zusätzlichen Aufgaben beschäftigt werden, in dieser Etappe schulischen Lernens aber niemals auf Kosten der Schüler, die schwerer lernen.

6. Die Hilfe für lernschwache Schüler muß immer individuell als Einzelhilfe gestaltet werden. Gerade in diesem Zusammenhang kann die Unterstützung durch das Elternhaus viel bedeuten. Um auch diese Eltern zum Verständnis für die Probleme ihres Kindes zu führen ist zu versuchen, die Angelegenheit in einem vertraulichen Gespräch zu klären. In dessen Verlauf sind die guten Seiten des Kindes hervorzuheben. Es ist davon auszugehen, daß das Kind das Liebste ist, was die Eltern haben.

7. Wenn Kinder in eine zusätzliche Förderung einbezogen werden ist es ratsam, die Eltern über deren Ziele und Durchführung zu informieren. Das ist insofern wichtig, weil die Sprachwahrnehmungsförderung von der üblichen Lernförderung abweicht. Im Vordergrund stehen spiel- und lustbetonte Übungen. Manche Eltern werden sich fragen, weshalb in einer Förderstunde für das Lesen und Rechtschreiben gemalt, gebastelt, gesungen und getanzt wird, Hör- und Sprechspiele durchgeführt werden, jedoch keine Lese- und Schreibübungen. Die Begründung dafür sollte vom Zusammenhang des Wahrnehmens und Verstehens von Sprache ausgehen. Wird diese Beziehung den Eltern einfühlsam vermittelt, gelingt es oft, sie als Mitstreiter zu gewinnen. Das beginnt mit einer positiven Kommentierung der Übungen und kann sich bei der Auswahl von Spielzeug, Bilderbüchern, Bastelmaterial und gemeinsamen Versuchen an Zungenbrechern usw. fortsetzen. Bei Büchern ist z.B. zu raten, für Schulanfänger solche mit großer Schrift, kurzen Sätzen und vielen Bildern auszuwählen.

3.2 Die Zusammenarbeit mit anderen Fachkräften

Andere Fachkräfte sind immer dann anzusprechen, wenn es dem Lehrer trotz intensiver Förderbemühungen nicht gelingt, ein Kind zu Lernfortschritten zu führen. Er wird sich zunächst fragen, woran die Erfolglosigkeit liegt und versuchen, neue Wege zu finden, um dem Kind zu helfen. Wenn die Möglichkeiten der eigenen beruflichen Kompetenz offensichtlich ausgeschöpft sind, sollte der Lehrer darüber mit den Eltern unbedingt sprechen. Er wird z.B. erläutern, was er zur Förderung des Kindes unternommen hat, wie das Kind darauf reagierte und welche Beobachtungen er dabei gemacht hat. In manchen Fällen ist den Eltern zu empfehlen, einen Kinderarzt aufzusuchen um abzuklären, ob u.U. die schnelle Ermüdbarkeit auf organischen Ursachen beruht. Vermutet der Lehrer eine intellektuelle Minderbegabung, besteht die Möglichkeit, sich an Psychologen in den nächstgelegenen Schulberatungs- und Erziehungsberatungsstellen zu wenden. Handelt es sich um eine massive Teilleistungsstörung beim Schreiben- und Lesenlernen, können die Eltern beim Bundesverband Legasthenie (Geschäftsstelle: Gneisenaustraße 2, 3000 Hannover) bzw. beim Bundesverband zur Förderung Lernbehinderter (Rolandstraße 61, 5000 Köln 1) den Ortsverband erfahren. Sollte bei einem Kind der ersten Klasse immer noch eine ausgeprägte Sprachstörung bestehen, so können sich die Eltern entweder an die Deutsche Gesellschaft für Sprachheilpädagogik (Leonberger Ring 1, 1000 Berlin 47) oder an den Deutschen Bundesverband für Logopädie (Postfach 400614, 5000 Köln) wenden. Ansprechpartner können auch Sonderpädagogen in Schulen für Lernbehinderte sein.

4. Förderung

4.1 Allgemeine Hinweise

Unter den Bedingungen des Frontalunterrichts sind der Förderung von Kindern, deren Entwicklung verzögert und verlangsamt verläuft, relativ enge Grenzen gesetzt. Der Frontalunterricht geht letztlich von der Vorstellung aus, daß alle Kinder eines Einschulungsjahrganges annähernd gleiche Lernvoraussetzungen besitzen. Damit wird das Tempo der Lernprozesse vom Gros der Klasse bestimmt, an denen sich der Lehrplan orientiert. Die Auffassung, daß sich das Lesen- und Schreibenlernen im Gleichschritt vollzieht, wird weder den besonders begabten noch den lernschwachen Schülern gerecht. Der Lehrer in einer Anfangsklasse kann durch methodisch-didaktische Sicherheit natürlich ausgleichend wirken, indem er besonders begabten Kindern zusätzliche Lernherausforderungen anbietet und lernschwachen Kindern durch persönliche Zuwendung hilft. Begabte Kinder sind relativ unabhängig von der Lehrmethode, die der Lehrer praktiziert. Anders ist es bei lernschwachen Schülern. Sie benötigen eine direkte Hilfe und Anleitungen, die ihrem individuellen Entwicklungsstand entsprechen. Gerade für die Förderung bietet der Frontalunterricht geringe Chancen (Scheerer-Neumann 1989; Tamm 1971).

Im Vorschulalter gestaltet sich die lernfördernde Interaktion der Eltern mit dem Kind in individueller Weise (Rauls 1988). Unter den Bedingungen des Schulunterrichts ist diese Art des individuellen Beachtens vom Lehrer nur begrenzt zu leisten. Seine Möglichkeiten zur Individualisierung von Lernprozessen reichen oft nicht aus. Hinzu kommt, daß lernschwache Kinder viele der an die Klasse gerichteten Informationen nicht verstehen, weil bei ihnen die vorausgesetzten Lernbedingungen noch nicht erreicht sind.

Dieses Dilemma läßt sich nur überwinden, wenn die durch den Frontalunterricht überforderten Kinder individuellen Förderunterricht in Kleingruppen erhalten. Nur hier ist es möglich, eine ursachenbezogene und am erreichten Entwicklungsstand orientierte Förderung durchzuführen.

Wie bei jeder Tätigkeit, so spielt auch bei der Förderung die Motivation des Kindes und seine emotionale Befindlichkeit eine maßgebliche Rolle für die Eigenaktivität des Kindes und damit für den Übungsgewinn. Nur wenn die als Förderung konzipierte Tätigkeit dem Kind Spaß und Freude macht, bewirkt sie den angestrebten Erfahrungsgewinn (Breuninger/Beetz 1991).

Bei der Auswahl von Übungsbeispielen darf deshalb nicht nur das direkte Förderziel gesehen werden, sie müssen vor allem den Möglichkeiten des Kindes angemessen sein, um ihm Erfolgserlebnisse zu sichern. Dem kommen Überraschungen, Spannendes, Geselliges und Fröhliches entgegen. Auch Anstrengungen, die im Erfolg enden, stimulieren die Aktivitätsbereitschaft.

Die richtige Auswahl, Zusammenstellung und Variation der Übungsbeispiele obliegt dem Pädagogen. Nur er weiß, was das Kind kann, was er ihm zumuten darf und was es noch lernen soll. Ausgangspunkt jeder Förderung sind bereits beherrschte Funktionen. Wird das Kind auf diesem Ausgangspunkt »abgeholt«, fühlt es sich sicher und gewinnt an Selbstvertrauen. Darauf aufbauend sind die Anforderungen kleinschrittig und letztlich immer realisierbar zu erhöhen.

Individuelle Förderung und starre Übungsprogramme schließen einander aus. Trainingsprogramme sind nur nützlich, wenn sie disponibel auf die vorhandenen und inzwischen erreichten Leistungsmöglichkeiten des Kindes eingehen.

In diesem Buch steht die Förderung von Sprachwahrnehmungsleistungen im Mittelpunkt. Die Förderung hat mit komplexen, integrativ voneinander abhängigen Funktionssystemen, also mit einer systemischen Förderung der ganzen Persönlichkeit des Kindes zu tun (Lotzmann 1979).

Die Verfasser haben lange überlegt, ob es sinnvoll und notwendig ist, den mit der Förderung betrauten Pädagogen spezielle Förderhinweise in Form von Übungsbeispielen anzubieten. Der Vorwurf, daß damit Rezepte verteilt werden, liegt nahe. Wenn wir uns dennoch für die Zusammenstellung von Förderhinweisen entschlossen haben, so deshalb, weil viele Teilnehmer von Weiterbildungslehrgängen immer wieder darum gebeten haben. Dabei wurde vor allem auf die Anregungsfunktion solcher Übungsbeispiel für das eigene kreative Gestalten von Fördereinheiten hingewiesen. Bei der Auswahl der Übungsbeispiele wurde davon ausgegangen, daß sie sich in Förderstunden mit Kleingruppen, teilweise auch im Unterricht, sinnvoll eingliedern lassen. Wenn z.B. dem Lehrer bekannt ist, daß ein Kind phonematische Schwächen hat, wird er es besonders bei den Aufgaben unterstützen, bei denen es sich um die Unterscheidung ähnlich klingender Laute handelt (stimmhaft – stimmlos, Dehnung – Kürzung). Ein Kind mit sprechmotorischen Schwächen wird der Lehrer zum langsamen und deutlichen Lesen ermuntern. Für alle Wahrnehmungsbereiche wurden Anregungen zur Einzelförderung sowie zur Gruppenförderung aufgenommen. Jeder Pädagoge, der verbosensomotorisch retardierte Kinder fördert, wird sich eine Sammlung von Veröffentlichungen zulegen, in denen Anregungen für die Gestaltung von Übungen zu finden sind. Dazu gehören Bücher mit Kinderreimen, Bildmaterial, Kinderliedern, Bastelaufgaben, Malübungen, Sprech- und Bewegungsspiele usw.

Derartige Übungen haben mit dem Schreiben und Lesen scheinbar wenig zu tun. Da es sich aber um Kinder mit unzulänglichen Sprachwahrnehmungsleistungen handelt, dienen sie indirekt dem Schreiben- und Lesenlernen.

Es werden damit Voraussetzungen vervollkommnet, über die alle anderen Kinder bereits bei Schuleintritt verfügen. Ihre bereits ausgeformten Sprachwahrnehmungsleistungen ermöglichen es ihnen, den Anforderungen an die neue Qualität von Differenzierungsleistungen, die das Lesen- und Schreibenlernen fordern, gerecht zu werden.

»Leider stehen Spiele und spielorientierte Lernaktivitäten in der Schule immer noch unter Legitimationsdruck, d.h. stets ist zu überlegen und nachzuweisen, ob mit der ›ewigen Spielerei nicht zuviel Zeit verträdelt wird‹, ob das Stoffpensum rechtzeitig erfüllt wird, ob alle Schüler genug lernen und in ihren Leistungen gefördert werden etc. Nun, daß Kinder etwas, nein: sehr viel lernen beim Spiel, wissen die am besten, die selbst mit Kindern spielen. Dennoch kann es nicht schaden, im Einzelfall die Wahl einer Spiel- oder Kommunikationsaktivität abzusichern« (Naegele/Haarmann 1991).

Das Lesen- und Schreibenlernen selbst stellt natürlich auch ein sehr intensives Sprachwahrnehmungstraining dar. Visuelle, aktustische, sprech- und schreibmotorische Analyse- und Syntheseprozesse finden laufend statt. Das stellt für alle Kinder, die mit ausgeformten sprachbezogenen Differenzierungsleistungen mit dem Lernen in der Schule beginnen, kein Problem dar. Für Kinder mit sensomotorischen Defiziten jedoch ist es sehr schwer, diese qualitativ neue Stufe zu meistern. Der Unterricht bezieht sich direkt und konkret auf Morpheme und Grapheme. Die Kinder lernen, Laute und Buchstaben isoliert und in Verbindungen zu erkennen. Auf das Schreiben und Lesen bezogen handelt es sich hierbei um eine direkte Form des Wahrnehmungstrainings.

Die nachfolgenden Übungsbeispiele für die einzelnen Wahrnehmungsbereiche zielen hauptsächlich auf indirekte Formen der Förderung. An einigen wenigen Beispielen wird gezeigt, wie akustische, visuelle und sprechmotorische Übungen direkt auf der Ebene der Schriftsprache, also mit Lauten und Buchstaben erfolgen könnten. Die Konzentration der Übungen auf indirekte Förderung erfolgte deshalb, weil direkte Übungsformen im Unterricht laufend durchgeführt werden. Die wenigen Beispiele, die als direkte Übungen vorgeschlagen werden, sollen den Zusammenhang indirekter und direkter Übungsmöglichkeiten andeuten. Für direkte Rechtschreibübungen gibt es viele sehr gute Anleitungen (z.B. Triebel/Maday 1982).

Die vorgeschlagenen Übungen werden variiert und wiederholt. Da es sich um Minuten-Übungen handelt, können sie in den Unterricht und in andere Tätigkeitsformen eingebaut werden.

4.2 Förderung der optisch-graphomotorischen Differenzierungsfähigkeit

Ziel dieser Förderung ist es, die Kinder zur genauen Beobachtung bzw. Beachtung auffälliger und unauffälliger Details bei der Unterscheidung, Aussonderung, Zuordnung, Darstellung und Gestaltung von Merkmalen der

Form, Größe, Länge, Dicke, Breite, Höhe, Farbe, des Richtungsverlaufs, der Abstände, der Häufigkeit usw.

anzuregen. Dabei sollen die Kinder lernen, ihre Beobachtungen sprachlich auszudrücken. Auch können die unterschiedlichsten Techniken, Methoden und Materialien zur Anwendung kommen. Es geht nicht nur um die Erfassung dieser Modalitäten. Ebenso wichtig sind Übungen, in denen das Kind auf eine exakte Gestaltung zu achten hat. Es geht dabei auch um die

Koordination von Auge und Hand.

Dazu gehören

Reihungen und Kopierungen.

Nachvollzug von Richtungs- und Mengenmerkmalen, Anordnung gleicher oder verschiedener Merkmale in Mustern, die Beachtung und Nutzung von Begrenzungen, Treppen- und Bogenzugfolgen, Schneide-, Knet- und Reißübungen, Basteln und Bauen nach Vorlagen, aber auch nach eigenen Vorstellungen, begünstigen die Genauigkeit visueller Wahrnehmungen und feinmotorischer Fertigkeiten.

Zu den Grundübungen gehören außerdem Malen und Zeichnen. Seitens der Erzieher sind dabei Anregungen zu geben, die das Kind auf einzelne Merkmale bzw. Details aufmerksam machen. Die sprachliche Kommentierung des Tuns trägt dazu bei, die Bewußtheit der Modalitätsbeachtung zu erhöhen.

Freie Themengestaltungen zeigen besonders gut, welches Niveau der Detailbeachtung ein Kind bereits erreicht hat (etwa bei der Darstellung eines Menschen). Zeigen sich dabei noch Rückstände, ist in einer Unterhaltung mit dem Kind das Gespräch auf mögliche aber noch nicht gestaltete Einzelheiten hinzuführen.

Jedem Pädagogen ist zu empfehlen, sich eine Mappe mit Ausschnitten aus Zeitungen, Kinderzeitschriften und Bilderbüchern anzulegen.

In den folgenden Übungsbeispielen sind dafür Anregungen gegeben, die jederzeit thematisch und förderorientiert erweitert werden können. Außerdem bietet das im Handel angebotene Spiel-, Bastel-, Bau- und andere Beschäftigungsmaterial für Vorschul- und jüngere Schulkinder viele Möglichkeiten, es auch für die Förderung zu nutzen. Besonders geeignet sind:

Steckkästen,
Puzzle-, Domino-, Karten-, Würfel-, Labyrinth-, Such- und Computerspiele.

Zuordnungs- und Vergleichsbilder lassen sich zusammenstellen. Um die Detailbeachtung visueller Gegebenheiten zu verbessern, sind die Kinder zum

Bauen, Schneiden, Reißen, Basteln, Malen, Falten, Zeichnen

anzuregen. Für die Herstellung von Ornamenten, Dekors und Schmuckfiguren bieten sich im Verlaufe eines Jahres vielfältige Anlässe.

Die Förderung der optischen Differenzierungsfähigkeit und feinmotorischen Fingerfertigkeiten dient auch der Verbesserung der Konzentrationsfähigkeit. Bei Übungsspielen, die Schriftzeichen benutzen, gehen Transfereffekte auf die phonematische und kinästhetische Differenzierungsfähigkeit aus. Umso mehr ist bei der Motivierung der Kinder von deren Ansprüchen an Spaß, Selbstbetätigung und überraschenden Erfolgen auszugehen. Niemals sollte man Leistungen des Kindes, um die es sich vergeblich bemüht hat, unbeachtet lassen oder abwertend beurteilen. Es ist gerade die Freude an der Tätigkeit, durch die noch vorhandene Unzulänglichkeiten in der Identifikation visueller Modalitäten und in der feinmotorischen Perfektion überwunden werden können. Ein Kind, dessen Arbeitsergebnisse negiert oder als schwach bezeichnet werden, würde die Motivation und Bereitschaft zur Aktivität gerade auf jenen Tätigkeitsfeldern verlieren, in denen es sich vervollkommnen müßte.

Übungsbeispiele

Sortieraufgabe

Stäbchen von verschiedener Länge, Farbe, Dicke usw. sind nach bestimmten Merkmalen (der Größe, der Farbe …) zu ordnen. Es können auch Kugeln, Knöpfe, Wollfäden, Blätter und anderes Material sortiert werden. Der Schwierigkeitsgrad hängt von den zu beachtenden Unterschieden ab (fast gleich lang, fast gleich dick …).

Perlenkette fädeln

Auf Schnur oder Wollfaden sind verschiedenfarbige Kugeln, Würfel, Ringe aufzufädeln. Vorbereitet sind Schnur oder Wollfaden mit einem Knoten an einem Ende, um das Abgleiten der Perlen usw. zu verhindern. Die Reihenfolge der aufzufädelnden Kugeln usw. wird angesagt. Es kann auch nach einer Vorlage gefädelt werden. Dabei läßt sich der Schwierigkeitsgrad steigern:
    1 rote und 1 weiße Perle …
    1 blauer Ring, 1 gelber Ring, 1 roter Ring, 1 blauer Ring …
    1 roter Ring, 1 gelber Würfel, 1 blaue Perle, 1 roter Ring …

Fingerspiele

Mit den Fingern wird geturnt: Zeigefinger auf Daumen, Mittelfinger auf Daumen, Ringfinger auf Daumen, kleiner Finger auf Daumen. An beiden Händen versuchen.
Andere Fingerübungen finden: den Mittelfinger auf den Zeigefinger legen, darauf den Ringfinger, zum Schluß den kleinen Finger auf den Ringfinger. An beiden Händen versuchen.
Mit den Fingern beider Hände ein Dach bauen, die Finger ineinander verschränken und abwechselnd sich bücken lassen; Finger begegnen sich …

Bauen mit Bausteinen

Bauen nach Vorlagen, nach Aufforderung oder eigener Phantasie: So hoch wie möglich soll der Turm sein; Bauen von Brücken, Hütten, Häusern, Zäunen, Möbeln, Fahrzeugen usw.

Ich sehe etwas, was du nicht siehst

In einem Raum fragt zuerst die Lehrerin:»Ich sehe etwas, was ihr nicht seht und das ist weiß«. Ist der Gegenstand erraten, übernehmen Kinder das Fragen. Außer Farben können auch Formen genannt werden: es ist rund, es ist klein, es ist weit oben ...

Schattenspiele

Vor einer Lichtquelle werden an der Wand oder auf der Leinwand mit den Händen Figuren geformt und ihre Bezeichnung erraten.

Verschlüsse finden

Zu verschiedenen Gläsern und Flaschen sind die dazugehörigen Verschlüsse zu finden und aufzuschrauben. Oder: jedes Kind erhält eine Flasche oder ein Glas und sucht den Verschluß dazu.

Sortierübungen

Vor jedem Kind liegen auf dem Tisch durcheinander kleine Steinchen, Getreide- und Obstkörner, Erbsen und Bohnen usw. Diese sind zu sortieren und getrennt in mehrere Behälter zu schütten.

Kleintiere beobachten

Auf dem Hof oder während eines Spazierganges sind im Gras oder Ufer eines Baches Insekten zu suchen und in ihren Bewegungen zu beobachten und nachzuahmen.

Zublinzeln

Kinder sitzen im Kreis. Eines blinzelt jemandem zu. Wer gemeint ist, es bemerkt und sagt, ist der nächste »Blinzler«. Ist die Gruppe größer, können auch 2 Kinder blinzeln.

Berufe raten

Von der Lehrerin oder den Kindern werden typische Bewegungen ausgeführt. Der Beruf ist zu erraten: Maler, Chauffeur, Näherin, Dirigent usw.

Clown spielen

Kinder ziehen Grimassen, die anderen ahmen sie nach.

Werkzeuge erraten

Das Kind hat die Augen geschlossen. Es werden ihm Gegenstände in die Hände gegeben: Hammer, Zange, Feile, Schraubenzieher. Die Gegenstände sind zu erraten. Das gleiche Spiel ist möglich, wenn sich die Gegenstände unter einer Decke befinden und vom Kind zu betasten sind, ohne daß sie gesehen werden. Es können auch andere Objekte ertastet werden.

Wie sieht der andere aus?

Kinder sehen sich andere Kinder an. Sie sagen, welche Farbe die Haare, die Augen haben, welche Kleidungsstücke sie tragen. Dieses Spiel läßt sich auch als Ratespiel durchführen. Ein Kind sagt: »Sie hat dunkle Haare, ist ziemlich groß, hat blaue Augen und trägt eine Kette. Wer ist das?« U.U. müssen weitere Einzelheiten genannt werden: »Sie hat blaue Schuhe an …«.

Zuordnungsspiel

Auf einem Zeichenblatt sind geometrische oder andere Figuren vorgezeichnet: Balkenkreuze, Kreise, Quadrate, Rechtecke, Ringe, Dreiecke, Sterne, Rhomben, Vielecke usw. Im Umschlag befinden sich ausgeschnittene Figuren. Sie passen genau auf die Vorlagen. Jedes Kind sucht seine Vorlage und legt die Figur darauf. Anstelle geometrischer Figuren können auch figürliche Darstellungen gewählt werden: Autos, Häuser, Menschen, Tiere, Spielzeug.

Jagdspiel

Der Schein von zwei Taschenlampen (eine hat die Lehrerin, die andere das Kind, bzw. es jagen sich zwei Kinder) fällt auf die Wand. Der eine wird gejagt, der andere ist Jäger. Wenn der Gejagte getroffen ist, ist er der Jäger.

Strichmännchen nachahmen

Auf einem Tisch liegen Karten mit Strichmännchenabbildungen. Diese zeigen unterschiedliche Körperhaltungen. Ein Kind sieht auf eine Karte und ahmt die Körperhaltung des Strichmännchens nach. Alle anderen Kinder machen es ihm nach. Dann holt das nächste Kind eine Karte, auf der eine andere Körperhaltung dargestellt ist.

Faltübungen

Ein Blatt Papier wird in verschiedener Weise gefaltet. Zunächst wird das genaue Falten gelernt. Den Kindern wird gesagt und gezeigt, wie zu falten ist. Es entstehen Briefumschläge, Schiffe, Flugzeuge, Türen, Helme usw.

Dominospiele

Dominosteine mit Punkten oder Abbildungen von Gegenständen werden zu einer Straße gelegt. Es kann einzeln oder paarweise gespielt werden.

Schwarzer Peter

Das bekannte Kartenspiel »Schwarzer Peter« läßt sich vielfältig variieren.

Würfelspiel

In der Mitte des Tisches liegt ein Haufen bunter Stäbchen unterschiedlicher Länge. Jedes Kind würfelt und darf sich vom Haufen so viele Stäbchen nehmen, wie es Punkte gewürfelt hat. Es wird dreimal gewürfelt. Dann legt jedes Kind mit seinen gewürfelten Stäbchen eine Straße, indem es Stäbchen an Stäbchen legt. Das erste Kind legt die Straße in der Mitte des Tisches und merkt sich seine Straße. Daneben legt das andere Kind seine Straße. Wer hat die längste Straße? Nicht mehr als vier Kinder beteiligen.

Legespiel mit kleinen Kugeln

In einer Pappunterlage sind Löcher in regelmäßigen Abständen zeilenweise eingestanzt (im Handel erhältlich). Dazu werden nach einer Vorlage Muster nachgelegt. Die Muster können auch nach Diktat gesteckt werden. Dazu werden Reihe, Anzahl und Farbe genannt. Es lassen sich auch Muster erfinden.

Pappnähen

Auf eine Pappe (handlicher Größe) sind verschiedene Musterkonturen durch Löcher markiert. Die Kinder nähen mit Nadel und Faden die Muster nach. Es entstehen verschiedene Figuren (Kreuze, Vierecke, Dreiecke, Häuser, Treppen usw.). Mit geschlossenen Augen wird auf der Pappe eines anderen Kindes ertastet, welches Muster es genäht hat.

Punkte verbinden

Auf einem Zeichenblatt sind Punkte gezeichnet. Ihre Verbindung läßt unterschiedliche Figuren entstehen (Haus, Tisch, Auto, Stern, Stuhl …). Der Schwierigkeitsgrad hängt u.a. von der Entfernung zwischen den Punkten ab.

Märchenbilder bauen

Mit Hilfe von Würfeln wird nach einer Vorlage ein Märchenbild zusammengefügt. Es lassen sich sechs Märchenbilder zusammensetzen. Auch Baukästen mit anderen Bild-Themen lassen sich verwenden.

Lesezeichen malen

Auf einem vorbereiteten Kartonstreifen sind untereinander vier Punkte gemalt. Nach Diktat malen die Kinder an alle Punkte zuerst einen Strich nach oben, dann nach unten, dann nach links, dann nach rechts. Statt der Striche können Kreise oder Blätter gemalt werden. Zum Schluß kann in eine vorgestanzte Öffnung am unteren Ende des Lesezeichens ein Wollfaden zu einer Bommel durchgezogen werden.

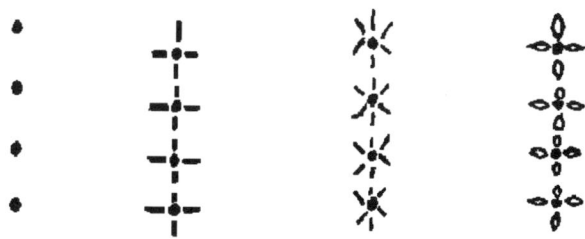

Steckkastenspiel

Im Deckel eines Kastens sind verschieden geformte Öffnungen eingelassen, in die jeweils ein entsprechendes Klötzchen paßt. Wenn die dazugehörige Öffnung gefunden ist, fällt das Klötzchen in den Kasten. Die Schwierigkeit der Aufgabe hängt von der Ähnlichkeit der Konturen der Öffnung und ihrer Anzahl ab.

Postkartenpuzzle

In Briefumschlägen befinden sich zerschnittene Postkarten. Die Teile sind zusammenzusetzen. Der Schwierigkeitsgrad erhöht sich entsprechend der Anzahl und Form der Einzelteile. Außer Postkarten lassen sich auch andere, z.B. auf zerschnittenem Kartonpapier abgebildete Szenen, Gegenstände usw. zusammensetzen.

Einzelheiten finden

Es werden Bilder mit vielen Einzelheiten betrachtet. Dabei wird gefragt: »Wo ist das Auto? Was siehst du vor dem Auto, was siehst du hinter dem Auto, was rechts neben dem Auto usw.« Möglichst viele Raum-Lage-Bezeichnungen benutzen und nachsprechen lassen, z.B.: »Vor dem Auto steht ein Mann usw.«.

Wer trifft den Luftballon?

Auf einem Blatt Papier oder auf einer Tafel ist ein Luftballon gezeichnet. Um ihn herum schwirren Pfeile. Welche von den Pfeilen treffen den Luftballon? Der Schwierigkeitsgrad hängt von der Nähe der Pfeile am Luftballon und der Richtung ab.

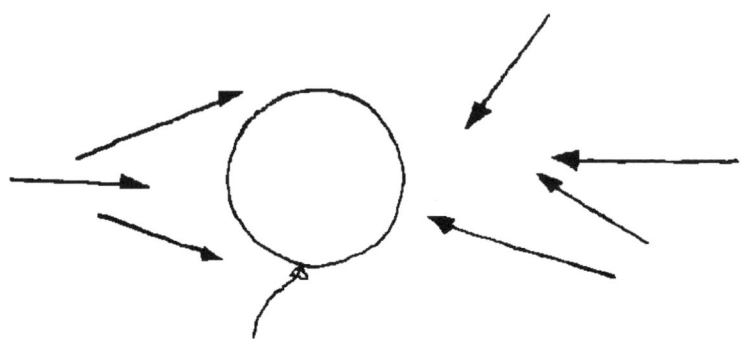

Körperteile zeigen und benennen

Die Kinder stehen hinter der Erzieherin. Diese steht vor einem Spiegel, damit sie die Kinder beobachten kann. Ist kein Spiegel vorhanden, dreht sich die Erzieherin nach jeder Übung um. Den Kindern werden von der Erzieherin Körperstellungen zum Nachahmen vorgemacht. Sie spricht dabei, was zu machen ist, die Kinder sprechen nach: Wir heben den rechten Arm ganz nach oben. Wir stellen beide Beine weit auseinander. Wir heben das linke Bein. Wir gehen nach unten in die Hocke. Wir heben die Arme nach vorn. Wir heben den rechten Arm zur Seite. Wir fassen uns mit der rechten Hand an das rechte Ohr. Nun mit der linken Hand an das linke Ohr. Mit der rechten Hand an das linke Ohr usw.« Die Bewegungen können von den Kindern auch an einer Puppe oder am Teddy vollzogen werden.

Verrückte Bilder

Auf Bildern sind verrückte Dinge zu sehen: Ein Zug fährt auf der Straße, ein Auto auf dem Wasser, am Fuß ist ein Handschuh, ein Fisch sitzt im Vogelnest, ein Schneemann steht mitten in Blumen, ein Schwein mit Flügeln schwebt am Himmel, der Hund hat Federn, der Vogel ein Fell, das Auto einen Propeller, das Schiff fährt auf Rädern usw. Was stimmt auf dem Bild nicht?

Muster legen

Muster werden mit Stäbchen nach Vorlagen gelegt. Kurze und lange Stäbchen, breite und dünne werden angeboten.

Unterschiede finden

Zwei Bilder werden miteinander verglichen. Sie enthalten viele gleiche Einzelheiten. In einigen Details gibt es jedoch Unterschiede: in einem der beiden Häuser sind weniger Fenster, nur auf einem Dach sitzt ein Vogel, auf dem einen Bild sind zwei Hühner zu sehen, auf dem anderen drei, auf einem Bild hat das Auto ein Nummernschild, auf dem anderen Bild nicht usw. Fast in jeder Kinderzeitschrift finden sich derartige Suchaufgaben.

Suchbilder

Die Kinder betrachten Bilder, auf denen alle Schuhe durcheinander liegen. Welche Paare gehören zusammen? Auf einem anderen Bild ist zu sehen, daß Werner aufgestanden ist und im Bad steht. Dort liegt alles durcheinander. Was braucht er, um sich zu waschen, Zähne zu putzen und sich zu kämmen? Anderes Bild: Ingrid will frühstücken. Auf dem Tisch befinden sich alle möglichen Dinge. Was kann man davon essen und trinken? Themen können beliebig gewählt werden.

Muster nachzeichnen

Auf einem Zeichenblatt ist der Anfang einer Musterabfolge vorgezeichnet. Die Muster sind fortzusetzen.

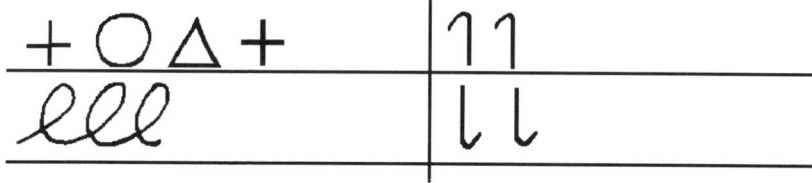

Betrachtungen durch eine Lupe

Kinder beschreiben, was sie durch die Lupe alles sehen. Sie betrachten ihre Fingernägel, einen Wollfaden, eine Blume, ein Haar, ein Blatt usw.

Was ist anders?

Zwei Kinder werden nach draußen geschickt. Vorher prägen sie sich bestimmte Dinge ein. Während sie vor der Tür warten, verändern die anderen Kinder die Plätze der Stühle, die Lage von Gegenständen und den Sitzplatz. Wenn die Kinder zurück in den Raum gerufen werden, ist von ihnen zu sagen, was sich verändert hat: Welche Kinder haben ihren Platz vertauscht, welche Gegenstände stehen anders, liegen jetzt mehr oder weniger Klötzchen auf dem Tisch usw.

Lego-Spiele

Mit Legosteinen werden Vorlagen nachgebaut.

Zielball- und Murmelspiele

Murmeln werden in ein Loch zu rollen versucht, Bälle sind in ein Ziel zu werfen. Die Schwierigkeit steigert sich mit der Entfernung und der Größe des Zieles.

Mikadospiel

Alle beobachten, ob sich in dem Stäbchenhaufen etwas bewegt, wenn ein Stäbchen gehoben wird.

Spurensuche

Die Kinder stellen fest, bei welchem Haus die einzelnen Kinder ankommen.

Ringe malen

Auf einem Zeichenblatt sind in Kreisen mehrere Ringe gemalt. Jeder Ring ist in einer anderen Farbe auszumalen. Auf Genauigkeit achten. Die Schwierigkeit hängt von der Breite der Ringe ab.

Labyrinth durchfahren

Auf einem Zeichenblatt sind mehrere Labyrinthe gezeichnet. Mit einem Zeichenstift sind sie zu durchfahren, ohne daß die Ränder des »Ganges« berührt werden. Mit rechter und linker Hand durchführen. Der Schwierigkeitsgrad hängt u.a. von dem Wandabstand und der Streckenlänge ab.

Musterzeichnen

Auf kariertem Papier sind jeweils auf der linken Hälfte Vorlagen gezeichnet. Diese sind auf der rechten Seite abzuzeichnen. Der Schwierigkeitsgrad hängt von der Kompliziertheit der Vorlagen ab.

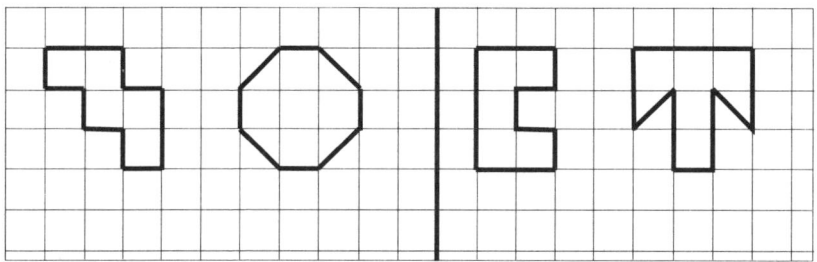

Telefonspiel

Es ist herauszufinden, wer mit wem telefoniert.

Fische angeln

Es ist herauszufinden, wer welchen Fisch geangelt hat.

Was paßt zusammen

Neben einem aufgezeichneten Muster sind andere, fast gleiche nebeneinandergestellt. Nur eines davon ist mit dem ersten identisch. Die anderen in der Reihe weisen kleine Unterschiede auf. Was ist gleich, was ist verschieden? Der Schwierigkeitsgrad kann durch geringe Detailabweichungen verändert werden.

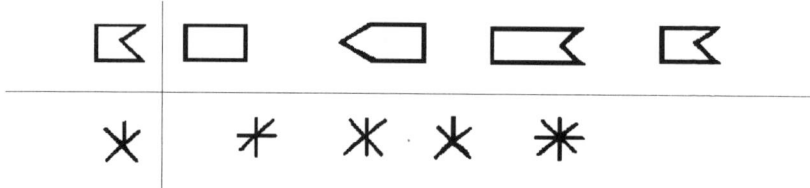

Wiedererkennen von Buchstaben

In einer Mustervorlage sind bestimmte Buchstaben zu finden. Der gefundene Buchstabe wird mit Farbstift durchgestrichen.

Wie lang sind die Buchstaben?

Die Kinder lernen an ein- bis zweisilbigen Wörtern, deren Buchstaben lautgetreu geschrieben werden, wie lang die einzelnen Buchstaben sind. Dazu wird eine Liste mit geschriebenen Wörtern vorbereitet. (Die Wörter können auch untereinander an die Tafel geschrieben werden.) Die Länge der Buchstaben wird von den Kindern mit Strichsymbolen in die Heftzeile eingetragen (Hefte der ersten Klasse), so daß die Kinder Mittel-, Ober- und Unterlängen unterscheiden lernen.

Welches Wort gehört in welche Kästchenreihe?

Auf einem Blatt sind untereinander ein- bis zweisilbige Wörter geschrieben. Daneben befinden sich untereinander Kästchenformen, in die die Wörter mit ihren unterschiedlich langen Buchstaben passen. Die Kinder suchen, welches Wort zu welcher Kästchenreihe gehört und schreiben das Wort hinein.

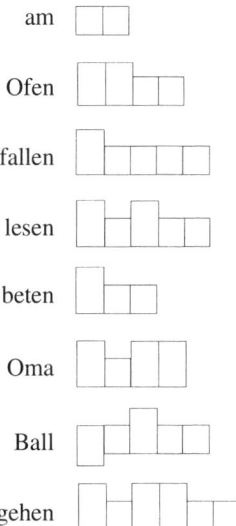

am

Ofen

fallen

lesen

beten

Oma

Ball

gehen

Diese Übung setzt voraus, daß die Kinder den Unterschied zwischen Mittel-, Ober- und Unterlänge kennen und ihnen die einzelnen Buchstaben bekannt sind.

Buchstaben suchen

In einer ungeordneten, mehrzeiligen Buchstabenfolge soll das Kind bestimmte Buchstaben finden und unterstreichen. Wer mit dem ersten Buchstaben fertig ist, sucht den nächsten Buchstaben und unterstreicht ihn mit einer anderen Farbe.

a m n o m a n n o m a o n a m

(zuerst wird das n gesucht, dann das m)

d p q b p q b d d b q b

(zuerst wird das d gesucht, dann das q usw.)

ei e i ie ei i e ie e ei

(zuerst wird das ie gesucht, dann das i usw.)

Die Anzahl und Auswahl der vorgegebenen Buchstaben kann verändert werden. Es ist auch möglich, die Buchstaben nicht auf einer Zeile, sondern wie in einem Streubild anzuordnen:

```
        o
   a        m     a
        o  n
        m           a
   o     a     n
```

Wo hat sich der falsche Buchstabe versteckt?

Die Kinder erhalten ein Blatt mit mehreren Reihen von gleichen Buchstaben. In jeder Zeile haben sich zwei falsche Buchstaben versteckt. Sie sind zu finden.

m, m, m, m, m, m, n, m, m, m, n, m, m,
m, m, n, m, m, m, m, m, m, n, m, m, m,
m, n, m, n, m, m, m, m, m, m, m, m, m,

Im obigen Beispiel hat sich das n versteckt. Diese Übung läßt sich auch mit anderen Buchstaben durchführen, etwa mit a und o, w und v, ei und ie, d und b usw.

Wo hat sich das »wo« versteckt?

Auf einem Blatt sind einsilbige Wörter entweder auf Zeilen oder als Streubild geschrieben. Unter diesen Wörtern ist ein bestimmtes Wort zu suchen. In unserem Falle das »wo«. Es ist zu unterstreichen.

am in wir wo was da ob so wer wo auf an
ob zu wo hier um wo wer am bald bis wo

Es können die Anzahl der Zeilen und die zu suchenden Wörter verändert werden.

Wo fehlen die Umlautstriche?

Die Kinder erhalten Reihen eines Buchstaben, mit Umlautzeichen. Sie sollen die Buchstaben finden, die in der jeweiligen Zeile keine Umlautzeichen haben. Wo sie fehlen, sind sie nachzutragen. Die Aufgabe wird erschwert, wenn sich der Abstand zwischen den Buchstaben oder ihre Größe verringert.

ä ä ä a ä a ä ä a ä a a ä ä ä ä
ü ü u u ü u u ü ü u ü u ü ü u ü
ö ö ö o ö o ö ö ö o ö o ö o ö o
äu äu au äu äu au äu au äu au äu au

Aus Punkten werden Buchstaben

Auf einem Blatt sind Punkte so angeordnet und verteilt, daß Buchstaben entstehen, wenn man sie mit Strichen verbindet. Die Kinder sollen herausfinden, was für ein Buchstabe gemeint ist.

Wo wohnen sie?

Aus einem Haus schauen viele Kinder. Die vorbereiteten Kärtchen mit den jeweils gleichen Kindergesichtern sind auf die entsprechenden Fenster zu legen.

Wo wohnen die Buchstaben?

Aus einem großen Haus schauen Buchstaben aus dem Fenster. Aus vorbereiteten Kärtchen sind die gleichen Buchstaben zu finden und auf die jeweiligen Fenster zu legen.

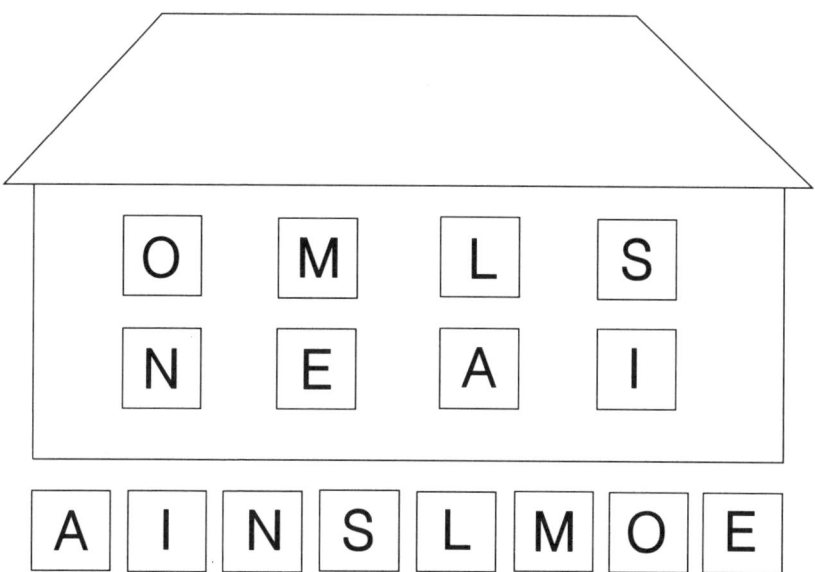

Wo ist mein Fenster?

Vor einem großen Haus stehen viele Kinder. Auf den Fenstern stehen ihre Namen. Jedes Kind erhält ein Blatt, auf dem das große Haus mit den vielen Fenstern gezeichnet ist, und kleine Kärtchen, die auf die jeweiligen Fenster zu legen sind.

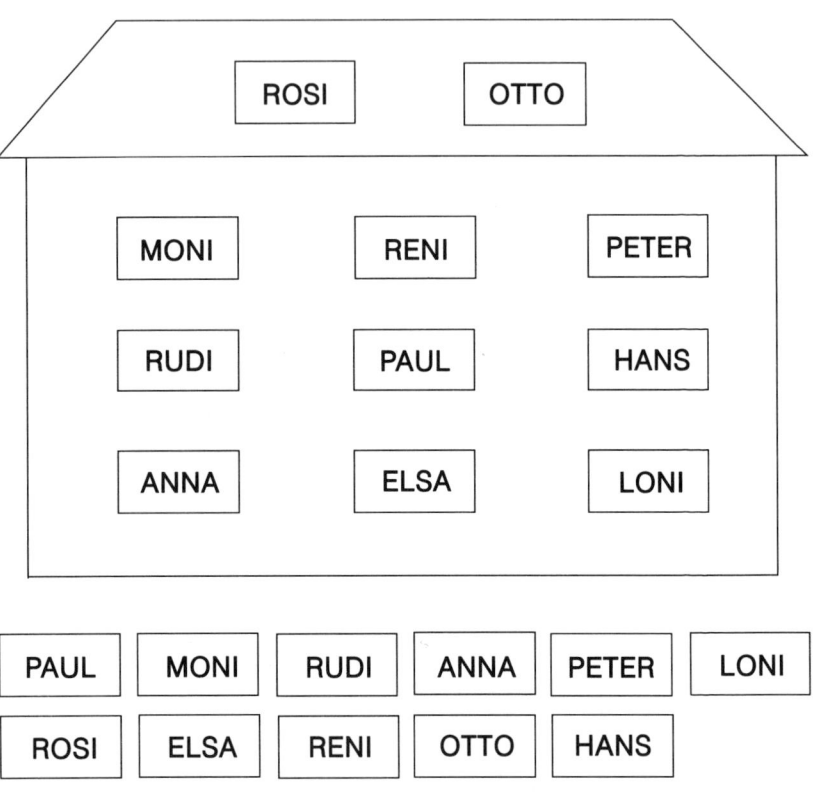

4.3 Förderung der phonematischen Differenzierungsfähigkeit

Phonematische Differenzierungsfähigkeit wird benötigt, um subtile Unterschiede der Sprachlaute heraushören zu können. Die dafür erforderliche Konzentration zur Sensibilisierung des auditiven Analysators läßt sich durch zielgerichtete Übungen erhöhen. Ein Vorschulkind ist nur in Ausnahmefällen in der Lage, Einzellaute innerhalb eines sprachlichen Ganzen abgehoben vom sprachlichen Hintergrund herauszuhören. Die Kinder sind zwar imstande, die anschaulich gegebenen Gegenstände in ihren Besonderheiten zu kennzeichnen und zu vergleichen. Sie sagen z.B.: »Eine Tasche nimmt man zum Einkaufen, eine Tasse nimmt man zum Trinken.« Bei der Frage, was aber in den Wörtern »Tasche« und »Tasse« anders ist, spielen die phonematischen Unterschiede von »sch« und »ss« in beiden Wörtern noch keine Rolle. Erst mit dem Schreiben- und Lesenlernen und der dafür benötigten Lautanalyse und Buchstabenkenntnis wird diese Fähigkeit benötigt.

Die phonematische Differenzierungsfähigkeit ist als eine ganz spezifische akustische Leistung anzusehen, die eigentlich nur in Verbindung mit der menschlichen Sprache gefordert ist.

Bei der Förderung der phonematischen Differenzierungsfähigkeit gilt es deshalb immer, die unmittelbare Verbindung von Wortbedeutung und Phonemqualität herzustellen. Es reicht für die Förderung nicht aus, einzelne Phonemunterschiede für sich isoliert diskriminieren zu lassen. Das muß immer in Verbindung mit Begriffen geschehen, deren Bedeutung das Kind begreift. Das gelingt den Kindern dann am besten, wenn sie im Handeln und in der Kommunikation zur Beachtung von Lautunterschieden genötigt sind.

Eng ist die Beziehung zwischen phonematischer Vervollkommnung und artikulatorischer Leistung. Das Kind beginnt auf subtilere phonematische Unterschiede bewußt zu achten, wenn es durch Hinweise lernt, Aussprachefehler zu korrigieren.

Das Unterscheiden von klangähnlichen Phonemen zwischen Wörtern setzt ein bestimmtes akustisches Entwicklungsniveau voraus. Übungen, die auf die Verbesserung des auditiven Gehörs insgesamt gerichtet sind, helfen, die Entwicklung der phonematischen Differenzierungsfähigkeit zu verbessern. Dieser Zusammenhang zwischen dem Gehör und der Spracherfassung wird bei schwerhörigen Kindern deutlich. Ihre schwache akustische Fähigkeit erschwert es ihnen, Phonemunterschiede zu diskriminieren und beim eigenen Sprechen zu kontrollieren.

Wenn ein Kind trotz qualifizierter Förderung seine phonematischen Schwächen nicht überwindet, dann ist vom Facharzt zu überprüfen, ob und welche Art der Hörschwäche vorliegt.

Das Niveau der phonematischen Differenzierungsleistung eines Kindes hängt nicht nur von den physiologischen Voraussetzungen seines Gehörs ab. Auch seine sprachliche Umgebung hat darauf Einfluß. Sprechen z.B. die Kommunikationspartner undeutlich oder nuschlig, dann braucht das Kind oft wesentlich länger, um Phonemunterschiede zu erfassen. Es kann aber – unter dem vitalen Zwang zur Phonemdifferenzierung – u.U. bei diesen Umgebungsbedingungen zu einer höheren Sensibilität für Phonemvergleiche kommen, weil nur dadurch sinnvolles Handeln möglich wird. Das gelingt in der Regel aber nur intelligenten Kindern. Sie gelangen zur Phonemunterscheidung über die schnelle Erfassung des semantischen Kontextes.

Bei den nachfolgend zusammengestellten Übungsaufgaben kommt es darauf an, sie regelmäßig und kurzzeitig durchzuführen. Es hat wenig Sinn, einzelne Übungen über einen längeren Zeitraum auszudehnen, weil phonematische Unterscheidung ein hohes Maß an Konzentrationsfähigkeit verlangt. Wenngleich alle Übungen zur Vervollkommnung der sprachbezogenen Wahrnehmungsleistungen immer auch Konzentrationsübungen sind, so gilt das für die Übungen zur Vervollkommnung der phonematischen Differenzierungsfähigkeit in besonderem Maße. Die vorgeschlagenen Hilfsmittel für einzelne Übungen (klingendes Schlagwerk, Musikinstrumente, Tonträger, Geräuschquellen usw.) sind zwar hilfreich, jedoch bildet die menschliche Sprache immer das eigentliche Übungsmedium. In Verbindung mit zielgerichteten und lustbetonten Tätigkeiten der Kinder erfüllt sie die Hauptfunktion im Rahmen der Förderung phonematischer Differenzierungsleistungen.

Die Übungen zur phonematischen Differenzierungsfähigkeit besitzen vielfältige Transfereffekte, vor allem auf dem kinästhetischen, melodischen und rhythmischen Bereich. Andererseits profitiert die phonematische Differenzierungsfähigkeit von Übungen in diesen Bereichen.

Übungsbeispiele

Geräusche sind mit geschlossenen Augen zu erraten

Alltagsgeräusche sind zu unterscheiden und ihre Quellen zu nennen: Klappern mit dem Schlüsselbund, Tür aufschließen, Licht anknipsen, Wasser umgießen, mit Löffel im gefüllten Glas umrühren, an die Tür klopfen, mit Wasser gurgeln, Ball auf dem Fußboden hüpfen lassen, eine Uhr aufziehen, Schreibmaschinenklappern, Uhr ticken, Schnarchen usw.

Geräusche zuordnen

Die Geräusche sind zu unterscheiden, ohne daß die betreffenden Gegenstände gesehen werden. Mit gleichen oder verschiedenen Gegenständen werden akustisch ähnliche Geräusche erzeugt: Packpapier und Seidenpapier knüllen, beide Papierarten zerreißen; Stoff zerreißen; geschlossene Büchsen mit verschiedenem Inhalt (Sand, Erbsen, Nägel, Wasser, Gummitiere usw.) schütteln; den Fußboden fegen, mit der Bürste schrubben; Teller aus verschiedenem Material (Plaste, Holz, Keramik usw.) aufeinander stapeln; Türen, Fenster, Schränke öffnen und schließen usw.

Wo piepst es?

Die Kinder stehen mit geschlossenen Augen in der Mitte des Raumes. Im Raum bewegt sich ein Kind und sagt leise »piep«. Es ist zu raten, woher das Piepsen kam. Es kann auch ein tickender Wecker gesucht werden, der an verschiedenen Orten versteckt wird.

Geräusche raten

Auf einer Kassette oder einem anderen Tonträger sind verschiedene Tierstimmen zusammengestellt. Beim Abspielen ist zu erraten, um welche Tierstimme es sich handelt. In ähnlicher Weise können Verkehrsgeräusche, Küchengeräusche, Handwerkergeräusche, Geräusche im Bad usw. zusammengestellt werden.

Schuhspiel

Die Erzieherin fordert zum Nachsprechen auf:
Die Herrenschuhe sagen krach – krach …
Die Damenschuhe sagen tripp – tripp …
Die Kinderschuhe sagen dippel – dippel …
Die Holzpantoffeln sagen klapp – klapp …
Die Filzschuhe sagen schlipp – schlipp …
Die Filzpantoffeln sagen schlippdi – schlappdi …
Ohne Schuhe geht es so patsch – patsch …
(Wer macht dippel – dippel oder schlipp – schlipp usw.?)

Wörter heraushören

Den Kindern wird die Geschichte vom Hund Ali erzählt. Sie heben immer die Hand, wenn beim Erzählen der Name Ali vorkommt. »Ich habe einen guten Freund. Er heißt Ali. Mit ihm spiele ich jeden Tag. Darüber freut sich Ali. Wenn Ali mich sieht, wedelt er mit dem Schwanz. Auch meine Eltern lieben Ali sehr. Wenn Ali nach draußen gehen möchte, stellt er sich vor die Tür und jault. Wenn die Tür aufgemacht wird, springt Ali hoch. Ist die Tür auf, saust Ali wie ein Blitz nach draußen.« Geschichten mit ähnlichen Signalwörtern, bei deren Hören die Hand gehoben (geklatscht, getrampelt, gewinkt usw.) wird, erfinden.

Rufsignale unterscheiden

Die Erzieherin nennt Rufsignale für einzelne Kinder. Wenn sie damit ruft, kommen die Gerufenen zu ihr. Für Peter gilt »he – he«, für Moni »ha – ha«, für Christian »hi – hi«, für Ulla »ho – ho«, für Dieter »hu – hu«. Mit anderen Varianten kann der Schwierigkeitsgrad variiert werden (wa – wa, ma – ma, na – na, la – la, ka – ka usw.).

Wer ist es?

Ein Kind legt seinen Kopf in den Schoß der Erzieherin oder eines anderen Kindes. Die Erzieherin zeigt auf ein Kind. Dieses geht leise zum hockenden Kind und klopft, als ob es eintreten wolle. Es ahmt dabei die Stimme eines Tieres nach. Das hockende Kind errät, wer bei ihm angeklopft hat. Statt Tierstimmen können auch andere Geräusche gewählt werden. Es kann auch mit verstellter Stimme gefragt werden »Wer bin ich?« …

Falsche Wörter erkennen

In der Geschichte sind falsche Wörter versteckt. Sie sind zu erkennen. Wer ein falsches Wort hört, hebt die Hand und sagt das richtige Wort. »Es ist ein kalter Hintermorgen (Wintermorgen). Mutti schießt (schließt) alle Fenster. Draußen schneit es ganz viel Klee (Schnee). Ich ziele (ziehe) mich ganz schnell an. Dann hole ich Brötchen beim Wecker (Bäcker). Nun spitzen (sitzen) wir beim Frühstück. Mutti stellt eine Milchtanne (Milchkanne) auf den Fisch (Tisch). Dann essen wir gemütlich unsere Pfötchen (Brötchen)«. »Wenn ich Geburtstag habe, gibt es Kakao in Taschen (Tassen). Dazu gibt es Kuchen mit Fahne (Sahne). Ich bekomme viele schöne Lachen (Sachen): Spielzeug und zum Lesen Tücher (Bücher). Das schönste Geschenk ist der Musball (Fußball).«

Wörter verzaubern – Reimwörter bilden

Wie kann man ein Wort verzaubern? Die Erzieherin nennt Beispiele: Hase – Hose, Nase – Vase, Reise – leise, Bus – Busch. Die Kinder suchen selbst Beispiele oder ein Kind gibt ein Wort vor, alle anderen Kinder versuchen, es zu verzaubern.

Vokale singen

Die erste Strophe eines bekannten Kinderliedes wird gesungen. Anschließend wird das Lied wiederholt, jedoch alle Vokale (auch Um- und Zwielaute) werden nur auf einen Vokal gesungen. Zuerst richtig:

> Fuchs du hast die Gans gestohlen,
> gib sie wieder her, gib sie wieder her …

dann:

> Fuchs du hust du Guns gustuhln,
> gub su wudur hur, gub su wuder hur …

> Feichs dei heist dei Geins geisteilein,
> geib sei weideir heir, geib sei weideir heir …

> Fochs do host do Gons gostohlon,
> gob so wodor hor, gob so wodor hor …

Andere Lieder wählen, u.U. auf einen Vokal nur eine Liedzeile versuchen.

Laute heraushören

Aus einsilbigen Wörtern ist ein Signallaut (z.B. a oder i) herauszuhören. Wenn der verabredete Laut gehört wird, heben die Kinder schnell ihren Arm.

Ball, Hut, Bach, Haus, Fuß, Los, Gans, Tal, Stuhl, Spiel, Weg, viel, mit, du, die ...

Wo steht der Laut?

Die Kinder sagen, ob sich der gewählte Laut am Anfang oder am Ende des Wortes befindet. Begonnen wird mit Anlaut, dann folgt der Auslaut. Zuerst sind Vokale, später Konsonanten als Signallaut zu wählen. Diese Übung nur kurzzeitig ausdehnen, dafür aber regelmäßig häufig.

Wir suchen das A

Abend, Liesa, Atem, Lena, alt, da ...

Wir suchen das O

Ofen, hallo, Radio, oben, Ohr, so, Floh ...

Wörter verändern

Was passiert, wenn wir statt eines a ein o sagen? Die Erzieherin gibt Wörter vor, z.b.:

Tanne – (Tonne) Waage – (Woge) Baß – (Boß)
Hase – (Hose) Made – (Mode) lachen – (lochen)

das a durch ein u ersetzen:

hat – (Hut) Schale – (Schule) Pappe – (Puppe)
Faß – (Fuß) Hand – (Hund) Kammer – (Kummer)

das a durch ein i ersetzen:

Knacken – (knicken) Wald – (Wild) sagen – (siegen)
Nacht – (nicht) Wand – (Wind) Mast – (Mist)

das o durch ein u ersetzen:

Mond – (Mund) Ohr – (Uhr) Posten – (pusten)
Schloß – (Schluß) Gott – (gut) Roß – (Ruß)

Wortreihen

Es ist in einer Folge von vier Worten zu erkennen, welches der vorgesprochenen Wörter zweimal vorkommt:

Suppe, Salat, Suppe, Braten
Hans, Peter, Hans, Lieschen
Eierkuchen, Pudding, Obst, Pudding
Ball, Kreisel, Puppe, Ball
Mutti, Vati, Schwester, Mutti
Bausteine, Klötzchen, Bausteine
Hamburg, Bremen, Berlin, Hamburg, Häuser
München, Berlin, Leipzig, Berlin

Froschgeschichte

Wenn das Wort »Frosch« in der Geschichte vorkommt, gehen die Kinder in die Hocke. Ist »Frosch« wieder zu hören, hüpfen sie wie ein Frosch nach vorn.

»Mitten in der Wiese gibt es einen kleinen Teich. In dem Teich lebt ein grüner Frosch. Wenn die Sonne scheint, sitzt der Frosch auf einem Seerosenblatt. Das Blatt sagt zum Frosch: ›Willst du noch lange auf mir sitzen?‹ Der Frosch sagt:

›Warum fragst du?‹ ›Ja, lieber Frosch, allmählich wirst du mir zu schwer.‹ Der Frosch antwortet: ›Habe noch etwas Geduld, weil ich hungriger Frosch eine Fliege fangen muß.‹ Als er das sagte, flog am Kopf des Frosches eine Fliege vorbei. Da sagt das Blatt: ›Ja, lieber Frosch, hättest du besser aufgepaßt, dann wärst du jetzt satt und ich brauchte keinen Frosch zu tragen.‹ Natürlich ärgerte sich der Frosch, daß er nicht aufgepaßt hat. Er hüpfte vom Seerosenblatt ins Wasser und schwamm weg. Ob unser Frosch noch eine Fliege gefangen hat?«

Fahrradgeschichte

Bei der Geschichte vom Fahrrad machen die Kinder beim Wort »Fahrrad« mit beiden Armen eine kreisende Bewegung, als würden sie zwei Räder in die Luft zeichnen.

»Zu seinem Geburtstag durfte sich Peter etwas Besonderes wünschen. Sein größter Wunsch war seit langem ein Fahrrad. Als seine Mutti den Wunsch hörte, fragte sie: ›Warum willst du unbedingt ein Fahrrad haben?‹ Peter erzählte, daß alle seine Freunde ein Fahrrad besitzen. Gerd z.b. hat ihm sein Fahrrad schon einmal geborgt. Dabei habe er gelernt, Fahrrad zu fahren. Einmal wäre er fast mit dem Fahrrad umgefallen. Aber Gerds Vater war dabei und habe das Fahrrad festgehalten. Der Geburtstag kam immer näher. Peter träumte schon von seinem Fahrrad. Und tatsächlich, vor dem Geburtstagstisch stand ein herrliches Fahrrad. Die anderen Geschenke hat sich Peter erst viel später angesehen. Zuerst faßte er an den Lenker des Fahrrades. Er führte das Fahrrad auf den Hof. Alle staunten, wie Peter schon gut mit dem Fahrrad fahren konnte. Peter drehte mit seinem Fahrrad drei Runden auf dem Hof. Dabei klingelte er. Er war glücklich, endlich auch ein Fahrrad zu besitzen. Dafür dankte er den Eltern.«

Ich sehe was, was du nicht siehst

Die Erzieherin nennt einen Vokal oder Konsonanten und läßt von den Kindern Wörter suchen, einen Gegenstand im Raum oder auf einem Bild suchen und benennen, der mit diesem Laut beginnt. Dann spielen die Kinder: »Ich sehe was, was du nicht siehst, und das fängt mit ›T‹ (bzw. ›K‹, ›S‹, ›R‹ usw.) an.« Wer ein richtiges Wort gefunden hat, darf das nächste Rätsel stellen.

Moni und Toni

Die Erzieherin erzählt von Moni und Toni. Beide haben Geburtstag und einen Geschenkkorb. Die Erzieherin nennt Gegenstände, die entweder für Moni oder Toni bestimmt sind. Ein Kind wird benannt, die Geschenke in den richtigen Korb zu legen.

»Toni bekommt Bausteine, Moni bekommt eine Puppe, Toni bekommt ein Sprungseil, Toni bekommt einen Apfel, Moni bekommt einen Apfel, Toni bekommt ein Heft, Moni einen Radiergummi ...« Bei der nächsten Übung werden die Bezeichnungen der Gegenstände klanglich immer ähnlicher. »Toni bekommt eine Tasche, Moni bekommt eine Tasse, Toni bekommt eine Hose, Moni bekommt eine Rose, Toni bekommt einen Stock, Moni bekommt einen Rock, Toni bekommt einen Nagel, Moni bekommt eine Nadel ...« Die Übung wird erschwert, wenn außer Moni und Toni auch noch Loni und Soni mitspielen.

Wörter suchen

Die Kinder sitzen im Kreis. Ein Kind steht mit dem Ball in der Kreismitte. Es fordert die Kinder auf, Wörter zu finden, die mit einem bestimmten Anlaut beginnen (Vokale und Konsonanten, z.B. »O«). Dann wirft es einem Kind den Ball zu. Dieses Kind nennt ein Wort mit dem geforderten Anlaut »O« und wirft den Ball zurück. Die Anlaute werden verändert.

Alles was fliegt

Wenn von der Erzieherin ein Wort mit einem bestimmten Anlaut genannt wird, werfen die Kinder die Arme hoch.

Stuhlpolonaise

Kinder gehen um zwei Stuhlreihen, die Lehne an Lehne stehen. Wenn die Erzieherin ein Wort mit einem vereinbarten Anlaut nennt, setzen sich die Kinder. Für das letzte Kind fehlt ein Stuhl. Dieses Kind nennt jetzt einen neuen Anlaut. Die Kinder gehen wieder um die Stühle, dabei nennt die Erzieherin die Wortreihe, bis sich die Kinder wieder setzen können.

M und N unterscheiden

Es werden Wörter gesucht, die entweder mit »N« oder »M« beginnen. Die Wörter können nur gefunden werden, wenn das Rätsel gelöst wird: »Man kann damit nähen (Nadel).« »Es ist ein kleines graues Tier und piepst (Maus).« »Manche essen sie gern mit Tomatensoße (Nudeln, Makkaroni).« »Wenn man essen will, was drin ist, muß man sie aufknacken (Nuß).« »Sie ist weiß. Wir trinken sie auch zum Frühstück (Milch).« Es können auch andere phonemähnliche Laute gewählt werden.

Laute hören

Bei bestimmten Vokalen oder Konsonanten klatschen die Kinder in die Hände. Es ist zu klatschen, wenn z.B. ein i aus einer Vokalreihe gehört wird:

u, u, o, e, i, a, i, e, o, u, i, i, u, i, a, e, u, i usw.

Klangähnliche Konsonanten erschweren die Übung.

Unterschiede erklären

Die Kinder sollen sagen, worin sich die von der Erzieherin vorgesprochenen Wörter unterscheiden. Sie sagt, daß sich die Wörter ähnlich anhören. Manchmal würde sie aber auch gleiche Wörter sagen. Die Erzieherin spricht jeweils zwei Wörter vor:

Tier – Tür   Maus – Laus
Raum – Baum   Haus – Haus
Wanne – Wanne   Faden – Magen
Wanne – Kanne   Garten – Karten
Buch – Tuch   usw.

Wörter suchen

Den Kindern werden Wörter ohne deren Anfangsbuchstaben genannt bzw. geschrieben vorgelegt. Sie sollen den Anfangsbuchstaben suchen und damit das Wort ergänzen:

. ach   (Dach)   (Fach)   ...
. uch   (Buch)   (Tuch)   ...
. ein   (Bein)   (fein)   (mein)   (sein)   (kein)
. and   (Sand)   (Band)   (Land)   (Rand)   (Wand)
. aus   (Haus)   (Maus)   (Laus)

Positionen der Buchstaben in Kästchen eintragen

Die Kinder erhalten Kärtchen mit Bildern. Darunter sind Kästchen in der Zahl der Buchstaben für das Bild. Sie tragen den gesuchten Buchstaben in das entsprechende Kästchen ein. Wo steht das »a«

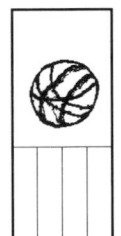   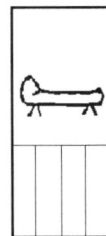 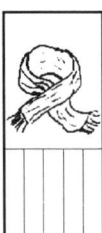

Buchstaben ordnen

Die Kinder erhalten ein Blatt, auf dem Wörter und Buchstabenreihen zu suchen sind. Aus den durcheinandergeratenen Buchstaben ist ein richtiges Wort zu machen.

fTale	eBesn	uAto	Pppue	llBa	ogVel

126

Wörter suchen

Auf einem Blatt Papier sind in einem Kreis Buchstaben aufgeschrieben. Aus jeder Buchstabengruppe läßt sich ein Wort bilden. Wie heißt das Wort?

Auf welche Seite gehören sie?

Ein Strich teilt das Blatt Papier in zwei gleiche Teile. Alle Wörter mit einem »m« werden auf die linke Seite, die mit einem »n« auf die rechte Seite geschrieben. Die Lehrerin diktiert, die Kinder schreiben.

»Nagel«, »Nadel«, »Malen«, »Nebel«, »Baum«, »summen«, »Sonne«, »Kahn«, »Kamm« …

Diese Aufgabe läßt sich auch mit anderen, leicht zu verwechselnden Lauten durchführen:

d – t,   g – k,   b – p,

Welcher Buchstabe soll es sein?

Die Kinder erhalten ein Blatt mit aufgeschriebenen Wörtern. Der erste Buchstabe muß gefunden werden. Die Aufgabe kann lauten:

Wo gehört das »K«, wo gehört das »G« hin?
. a n n e, . e h e n, . l ü c k, . l a s s e, . r u g, . l a n g, . r a s, . l a s, . n a b e, . ä f e r, . a n s, . e b e n, …

Wo gehört ein »T«, wo gehört ein »D« hin?
. a f e l, . ü r, . a c h, . a s t e n, . o r f, . a u m e n, . r i n k e n, . r e t e n, . r e i, …

Wo gehört ein »P«, wo gehört ein »B« hin?
. a u l, . a l l, . l u m e, . i l z, . r i n z, . r o t, . a d e n, . r a t e n, . a p i e r, …

Diese Übung läßt sich auch variieren, indem z.B. ein Inlaut gesucht wird.

Rätselraten

Es wird mit einem Wort begonnen, die Kinder achten auf den letzten Laut. Er ist der Anfangslaut des nächsten Wortes. Von diesem ist wiederum der letzte Laut der Beginn des nächsten Wortes. Jedes Kind versucht sich dabei.

BALL – – – LAMPENSCHIRM – – – MUTTI – – – IGEL – – –

Was wird aus dem Wort?

Ein Wort steht entweder an der Tafel oder auf einem Blatt und wird gesprochen. Dann sollen die Kinder das Wort sprechen, wenn ein Buchstabe fehlt.

Andere Varianten

Was wird aus Lampe, wenn das p fehlt, das l fehlt, das a fehlt, das e fehlt. Ähnliches wird mit anderen Wörtern durchgeführt.

4.4 Förderung der kinästhetischen Differenzierungsfähigkeit

Die Verbesserung der Sprechmotorik nimmt in der Förderung lese-rechtschreibschwacher Schüler einen zentralen Platz ein. Das hängt u.a. mit der engen Beziehung zwischen sprechmotorischen Fertigkeiten und phonematisch-rhythmischen Differenzierungsfähigkeiten zusammen.

Die Sprechmotorik wurzelt in der allgemeinen Motorik. Das kommt unter anderem darin zum Ausdruck, daß der Anteil motorisch retardierter Kinder unter den Kindern mit schwachen sprachbezogenen Wahrnehmungsleistungen und sprachgestörten Kindern mit Artikulationsstörungen unverhältnismäßig groß ist. Es treten aber auch Fälle auf, bei denen zwischen den grob- und feinmotorischen Leistungen Unterschiede zugunsten der Feinmotorik bestehen. Die Kinder wirken allgemein ungeschickt, sie sind aber sehr fingerfertig.

Die sprechmotorischen Leistungen hängen in erster Linie vom koordinierten Zusammenspiel der Sprechorgane bzw. von der am Sprechen beteiligten Muskulatur ab. Den koordinierten Bewegungen von Lippen, Zunge und Atemtechnik kommt besonderes Gewicht zu.

Im Ergebnis von Sprechakten manifestieren sich im Gehirn Artikulationsvorstellungen bzw. Sprechmuster, an denen sich das Kind beim Schreiben von Wörtern orientiert. Die Präzision der im Gedächtnis gespeicherten Laut-, Wort- und Schreibbewegungsvorstellungen spiegelt sich in der Rechtschreibung wider. Zur Basisförderung bei unzulänglichen sprechmotorischen Leistungen gehören sportliche Übungen, die das Bewegungsgefühl, die Balancesicherheit und allgemeine Geschicklichkeit erhöhen. Tanzen, Gymnastik, Ball-, Bewegungs- und Geschicklichkeitsspiele unterstützen hierbei. Das Manipulieren mit Spiel- und Baumaterialien, mit Stabilbaukästen und Lego-Spielen ist ebenso dienlich wie großflächiges Malen, Basteln und Handarbeiten. Falt-, Reiß- und Klebeübungen fördern die Handgeschicklichkeit und motorische Sicherheit insgesamt.

Das Bedürfnis zur motorischen Aktivität im Vorschul- und jüngeren Schulalter drängt geradezu nach einer Verbindung von Bewegung und Sprechen. Dieser Zusammenhang wird von vielen Lehrern im Lese- und Schreibunterricht durch die Verwendung von Lautgebärden genutzt. Die Verbindung vereinbarter Gebärden für verschiedene Laute hilft lese-rechtschreibschwachen Kindern, weil damit das Lerntempo gedehnt wird. Außerdem erhält das Laut- und Buchstabengedächtnis zusätzliche Stützpfeiler: durch die Gebärdenmotorik und optische Assoziation. Dadurch kann sich das Kind an Modalitäten von Lauten und Buchstaben besser erinnern. Dummer und Hackethal beschreiben im Kieler Leseaufbau (1984) die stufenweise Einführung der Laut-Buchstabenverbindungen. Inzwischen ist mit dieser Methode vielen lese-rechtschreibschwachen Kindern geholfen worden. In diesem Zusammenhang seien auch die Handzeichen nach Kossow (1975), das Mund-Handsystem nach Hoffmann (1949) und die Lautgebärden nach Kraft genannt. Allen diesen Verfahren ist die Nutzung zusätzlicher sinnlicher Assoziationen für das Lesen- und Schreibenlernen gemeinsam. Auch bei Lernbehinderten erweist sich diese Methode als besonders vorteilhaft (Radigk 1979).

Die Zunge ist das wichtigste Organ des Sprechapparats. Sie spielt bei der Überwindung von Artikulationsmängeln eine große Rolle. Das wichtigste für die Verbesserung der Artikulationsfähigkeit ist ein gutes sprachliches Vorbild und die Ermunterung zum Sprechen. Damit die Kinder ihre Sprechorgane funktionell immer besser beherrschen lernen, kommt es auf spaßige, lustbetonte und herausfordernde Sprechsituationen an. Abzählverse, Zungenbrecher, Kinderreime sowie das Nachsprechen von komplizierten Wörtern und Versen regen zur eigenen Sprechbewährung an. Notwendige Korrekturen sind so vorzunehmen, daß das Kind von sich aus den Drang nach besseren, vollkommeneren Sprechleistungen hat. Es muß über eigene Fehler lachen können. Nur dann machen Wiederholungen Vergnügen und Fehler werden überwunden.

Die nachfolgenden Übungsbeispiele stellen eine Auswahl aus den vielfältigen Übungsmöglichkeiten dar. Jeder Pädagoge sollte entsprechende Spezialliteratur und Kinderbücher zur Hand nehmen und seine Handbücherei ständig ergänzen. Die ausgewählten Übungen dienen der Anregung und Orientierung. Oft ist es möglich, durch geringfügige Veränderungen im Übungsaufbau oder durch die Einbeziehung lokaler Traditionen, z.B. bei Kinderreimen und Abzählversen, analog zu den Übungsbeispielen in der Literatur situationsbezogene Übungsbeispiele zu entwerfen. Der Lehrer wird dabei auch den Entwicklungsstand und Besonderheiten des Lehrstoffs mit einbeziehen.

In förderresistenten Fällen kann der Lehrer dem Kind mit Hilfe eines Spiegels den Artikulationsablauf und die Lage der Zunge und Lippen demonstrieren, damit es sich selbst kontrollieren kann. Der Lehrer macht alle Übungen vor und kommentiert sie. Das dient einer bewußten Kontrolle der eigenen Sprechtätigkeit durch das Kind.

Bei Artikulationsstörungen übernimmt der Sprachheilpädagoge die Betreuung des Kindes. Er verfügt über fachliche und instrumentale Voraussetzungen, die in diesen Fällen erforderlich sind.

Von der Förderung der kinästhetischen Differenzierungsfähigkeit geht ein positiver Transfereffekt auf die phonematische und rhythmische Differenzierungsfähigkeit aus.

Übungsbeispiele

Mimik-Spiele

Die Kinder ahmen den Lehrer nach. Er verzieht sein Gesicht zum Lachen, Weinen und Grimmassieren, als würde er sehr aufmerksam sein, sich anstrengen. Die Kinder ahmen den Gesichtsausdruck nach. Sie können auch vor der Nachahmung sagen, daß jetzt z.B. gelacht, geweint, aufmerksam beobachtet wird usw.

Zungenturnen

Jedes Kind streckt die Zunge so weit wie möglich raus. Dann läßt es sie im »Mauseloch« (Mund) verschwinden. Der Vorgang »Zunge rein – Zunge raus« (Maus rein – Maus raus) wird mehrmals wiederholt. Das Tempo wird variiert: schnell, langsam. Die Zunge geht im »Mauseloch« auf die linke Seite, dann auf die rechte Seite. Andere beobachten: »Wo ist die Zunge?«
Die Zunge kreist um den Mund herum, kommt dabei möglichst dicht an die Kinn- und Nasenspitze. Die Zunge bei geöffneten Lippen wird hin- und her-»geschleudert« (langsam – schnell). Besonderen Spaß machen die Übungen vor einem großen Spiegel.

Apfel essen

Wir spielen »Apfel essen«. Der Mund bleibt geschlossen. Weil der Apfel so gut schmeckt, versuchen wir mit geschlossenem Mund während des Kauens zu sprechen. Das hört sich wie ein moduliertes »M« an. Beim Kauen geht die Zunge nach oben, zur Seite, hinter die Zähne, vor die Zähne, ganz nach hinten, ganz nach vorn an die Lippen. Die Übung kann auch mit einem Apfelstückchen real durchgeführt werden.

Zungenturnen

Bei weit geöffnetem Mund wird die Zungenspitze abwechselnd hinter die oberen und die unteren Schneidezähne gelegt. Wenn wir den Mund nicht ganz schließen, können wir Wind machen, (so hört es sich an: ssssss, tsss, tzzz). Nach den Übungen sprechen die Kinder den Reim:

»Es regnet, es regnet, es regnet seinen Lauf,
und wenns genug geregnet hat, dann hörts auch wieder auf.«

Beim »S« wird die Stellung der Zunge beobachtet.

Schnelle Zunge

Die Zunge tippt schnell an die vorderen Zähne an. Dabei sprechen die Kinder abwechselnd: tu, tu, tü … und dü, dü, dü … Nach der Übung wird ein Reim gesprochen:

»Troß, troß, tresel,
der Bauer hat'nen Esel.
Troß, troß, tram,
der Bauer hat ein Lamm.
Troß, troß, trein,
der Bauer hat ein Schwein.
Troß, troß, trüben,
der Bauer hat viel' Rüben.«

Neue Reime erfinden.

Lippenturnen

Wir turnen mit den Lippen. Die Lippen nach oben und unten weit auseinander, dann sprechen wir »A«. Die Lippen geschlossen, wir sprechen »M«. Die Lippen rund, wir sprechen »O«, die Lippen breit, wir sprechen »I«, die Lippen abwechselnd auseinander und zur kleinen Öffnung gerundet. Dabei sprechen wir »A«, »O«, »A«, »O«, wir spitzen die Lippen und sprechen ein »U« usw. Nach der Übung sprechen wir:

»Meister Müller mahle mir mein Maß Mehl.«
»Morgen muß mir meine Mutter Milchmus machen.«

Kleine Sätze mit gleichem Wortanlaut bilden.
Die Kinder suchen Wörter mit gleichem Anlaut, die sich zu einem kleinen Satz zusammenstellen lassen, z.B.

Anna aß am Abend Ananas.
Bubi baut Bad.
Dora darf den Daumen drehen.
Gabi gibt gern grüne Gurken.

Lippenturnen

Die Lippen bilden einen Schornstein. Nun können wir es wie die Dampflokomotive machen: »Sch, sch, sch …« Ein Kind ist die Lokomotive, die anderen Kinder fassen sich an und sind Wagen. Alle helfen beim »sch, sch, sch …« mit. Die Kinder bewegen sich im Kreis, sprechen und führen passende Bewegungen aus.

»Ich kann's nicht schaffen, ich kann's nicht schaffen, es ist so schwer.«

Die Kinder fahren in die andere Richtung:

»Ich schaff' es schon, ich schaff' es schon …«
»Ich schaff's schon schnell, ich schaff's schon schneller«
»Schneller, schneller – schneller«
»Schade, schade, schon bin ich da.«

Kinnturnen

Das Kinn ist ein Fahrstuhl. Er fährt auf und ab, erst langsam, dann schneller. Das Kinn wird wie bei einem Wiederkäuer hin und her bewegt. Dann wird versucht, das Kinn einzuziehen und vorzuschieben, hin- und herzuschieben.

Spiegelübung

Alle sitzen vor einem Spiegel. Die Kinder sehen ihr Gesicht und das ihres Lehrers. Alle machen nach, was er ihnen vormacht: Stirn in Falten legen, Zähne zeigen, einen runden, einen breiten, einen spitzen, einen weit geöffneten Mund machen, lächeln, Lippen einziehen, Backen aufblasen, ein Auge schließen, mit dem Zeigefinger nacheinander auf Auge, Mund, Ohren und Kinn zeigen. Diese Übungen werden mit geschlossenen Augen wiederholt.

Lippenübung

Ein Pferd wird zum Stehen gebracht. Brrr, brrr. Das Pferd will nicht stehenbleiben, deshalb: Brrrr Brauner, brrrr Brauner! Das Pferd steht. Es wird zum Weitergehen aufgefordert: Hüü, Brauner hüü.

Fingerturnen

Eine Hand liegt auf dem Tisch. Die Finger sind gespreizt. Die Hand wird zurückgezogen, dann wird nur der kleine Finger auf den Tisch gelegt. Die anderen Finger folgen. Sie werden benannt. Mit der rechten Hand und mit der linken Hand üben. Dann mit beiden Händen gleichzeitig.

Wattepusten

Ein Wattebausch wird an einem Faden befestigt und in der Höhe des Mundes vor dem Kind aufgehängt. Es bläst den Wattebausch zurück und ist bemüht, daß er beim Zurückpendeln die Lippen nicht berührt. Er ist wieder wegzublasen. So lange und sparsam wie möglich blasen.

Seifenblasen

Jedes Kind hat einen Napf mit Seifenwasser und ein Trinkröhrchen. Es wird in das Seifenwasser getaucht. Dann wird versucht, eine möglichst große Seifenblase zu pusten und fliegen zu lassen. Ganz vorsichtig! Wer kann die schönste Seifenblase machen? Welche Seifenblase hält am längsten, fliegt am weitesten und ist am buntesten?

Kammblasen

Um einen kleinen Kamm wird Seidenpapier gelegt. Dann wird versucht, Musik zu machen. Wir blasen ein Lied. Kinder blasen gemeinsam und allein.

Zungenturnen

Mehrmals hintereinander wird te, te, te ... und dann de, de, de ... gesprochen. Wir achten auf die Lage der Zunge hinter den Schneidezähnen, ziehen sie ein wenig zurück und machen mit der Zunge einen Buckel. Wir sprechen k, k, k, k ... und dann g, g, g ... Sprechübungen schließen sich an:

»Große Uhren machen tick – tack, tick – tack,
kleine Uhren gehen schneller: tick, tack, tick, tack,
die kleinen Armbanduhren machen: ticketacke, ticketacke
rrrrrrrr – knacks – kaputt!«

Pferdeklappern

Die Zunge klappert so, wie ein Pferd mit den Hufen klappert. »Klick – klack, klick – klack ...« Das Pferd geht langsam, immer schneller, dann wird es müde und geht sehr langsam. Dabei können die Kinder im Kreis »traben«.

Geräusche nachahmen

»Wie knarrt eine Tür, wenn sie alt und nicht geölt ist?«
»Wie hört sich ein Auto an, wenn es losfährt?«
»Wie hört sich ein Motorrad an, wenn es losbraust?«
»Welche Geräusche macht ein Zug, wenn er abfährt, während der Fahrt, und wenn er bremst und stehenbleibt?«
»Wie hört sich ein Flugzeug an?«
»Wie hört es sich an, wenn jemand gurgelt?«

Mehlteller

Auf einem mit Mehl bestreuten Teller werden kleinere Gegenstände gelegt (Bonbon, Radiergummi, Apfelstückchen, Radieschen, Korken usw.). Das Kind angelt sich mit seinen Lippen einen Gegenstand vom Teller, ohne die Hände zu benutzen. Wer wird nicht weiß?

Fingerspiel

Einzeln die Finger zeigen und dazu sprechen:

»Das ist der Daumen,
der schüttelt die Pflaumen,
der liest sie auf,
der trägt sie heim
und der ißt sie ganz allein.«

Buchstaben malen

Der Lehrer malt einen Buchstaben in die Luft, er kann ihn auch mit dem Finger an die Wandtafel malen. Die Kinder raten, welcher Buchstabe geschrieben wurde und schreiben ihn selbst in die Luft. Nach einiger Übung können auch kurze Wörter erraten werden. Dieses Spiel können auch jeweils zwei Kinder miteinander durchführen.Sie malen Buchstaben bzw. Wörter mit dem Finger in die Luft, auf den Tisch, auf den Rücken des Spielpartners usw.

Weltraumrakete

Die Kinder sitzen in einer startenden Weltraumrakete. Sie heben langsam die Hände und schaukeln hin und her. Dabei begleiten sie das Aufsteigen der Rakete mit gleitenden Vokalen von uuu – ooo – eee – iii. Der Ton ist anfangs tief und wird immer höher. Am Ziel verlassen die Kosmonauten die Rakete und unterhalten sich über Mikrophon: da, de, di, do, du … Antwort: ta, te, ti, to, tu … Oder: ga, ge, gi, go, gu … und ka, ke, ki, ko, ku.

Stille Post

Die Kinder sitzen mit der Erzieherin im Kreis. Sie flüstert einem Kind neben ihr ein Wort ins Ohr. Das Wort wird im Kreis dem Nachbarn flüsternd weitergegeben. Schließlich kommt es bei der Erzieherin wieder an. Diese sagt es laut und fragt, wer das Wort so gehört hat. An welcher Stelle der Kette hat sich das Wort verändert? Einzelne Wörter und kurze Sätze weitergeben.

Bewegungsgegensätze

Mit dem rechten Fuß, mit dem linken Fuß auf der Stelle treten. Dann stampfen mit dem rechten Fuß, mit dem linken normal auftreten. Dann wechseln: mit dem linken normal auftreten, mit dem rechten Fuß stampfen. Dann im Kreis gehen und mit beiden Füßen stampfen wie ein Elefant, anschließend schleichen wie eine Katze, die eine Maus fangen will. Dann bewegen sich die Kinder mit ausgebreiteten Armen wie ein Flugzeug, wie ein Adler, wie eine kleine Meise. Dazu machen sie jeweils lange und kurze Schritte. Die Bewegungen können mit la, la begleitet werden.

Abzählverse

Die Kinder zählen ab, weil sie Fangen oder Verstecken spielen wollen. Der erste Fänger wird mit einem Vers ermittelt:

»Ine, Trine, Tintenfaß,
Regen macht den Pudel naß,
Sonne macht ihn wieder trocken,
mach dich auf die Socken.«

Jede Silbe wird mit einer zeigenden Handbewegung verbunden. Der Abzählende weist nacheinander auf die Kinder. Auf wen bei der letzten Silbe gezeigt wird, ist »frei«, d.h. er braucht nicht zu fangen.

»Eins, zwei, drei – lieber Mai.
Hast die Erde warm gemacht,
hast die Blumen mitgebracht,
eins, zwei drei – du bist frei.«

»A, e, i, o, u – raus bist du.
Raus bist du noch lange nicht, sag'mir erst wie alt du bist.«

»Eine kleine Mickymaus, wanderte ums Rathaus,
wiedewupp, wiedewapp und du bist ab.«

»Eine Katze wollte mausen,
schwuppdiwupp – du bist schon draußen.
Eine Wurst vom Küchenbord,
schwuppdiwupp – du kannst schon fort.
Doch der Koch hat es gesehn,
schwuppdiwupp – du kannst schon gehn.
Fangt die Katze, gerbt ihr Fell,
schwuppdiwupp – fang auch so schnell.«

»Eins, zwei, drei und du bist frei.«

»Köpfe, Hände, Beine – schon bis du alleine.«

»Eins, zwei, drei, vier – hole mir ein Bier.«

Zungenbrecher

Es werden lustige und schwer zu artikulierende Sätze nachgesprochen.

»Müllers Max und Schneiders Fritze mit der weißen Pudelmütze.«
»Der Metzger wetzt das Metzgermesser.«
»Zwischen zwei Zwetschgenzweigen saßen zwei zwitschernde Schwalben.«
»Zwei zischende Schlangen sitzen zwischen zwei spitzen Stangen.«
»Bierbrauer Brauer braut prima Braunbier.«
»Bürsten mit braunen Borsten bürsten besser als Bürsten mit weißen Borsten.«
»Der Cottbuser Postkutscher putzt den Cottbuser Postkutschkasten.«
»Fischers Fritze fischte frische Fische.«
»Schneiderschere schneidet scharf, scharf schneidet Schneiderschere.«
»Kleine Kinder können keine kleinen Kirschkerne knacken.«
»Wir würden gern weiße Wäsche waschen, wenn wir wüßten,
wo warmes Wasser wäre.«
»Hinter Hansens Hinterhaus hab ich hundert Hasen husten hören.«

Nachsprechen und raten

»Der Gärtner muß die Blumen gießen,
der Jäger muß die Hasen … (schießen).«

»Der Bauer muß die Samen säen,
der Schneider muß die Hosen … (nähen)«.

»Die Köchin muß das Essen kochen,
der Schaffner muß den Fahrschein … (lochen).«

»Der Junge muß den Pastor grüßen,
der Jäger muß den Hasen … (schießen).«
usw.

Buchstaben finden

Die Erzieherin spricht ein Wort und fragt die Kinder, welchen Buchstaben sie ausgelassen hat:

B.ume, .ule, Bro., Fen.ter, Luf., Spiel.eug, .opf, B.aten usw.

Wer einen richtigen Buchstaben erraten hat, darf das Wort an die Tafel schreiben. Wer kann zu diesem Wort und einem anderen Buchstaben ein neues Wort finden?

Wörter bauen

Genannt wird ein Buchstabe. Ein Kind nennt ein Wort, das damit anfängt. Es nennt einen anderen Buchstaben. Dazu wird wieder ein Wort gesucht usw. Es können auch Vorsilben gegeben werden. Die Lösungen lassen sich auch aufschreiben.

Schwierige Wörter

Wörter mit gehäuften Konsonantenverbindungen werden nachgesprochen:

»Doppelstockbett«, »Staubsaugerkrach«, »Reißverschluß«, »Münztelefon«, »Zwetschgenzweige«, »Schwalbennest«, »Blumentopferde«, »Brennesselblatt«, »Balkonblume«, »Kuckucksblume«, »Knochenknacker«, »Hauptverkehrsstraße«, »Verkehrspolizist«, »Brummkreisel« ...

Aus den Wörtern können kurze Sätze gebildet werden.

Rätsel sprechen und lösen

»Fällt vom Himmel, macht dich naß, sag mir doch, was ist denn das?«
»Es hängt an der Wand und gibt jedem die Hand.«
»Ihr braucht mich, wollt ihr sauber sein, ihr taucht mich in das Wasser ein, reibt ihr die Hände, schäumt es schön und große Blasen kann man sehn.«
»Vom Himmel fällt es und tut nicht weh, ist weiß und kalt, das ist der ...«
»Welche Mutter macht gluck, gluck, gluck, wenn sie ihre Kinder ruft?«
»Wer putzt sich das Mäulchen, wer spielt mit dem Knäulchen, wer hat weiche Tätzchen, das ist unser ...«
»Es ist aus Glas, doch durchsehen kannst du nicht. Schaust du hinein, so siehst du dein Gesicht.«
»Er steht auf dem Mist, wie bunt er doch ist. Er kräht was er kann, das ist der ...?«
usw.

Reime lernen

Zeilenweise wird nachgesprochen und auswendig gelernt.

»Ei das ist ein Späßchen,
jetzt waschen wir das Näschen.

Jetzt waschen wir den Bauch,
da freut das Kind sich auch.
Die Stirn, die Augen, das Gesicht,
ein liebes Kind, das weint auch nicht.
Nun noch die Hände,
ei der daus,
wie siehst du frisch gewaschen aus!«

»Wer alle Tage Bonbons ißt,
Pudding und Schokolade,
der weiß auch nicht,
wann Sonntag ist.
Und das ist wirklich schade.«

»Morgens früh um sechs
kommt die kleine Hex,
morgens früh um sieben
schabt sie gelbe Rüben,
morgens früh um acht
wird Kaffee gemacht,
morgens früh um neune
geht sie in die Scheune,
morgens früh um zehne
holt sie Holz und Späne,
feuert an um elfe,
kocht sie bis um zwölfe
Fröschebein und Krebs
und Fisch.
– Hurtig, Kinder,
kommt zu Tisch!«

»Montag fängt die Woche an.
Dienstag sind wir übel dran.
Mittwoch sind wir in der Mitte.
Donnerstag gibts eine Schnitte.
Freitag gibts gebratnen Fisch.
Samstag tanzt man um den Tisch.
Sonntag gibts ein Schweinebrätle
und dazu ein Krautsalätle.«

4.5 Förderung der melodischen Differenzierungsfähigkeit

Die Fähigkeit, melodisch-intonatorische Nuancen gut unterscheiden zu können, stellt eine Basiskomponente für den Erwerb der Sprache dar, weil bestimmte semantische Aspekte nur mit Hilfe melodisch-intonatorischer Kodeträger ausgedrückt werden können. In der lautsprachlichen Kommunikation kommt es nicht nur darauf an, was gesprochen wird, sondern auch wie etwas gesagt wird. Melodische Akzente geben dem Gesprochenen oft erst die angestrebte Diktion, ohne die eine Aussage nicht voll verstanden werden könnte. Es ist z.B. ein großer Unterschied, mit welcher Erwartung an den Kommunikationspartner die beiden Wörter »komm her« melodisch betont werden: liebevoll, ablehnend, drohend, ermunternd, verächtlich, erwartungsfroh, gleichgültig usw.

Die melodische Differenzierungsfähigkeit wird zur Identifikation sowohl emotionaler wie kognitiver Zusammenhänge benötigt. Der oft vorgebrachte Einwand, daß auch unmusikalische Kinder über ein hohes Niveau der Lautsprache und der Intelligenz verfügen können, übersieht den Unterschied zwischen Musikalität und Sprachverstehen. Zwischen Sprache und Musik gibt es Gemeinsamkeiten. Beide enthalten melodisch-rhythmische Elemente. Für das Verstehen von Sprache jedoch wird ein Standard der melodischen Differenzierungsfähigkeit benötigt, der sich an der unteren Grenze von Musikalität bewegt. Um melodisch-intonatorische Modalitäten des Sprechers zu identifizieren und beim eigenen Sprechen zu realisieren, ist die Beherrschung eines relativ einfachen Melodiespektrums erforderlich. Dem entsprechen Kinder- und Wiegenlieder. Sie haben eine einfache Melodieführung und geringe -spannweite.

Melodische Förderung – bezogen auf die Anforderungen des Sprechens – ist darauf zu richten, melodisch unsicheren Kindern das Erlebnis von Melodieunterschieden zu vermitteln und Melodienuancen eigenaktiv produzieren zu können. Ein Weg dazu führt über das Musikhören, ein anderer über die Koordination von Melodie, Rhythmus, Bewegung und sprachlichen Inhalt, möglichst in der Verbindung von Gefühlserleben und -entäußerung.

Bei der Förderung der melodischen Differenzierungsfähigkeit kommt es zunächst darauf an, die Freude der Kinder am Singen zu entwickeln. Das Singen muß Spaß machen, für die Kinder reizvoll sein. Dabei ist an die Bedürfnisse der Kinder nach Bewegung und erlebnisbetonten Übungsinhalten anzuknüpfen. Wenn die Liedinhalte die Erfahrungswelt der Kinder ansprechen, sie in überraschender Weise erweitern und ihre Gefühlswelt treffen bzw. widerspiegeln, singen die Kinder gern. Dazu gehört lustiges, trauriges, besinnliches, belehrendes, dynamisches, lobendes, tadelndes, beruhigendes und ermunterndes Liedgut. Für Lehrer in Anfangsklassen sollte es selbstverständlich sein, über ein Repertoire von geeigneten Kinderliedern zu verfügen.

Freude am Singen wird unterstützt, wenn die Tonlage den stimmlichen Möglichkeiten des Kindes entspricht. Nur dann vermag es seine Sicherheit in der Melodieführung, im Singtempo und -takt, in der Unterscheidung der Tonhöhen und in der richtigen Atemführung zu vervollkommnen. Wichtig sind auch musikbegleitende Bewegungen wie Tanzen, Kinderreigen und Singspiele. Es ist immer von Vorteil und sollte deshalb für Vorschulerzieher und Lehrer selbstverständlich sein, wenn sie die Kinder im Zusammenhang mit musikalisch-rhythmischen Tätigkeiten auf einem Instrument begleiten können. Ein Instrument ist viel mehr als nur begleitendes Beiwerk. Es übt eine unterstützende, anregende, Hemmungen abbauende Funktion aus, unabhängig davon, ob es sich um die Begleitung mit einer Gitarre, einem Klavier, einer Geige oder einem Schifferklavier handelt. Die Bereitschaft der Kinder, sich mit Instrumenten des klingenden Schlagwerks selbst zu begleiten oder es mit einem anderen Instrument zu versuchen, wächst in dem Maße, wie ihnen die Instrumente vertraut werden. Auch Kreisspiele in ihrer Kombination von Singen, Bewegen und Rollenübernahme sind besonders nützlich, weil sie die Einheit von Sprache, Melodie und Rhythmus betonen.

Übungsbeispiele

Töne unterscheiden

Auf einem Instrument werden abwechselnd zwei gleiche bzw. unterschiedliche Töne vorgespielt. Die Kinder raten, ob die Töne gleich oder verschieden sind. Der Schwierigkeitsgrad hängt vom Kontrast zwischen den ungleichen Tönen ab.

Leise – laut

Bei verschiedenen Geräuschen wird zwischen laut und leise, lauter und leiser unterschieden: mit Musikinstrumenten, Händeklatschen, Sprechen, Singen, Klappern, Füßestampfen, Klopfen, Rufen … Ein Kind spricht, das andere soll leiser oder lauter sprechen.

Hohe Töne – tiefe Töne

Zwischen hohen und tiefen Tönen ist zu unterscheiden. Töne werden vorgespielt oder vom Lehrer gesungen. Begonnen wird mit einem Ausgangston. Dabei hören die Kinder zu. Dann wird gefragt, ob der nächste Ton höher oder tiefer ist. Die Kinder sollen das mit dem Heben oder Senken der Arme anzeigen.

Lieb oder böse

Einfache Sätze, wie: »Komm zu mir!« »Gehe in das andere Zimmer!« »Höre auf!« usw. werden zunächst ohne Gefühlsbetonung gesprochen. Dann üben die Kinder, wie der Satz gesprochen werden muß, wenn geschimpft wird oder wenn man ganz lieb ist. Als Partner können eine Puppe oder ein Teddy genommen werden.

Wir sind Schauspieler

Die Kinder erhalten Kärtchen, auf denen jeweils ein weinendes, ein lachendes, ein drohendes, ein gleichgültiges Gesicht abgebildet ist. Der Lehrer spricht einfache Sätze vor, z.B. »Gib mir das Auto.« »Gib mir das Buch.« »Gib mir den Schlüssel.« usw. Die Satzstruktur kann verändert werden: Entsprechend der Kärtchen sollen die Kinder den Satz melodisch entsprechend akzentuieren.

Rollen spielen

Ein Satz wird vorgegeben, z.B. »Wer hilft mir den Korb tragen?«, »Die Suppe mag ich nicht.« usw. Die Kinder erhalten eine Rolle als kleines Kind, als alte Frau, als feine Dame, als Ausländer, als freche Göre usw. und sprechen gemäß der übertragenen Rolle den Satz.

Lieder fortsetzen

Ein Lied wird gemeinsam gesungen. Dann beginnt ein Kind allein zu singen. Auf ein Zeichen des Lehrers hört es auf und ein anderes Kind setzt das Lied fort. Zum Schluß singen wieder alle gemeinsam.

Mein Lieblingslied

Es kann zur Tradition werden, daß Kinder an ihrem Geburtstag ihr Lieblingslied vorsingen oder andere Kinder bitten, es zu singen.

Musik hören

Es werden Märchenspiele, Singspiele, Lieder usw. vorgespielt. Bei den einzelnen Melodiepassagen wird gefragt, ob der Sänger oder das Instrument etwas Fröhliches, Trauriges, Schnelles, Langsames, Lautes oder Leises gemeint hat. Hat nur ein Sänger gesungen oder waren es mehrere? Hat nur ein Instrument gespielt oder mehrere?

Puppenschlaflied

Ein Kind summt so, daß die Puppe einschlafen kann. Es wiegt dabei seine Puppe rhythmisch im Arm. Auch die anderen Kinder wiegen dabei ihre Puppe und sagen, ob sie eingeschlafen ist. Wenn nicht, können sie es mit eigenem Summen versuchen.

Liedanfang finden

Auf der Triola, dem Klavier usw. probieren die Kinder, einen Liedanfang zu finden. Wenn sie sicher sind, daß sie einen gefunden haben, dürfen sie den Liedanfang vorspielen. Die anderen raten, was es für ein Lied ist.

Sätze singen

Die Kinder singen einen beliebigen Satz. Mit Mimik und Gebärde unterstützen sie den Ausdruck:

»Gleich werde ich dich auffressen.«
»Ich habe einen riesigen Hunger.«
»Ich werde dich jetzt streicheln.«
»Kannst du mir etwas schenken?«
»Ich freue mich so, daß meine Oma kommt.«
»Wir gehen durch einen ganz dunklen, tiefen Wald.«
»Paß auf, da kommt ein Auto.«   usw.

Lieder zeichnen

Die Kinder denken an ein Lied, welches auch die anderen Kinder kennen. Sie malen ein Bild, das zu dem Lied paßt. Die anderen schauen sich das Bild an und erraten, welches Lied gemeint ist. Dann singen sie es gemeinsam. Wenn es nicht erraten wird, singt es der Zeichner.

Zweitonruf

Jedes Kind wünscht sich eine Blume. Der Name der Blume wird im Zweiklangton gerufen:

Tul – pe«, »Ro – se«, »Nel – ke«, »Gänse – blümchen«, »Butter – blume« usw.

Statt Blumennamen können Namen von Tieren, Spielzeug, Kleidungsstücken und anderen Gegenständen gerufen werden.

Auf dem Markt

Die Kinder spielen Verkäufer auf dem Markt. Als Verkäufer preisen sie ihre Waren im Zweitonruf den Käufern an:

»Hier gibt es Ra – dies – chen.«
»Kauft frische Ei – er!«
»Wer verkauft Pflau – men?«
»Hier kauft man frische Fi – sche.«
»Hier gibt es was zum Spie – len.«
Kinder können auch Käufer sein:
»Wo gibt es But – ter?«
»Wer kauft Ho – nig?«
»Hat jemand Würst – chen?«
»Bei wem gibt es Ku – chen?«
Käufer fragen, Verkäufer antworten:
»Wo gibt es Ei – er?« – »Hier gibt es ganz frische Ei – er«
»Wer hat Blu – men?« – »Bei mir gibt es viele bunte Blu – men«?

Intonationsunterschiede

Die Lehrerin intoniert die Silben na, na, na in verschiedener Intonation. Einmal »lieb«, dann »schimpfend«, dann »erzählend«. Die Kinder raten, ob die Mutti schimpft, lieb ist oder erzählt. Die Kinder sprechen zu ihrer Puppe oder zu ihrem Teddy mit »na, na, na« einmal liebkosend, dann schimpfend, dann erzählend. Andere Kind raten, was gesagt wurde.

Nachsingen

Die Lehrerin singt auf die Silbe la, la, la eine kurze Melodie vor. Die Tonfolgen können auch auf einem Instrument vorgespielt werden. Die kurzen, unbekannten Melodiefragmente werden von den Kindern nachgesungen.

Lieder summen

Wenn die Kinder über ein bestimmtes Liedrepertoire verfügen, werden sie aufgefordert, die Lieder zu summen. Das kann auf m, s, n, l geschehen. Die Lieder können auch auf dem Kamm geblasen werden.

Stimmungen ausdrücken

Der Lehrer spricht einen Satz und läßt ihn in der gleichen Intonation von den Kindern wiederholen. Die Intonation kann traurig, fröhlich, schnell, hastig, langsam, bittend, wütend, ungeduldig, tief, hoch, vornehm, nuschlig oder fragend sein. Beispiel für mögliche Sätze:
»Bring mir das Buch her.«
»Ich möchte, daß du herkommst.«
»Geh auf den Platz zurück.«
»Da kommt ein großer Autobus.«
»Ich habe einen riesigen Hunger und einen großen Durst.«
»Jetzt wollen wir ganz leise sein und genau zuhören.«   usw.
Die Stellung der Wörter im Satz kann verändert werden. Die Kinder können eigene Sätze suchen. Die anderen sollen sagen, ob es traurig, fröhlich oder böse gemeint war.

Wie Leute sprechen

Kinder sprechen wie eine Dame, wie ein strenger Polizist, wie ein Baby, wie ein müder Wanderer, wie ein Betrunkener, wie ein ganz stolzer König, zum Beispiel:
»Ach, Eis mit Früchten esse ich gern.«
»Hätte ich doch im Lotto gewonnen.«
»Laßt doch die schönen Blumen auf der Wiese stehen.«
»Du bist viel zu schnell gefahren.«
»Ich will noch nicht ins Bett.«
»Komm her zu mir.«   usw.

Wir dirigieren

Wir hören Musik. Die Kinder spielen einen Dirigenten und führen mit den Armen (u.a. mit einem Dirigentenstock) Bewegungen nach dem Takt der Musik aus. Der Lehrer kann auch ein Kind auswählen, das sich vor die Gruppe stellt und dirigiert, wenn diese singt. (Auch als rhythmische Übung geeignet.)

Frage und Antwort

Auf die Frage »Wie heißt du?« singt jedes Kind seinen Namen: »Ich heiße Bettina.« Die anderen Kinder singen nach. Varianten: Tier- und Blumennamen.

Kurze und lange Töne zeichnen

Auf der Flöte werden kurze und lange Töne vorgespielt. Die Kinder sagen, ob der Ton kurz oder lang war. Bei einem langen Ton breiten sie ihre Arme weit auseinander, bei einem kurzen Ton legen sie die Hände aneinander. Schließlich können für lange Töne auf dem Zeichenblatt Striche, für kurze Töne Punkte gemalt werden.

Feuerwehr

Die Melodie wird improvisiert. »Feuerwehr komm schnell herbei, Feuerwehr komm schnell herbei. Es brennt, es brennt, es brennt. Ta-tüü, ta-taa.« Bei »es brennt« werden die Hände über dem Kopf zusammengeschlagen, beim ta-tüü-ta-taa wird besonders laut gesungen. Die Kinder erfinden Varianten:
»Polizist komm schnell herbei, Polizist komm schnell herbei.
Ein Dieb, ein Dieb, ein Dieb.«
»Schiedsrichter komm schnell herbei, Schiedsrichter komm schnell herbei.
Ein Tor, ein Tor, ein Tor.«

Musikhören und Malen

Die Kinder hören Musik. Diese wird wiederholt, dabei malen die Kinder auf ein großflächiges Papier (Plakate, Packpapier, Tapetenreste). Sie tupfen ihre Finger in Farbtöpfe und wählen Farben, die zu der Musik passen. Es ist freigestellt, ob die Kinder die Farben tupfen oder streichen und welchen Inhalt sie gestalten wollen. Am Ende der Übung erzählen sie, was sie sich beim Malen alles ausgedacht haben.

Schlaf, Kindchen schlaf

Jedes Kind hält eine Puppe im Arm. Gemeinsam wird gesungen:
»Schlaf, Kindchen schlaf, der Vater hüet die Schaf, die Mutter schüttelts
Bäumelein, fällt herab ein Träumelein, schlaf Kindchen schlaf.«
Die Kinder wiegen die Puppen in den Armen, singen immer leiser und wiegen immer langsamer. Zum Schluß sitzen die Kinder ganz ruhig und schließen die Augen. In dieser Pose verharren sie einige Sekunden.

Zeigt her eure Füße

Kinder singen gemeinsam im Kreis: »Zeigt her eure Füße, zeigt her eure Schuh und sehet den fleißigen Waschfrauen zu.« Abwechselnd werden der rechte und linke Fuß vorgestellt. Danach singt ein Kind allein: »Sie waschen, sie waschen, sie waschen den ganzen Tag.« Dabei führen alle Kinder mit den Händen Waschbewegungen aus. Der Anfang des Liedes wird wiederholt. Ein Kind singt wieder allein: »Sie hängen, sie hängen, sie hängen den ganzen Tag.« Hierbei vollführen die Kinder den Bewegungsablauf des Wäscheaufhängens. In der nächsten Strophe heißt es: »Sie bügeln, sie bügeln, sie bügeln den ganzen Tag.« Auch hier führen die Kinder entsprechende Bewegungen aus. Es können andere Tätigkeiten erfunden werden, die Aktivitäten von Vorsingen, Chor- und Solosingen ermöglichen.

Singspiel Hänschen klein

Die Kinder übernehmen im Lied »Hänschen klein« eine Rolle und gehen singend im Kreis. In der Mitte des Kreises stehen die Mutter und das Hänschen. Bei den entsprechenden Textstellen geht Hänschen von der Mutter weg und bewegt sich außerhalb des Kreises in entgegengesetzter Richtung der Kinder. Die Mutter schlägt die Hände vor das Gesicht und schluchzt. Hänschen kehrt in den Kreis zurück, faßt die Mutter an den Händen und singt allein »Lieb Mama, ich bin da!« und hüpft mit der Mutter im Kreis herum. Die anderen Kinder klatschen.

Häslein in der Grube

Die Kinder stehen im Kreis und fassen sich an den Händen. Ein Kind ist das Häschen und hockt sich in der Kreismitte hin. Während die Kinder das Lied vom Häslein in der Grube singen, hüpft ein Kind im Kreis herum und sucht ein anderes Kind, das es als Häschen ablöst.

Wir tanzen

Die Kinder hören Musik. Jedes Kind tanzt zunächst für sich allein, versucht die Musik in seinen Bewegungen auszudrücken. Dann sucht sich das Kind einen Tanzpartner.

Kamm blasen

Den Kindern wird die Technik erklärt, dann versuchen sie, ein Lied zu blasen. Als Einzel- und Gruppenspiel geeignet.

Kapelle spielen

Die Kinder begleiten sich beim Singen mit Klanghölzern, Rasseln, Tamburin usw.

Lieder raten

Ein Kind beginnt ein Lied zu summen. Die anderen versuchen es zu erraten. Wer zuerst richtig geraten hat, darf den nächsten Liedanfang summen. Den Liedanfang kann auch der Lehrer summen. Wenn das Lied von einem Kind erraten wurde, singt es weiter. Es darf dann selbst ein Lied zu summen beginnen.

4.6 Förderung der rhythmischen Differenzierungsfähigkeit

Rhythmus als Gliederungsprinzip ist Voraussetzung und Ergebnis für Erkenntnistätigkeit. Jeder Sprech-, Lese- und Schreibakt vollzieht sich in einer festgelegten Abfolge von Artikulemen, Graphemen, Betonungen, Pausen und anderen Akzentuierungen. Die abstrakte Begrifflichkeit der sprachlichen Symbole erhält im lebendigen Sprachverkehr durch Tonfall, Stimmton, Klangcharakter, Lautstärke, Tempo und Akzentuierungen eine situativ bezogene Bedeutung und Emotionalität. In der Schriftsprache spiegelt sich der sprachliche Rhythmus in der Wahl der Wörter und ihrer Abfolge im Satz wider.

Es kommt für ein Kind darauf an, seriale Abfolgen in ihren unterschiedlichsten Modalitäten zu erkennen, zu behalten und selbst zu beherrschen.

Rhythmische Abfolgen können akustische, optische, motorische u.a. Wahrnehmungsinhalte betreffen. Der Förderung bietet sich ein weites Feld unterschiedlichster Inhalte. Sie soll erreichen, das Kind zum Bewußtwerden gegliederter Einheiten zu führen. Diese Gliederungen ermöglichen Analyse- und Syntheseprozesse und bilden das Grundgerüst für die Speicherung im Gedächtnis.

Übungen zur Förderung im rhythmischen Bereich eignen sich besonders gut, wenn sie auch andere Wahrnehmungsbereiche einbeziehen und in Form von Spielen Freude bereiten. Das unterstützt besonders das kurzzeitige Behalten. Durch variierte Wiederholungen entsteht schließlich ein stabiler Gedächtnisbesitz. Dabei dürfen die rhythmischen Muster nicht zu kompliziert sein, weil es sonst nicht gelingt, die Reihenfolge der Gliederungselemente zu behalten.

Wesentlich unterstützt wird die Erfassung der Gliederung durch Melodie und Bewegung. Rhythmusförderung bedeutet sowohl Konzentrations- als auch Gedächtnisschulung. Günstig ist es für den Lehrer, wenn er akustisch-motorische Übungen mit einem Instrument begleiten kann. So lassen sich schwierige Passagen jederzeit unterbrechen und eventuell auch wiederholen. Bei Schallplatten usw. ist das immer mit Zeitverlust verbunden. Das beeinträchtigt das Einprägen.

Für viele rhythmische Differenzierungsübungen können Klanginstrumente von den Kindern benutzt werden, z.B. Klanghölzer, Triangel, Tamburin, Pauken, Trommeln, Raspeln, Schüttelhölzer u.a. Es sind vor allem jene Kinder zu beachten, denen die Koordination von Singen und Bewegen, von Hören, Sehen, Tasten und Zuordnen nicht harmonisch-gleitend gelingt. Diese Kinder sind unauffällig zu unterstützen.

Zu empfehlen sind Singspiele und andere Übungen, die zugleich Sprache, Bewegung und positive Emotionen vereinen. Der Tanz vereinigt diese Elemente in besonders günstiger Weise. Auch andere Tätigkeiten (Zeichnen, Bauen, Musterlegen usw.) sind als rhythmische Übungen möglich. Kinderreime und Abzählverse erfüllen ebenfalls diese Funktion. Sie machen nicht nur Spaß, sie lassen sich auch wegen ihres eingängigen Rhythmus sehr gut behalten. Das unterstützt die Automatisierung angestrebter rhythmischer Vollzüge und Gliederungen.

Rhythmische Differenzierungsschulung ist ein zentraler Ausgangspunkt der Förderung elementarer kognitiv-basaler Funktionen. Rhythmische Differenzierungsschwächen machen sich im Schreib-Leselernprozeß besonders belastend bemerkbar, weil dieser Lernprozeß ebenfalls über das Erfassen von Einzelheiten verläuft und sich in einem erkannten Ganzen realisiert. Einzelheiten in ihrer Bedeutung und Gliederung erfassen ermöglicht es, gemeinsame Merkmale zu vereinen.

Immer kommt es auf die Abfolge, Serialität, der oft komplex strukturierten Reize an. Deshalb muß ein rhythmisches Differenzierungstraining das gesamte Arsenal derjenigen sensorischen Träger berücksichtigen, die als Kodemerkmale für Semantisches in der Sprache in Frage kommen.

Eine so verstandene rhythmische Differenzierungsförderung erreicht vielfältige Transfereffekte: es kommt zur Vervollkommnung der artikulatorischen Fähigkeiten (durch Sprechen und Singen), der visuellen Differenzierung (durch Beachten von optischen Details), der phonematischen Differenzierung (durch das Heraushören klangähnlicher Laute). In vielen Fällen führen die Anforderungen in der rhythmischen Differenzierung auch zur Vervollkommnung grob- und feinmotorischer Bewegungsabläufe.

Die nachfolgend angeführten Beispiele geben zwar repräsentativ Hinweise für eine rhythmische Differenzierungsschulung. Sie sollten aber vom Lehrer phantasievoll variiert und ergänzt werden. Ihm ist zu empfehlen, sich aus der Fülle der einschlägigen Literatur, der eigenen Erfahrungen und Einfälle eine Sammlung von Kinderreimen, Kinderliedern, Abzählversen und Tanzspielen anzulegen.

Übungsbeispiele

Klatschrhythmen begleiten

Kinder sitzen im Kreis, sprechen und klatschen dabei in die Hände: »Wir klatschen in die Hände: klatsch – klatsch – klatsch.« Für das Klatschen gibt der Lehrer verschiedene Rhythmen vor: laut – leise; leise – laut – leise; leise – leise – laut; laut – laut – leise – leise. Die Kinder können ihr klatschen auch sprachlich begleiten. Bei jedem Klatschen sagen sie z.B. »bum« oder »sum« usw. Es kann mit den Füßen gestampft oder mit den Fingern geklopft werden. Auch Orff-Instrumente lassen sich nutzen. Die Kinder können stehen, im Kreis laufen oder sitzen.

Bewegungskoordination

Die Kinder gehen und laufen im Kreis nach einem vorgegebenen Rhythmus. Dieser wird durch Tamburinschlag unterstützt. Zwischen Gehen und Laufen wechseln.

Koordination von Bewegung und Rhythmus

Die Kinder gehen und laufen im Kreis nach vorgegebenen Rhythmen. Dabei klatschen sie. Zur Unterstützung Orff-Instrumente einsetzen.

Namen klatschen

Jedes Kind spricht laut, deutlich und langsam seinen Namen. Dann sprechen die Kinder den Namen und klatschen dabei. Der Lehrer klatscht einen Namen und bewegt dabei die Lippen. Die Kinder erraten, welcher Name gesprochen wurde. Anstelle des Händeklatschens können auch Klanghölzer usw. eingesetzt werden.

Armkreisen

Kinder laufen im Kreis. Während des Gehens kreisen sie mit den Armen zweimal nach vorn, dann zweimal nach hinten usw. Auch andere Abfolgen wählen.

Echo-Spielen

Frage – Ruf- und Antwortsätze werden silbenweise betont nachgerufen:»Pe – tra – wo bist du?«»Ich spie – le im Gar – ten.«»Ti – lo, was machst du?«»Ich ho – le die Bröt – chen.« usw.

Perlen aufreihen

Bunte Perlen werden auf einer Schnur nach einem vorgegebenen Muster aufgereiht: schwarz-weiß-weiß, schwarz-weiß-weiß usf. Es können auch andere Musterfolgen und Farben gewählt werden. Die Kinder arbeiten nach Diktat, später arbeiten sie selbständig. Es kann aber auch nach einer Vorlage gefädelt werden. Wird die Spitze des Fadens gewachst, erübrigt sich die Benutzung einer Nadel.

Klötzchenmuster legen

Die Kinder legen einen Würfel, dann zwei Stäbchen und wieder einen Würfel. Sie setzen das Muster in einer Reihe fort. Die Muster können variiert werden: verschieden farbige, verschieden große und verschieden geformte Klötzchen.

Muster zeichnen

Die Kinder malen nacheinander: Kreuz – Kreis – Dreieck, Kreuz – Kreis – Dreieck usw. Die Musterfolge kann als Randverzierung oder zeilenweise gemalt werden. Die Figuren lassen sich verändern und können in der Farbe variiert werden.

Papierketten

Die Kinder kleben verschieden farbige Papierstreifen (Länge ca. 15 cm, Breite 1 cm, Klebefläche 2 cm) zu einem Ring. Die Reihenfolge der Farben wird vorgegeben. Reihenfolge der Farben und Muster verändern, eventuell auch die Größe der Ringe. Mit den Ringen eine Kette kleben.

Kugelspiel

Auf ein Lochbrett werden Kugeln in einer vorgegebenen Reihe gelegt. Die Abfolgen der farbigen Kugeln können gewechselt werden. Es lassen sich auch nach einem Muster Figuren legen. Die Kinder sollen periodische Folgen selbst finden.

Muster flechten

Die Flechtstreifen werden entsprechend einer Vorlage in das Flechtblatt eingeschoben. Das Musterflechten kann nach eigenen Einfällen erfolgen.

Glockenläuten

Die Kinder sprechen nach: »Die große Glocke macht bum, ... bum ...« Mit den Armen schwingen die Kinder im Takt mit. »Die mittelgroße Glocke macht bim, bam ... bim, bam ...« Die mitschwingenden Armbewegungen verlaufen entsprechend schneller und kürzer. »Die kleine Glocke macht: bim, bim, bim ...« Entsprechend schneller sind die Bewegungen. Eine Variante läßt sich mit einem Pferd gestalten: »Das alte Pferd macht traab, traab ... traab, traab ...« Dazu wird der Rhythmus mit den Händen geklatscht. »Das junge Pferd macht trab, trab, trab ... trab, trab, trab ...«

Überkreuz klatschen

Zwei etwa gleich große Kinder stehen sich gegenüber. Sie heben die Hände in Schulterhöhe und klatschen. Zuerst in die eigenen Hände, dann mit der rechten Hand in die rechte Hand des Gegenübers, dann wieder in die eigene Hände geklatscht. Dann mit der linken Hand in die linke Hand des Gegenübers. Wieder in die eigenen Hände usw.

Wir tanzen

Musik mit unterschiedlichen Grundrhythmen (Marschmusik, Walzer, Polka, Rock usw.) wird von einer Schallplatte oder Kassette abgespielt. Dazu tanzen die Kinder.

Mein rechter Platz ist leer

Die Kinder sitzen im Kreis auf Stühlen. Ein Platz bleibt leer. Ein Kind, dessen rechter Platz leer ist, ruft: »Mein rechter, rechter Platz ist leer, ich wünsche mir die Gudrun her.« Während des Rufens klopft das Kind mit der Hand auf den leeren Platz die Silben. Jedes Kind soll einmal Rufer sein.

148

Bewegungen erfinden

Die Kinder bewegen sich vorwärts: wie eine schleichende Katze, wie ein hoppelnder Hase, wie ein stolzierender Pfau, wie eine Schlange, wie ein fliegender Vogel, wie eine Raupe, wie ein marschierender Soldat, wie eine tanzende Fee, wie ein alter Opa usw.

Wachklopfen

Alle Kinder stellen sich schlafend. Ein Kind läuft zwischen ihnen herum und schlägt einen langsamen Rhythmus auf dem Tamburin. Es bleibt bei einem Kind stehen und verändert den Rhythmus, jedoch ohne lauter zu werden. Das ist das Zeichen für das Kind, aufzuwachen. Es übernimmt das Tamburin und setzt das Spiel fort. Die Signalfunktionen können auch durch andere Instrumente übernommen werden.

Richtungsgehen

Die Kinder stehen in einer Reihe. Ein Kind schlägt auf das Tamburin. Einmal geschlagen: alle Kinder gehen einen Schritt nach vorn; zweimal geschlagen: alle Kinder gehen einen Schritt zurück; zweimal sehr leise geschlagen: die Kinder gehen in die Hocke; zweimal laut geschlagen: die Kinder hüpfen.

Schnell – langsam

Die Kinder bewegen sich nach Paukenschlägen, die im Tempo wechseln. Sie laufen, gehen sehr langsam, trippeln. Das kann auch im Stand erfolgen. Dazu können Bewegungen mit den Armen ausgeführt werden.

Verreisen

Die Kinder werden aufgefordert, in einen gedachten Koffer gedachte Kleidungsstücke einzupacken. Ein Kind beginnt: »Ich packe in den Koffer eine Hose (bzw. ein anderes Kleidungsstück).« Das nächste Kind setzt fort und nennt zunächst das vom Vorgänger genannte Kleidungsstück und nennt ein neues hinzu. Es sagt: »Ich packe in den Koffer eine Hose und eine Jacke.« Das nächste Kind muß die bisherigen Kleidungsstücke wiederholen und ein neues nennen. Es sagt: »Ich packe in den Koffer eine Hose, eine Jacke und ein Hemd.« In dieser Weise wird das Spiel fortgesetzt. Es können auch Spielzeuge, Lebensmittel usw. eingepackt werden.

Wer will fleißige Handwerker sehn?

»Wer will fleißige Handwerker sehn,
der muß zu uns Kindern gehn.
Stein auf Stein, Stein auf Stein,
das Häuschen wird bald fertig sein.«
Bei den ersten beiden Zeilen gehen die Kinder im Kreis und singen mit. Sie deuten

durch Bewegungen die Tätigkeit der jeweiligen Handwerker an. Für andere Berufe sind entsprechende Verse zu suchen, wobei typische Bewegungen der Handwerker ausgeführt werden.

Ringel, Ringel, Reihen

Die Kinder bilden einen Kreis und singen:
»Ringel, Ringel, Reihen,
wir sind der Kinder dreien,
wir treten untern Hollerbusch
und machen alle husch, husch, husch.«
Bei der letzten Zeile gehen die Kinder in die Hocke. Ähnliche Spiele gibt es viele.

Backe, backe Kuchen

»Backe, backe Kuchen,
der Bäcker hat gerufen,
wer will guten Kuchen backen,
der muß haben sieben Sachen ...«
Die Kinder singen und klatschen. Andere Kinderlieder verwenden.

Abzählverse

Die Kinder lernen verschiedene Abzählverse, z.B.:
»Ene, mene, mu – raus bist du.«
»Eins, zwei, drei – du bist frei.«
»Ich und du, Müllers Kuh,
»Bäckers Esel das bist du.«
Die Kinder stehen im Kreis, eines zählt ab und spricht dabei den Abzählvers. Bei jeder Silbe deutet es auf ein Kind. Wen die letzte Silbe trifft, scheidet aus bzw. ihm fällt die vereinbarte Aufgabe zu. Koordination zwischen Sprechen und Zeigen ist wichtig. Andere Abzählverse verwenden.

Lieder erraten

Bekannte Kinderlieder werden gesungen bzw. gesummt. Dazu wird der Rhythmus geklatscht. Danach werden die Lieder nur im »Kopf« gesungen und dazu laut geklatscht. Geklatschte Lieder sind zu erraten.

Wundergarten

Der Lehrer beginnt:
»Ich will euch was erzählen, von der Tante Rählen.«
Danach malt er an der Tafel ein Bild und läßt die Kinder die folgenden Sätze im Chor wiederholen.

»Diese Tante hat einen Garten, und das war ein Wundergarten.«
Die Zeichnung wird ergänzt.
»In dem Garten stand ein Baum, und das war ein Wunderbaum.«
Es wiederholen die Kinder jeweils den zweiten Teil des Satzes, auch in den folgenden Sätzen. Die Zeichnung wird jeweils ergänzt.
»An dem Baume waren Äste, und das waren Wunderäste.«
»An den Ästen waren Zweige, und das waren Wunderzweige.«
»An den Zweigen waren Blätter, und das waren Wunderblätter.«
»In den Blättern war ein Nest, und das war ein Wundernest.«
»In dem Neste lagen Eier, und das waren Wundereier.«
»Aus den Eiern kamen Vögel, und das waren Wundervögel.«
»Diese Vögel hatten Federn, und das waren Wunderfedern.«
»Aus den Federn ward ein Bettchen, und das war ein Wunderbettchen.«
»Vor dem Bettchen stand ein Tischchen, und das war ein Wundertischchen.«
»Auf dem Tischchen lag ein Buch, und das war ein Wunderbuch.«
»In dem Buche stand geschrieben, du sollst deine Eltern lieben.«
Die entstehende Zeichnung ist nach jeder Zeile zu ergänzen. Möglichst an einer Tafel zeichnen. Zur Erleichterung kann die Ergänzung für die nächste Zeile schon jeweils vorher gezeichnet werden.

Trillerpfeife morsen

Der Lehrer pfeift auf der Trillerpfeife kurze und lange Signale in kurzen Abständen. Die Kinder ahmen die Länge und Anzahl der Signale nach. Anstelle der Trillerpfeife können auch Hupen oder Mundgeräusche eingesetzt werden. Zur Ergänzung können die Kinder bei kurzen Signalen einen kurzen, bei langen Signalen einen langen Schritt gehen.

Lichtsignale morsen

In einem verdunkelten Raum leuchtet die Taschenlampe in Abständen kurz oder lang mehrmals auf. Die Erzieherin morst, die Kinder versuchen, den Morserhythmus zu klatschen oder mit Rufsignalen wiederzugeben.

Reimwörter suchen

Die Erzieherin spricht eine Zeile vor und läßt in der nächsten Zeile das Reimwort von den Kindern finden:

»Im Hause steht ein Tisch,
im Wasser schwimmt ein …«
»Die Kinder sitzen im Haus,
im Keller sitzt die …«
»Es tanzen auf der Wiese,
der Hans und auch die …«

»Im Zimmer steht ein Schrank,
im Garten steht die ...«
Die Kinder können eigene Reime finden.

Kindergedicht

»Meine Mu, meine Mu, meine Mutter schickt mich her,
ob der Ku, ob der Ku, ob der Kuchen fertig wär.
Wenn er no, wenn er no, wenn er noch nicht fertig wär,
käm ich mo, käm ich mo, käm ich morgen wieder her.«
Der Text wird rhythmisch akzentuiert vorgesprochen und zu verschiedenen Gelegenheiten wiederholt. Die Kinder sprechen nach, bis sie in der Lage sind, den Vers selbständig aufzusagen. Andere Kinderreime werden in ähnlicher Weise gelernt.

Wozu sind die Hände da?

Bekannte Kinderlieder werden gesungen bzw. auf einem Instrument vorgespielt. Die Kinder erfinden eigene Bewegungen, mit denen sie die Melodie und den Text begleiten. Dabei singen sie mit. Alle möglichen Kinderlieder, bekannte Volks- und Popmusik können verwendet werden, um Bewegung und Musik in Einklang zu gestalten.

Tempovarianten

Die Kinder lernen den Vers:
»Langsam, langsam fängt es an,
immer schneller wird es dann.
Sause schnell, sause schnell, dreht sich unser Karussell,
bis der große Schwung vergeht,
und sichs wieder langsam dreht – und dann steht.«
Die Kinder drehen sich entsprechend dem Verstempo. Das Drehen kann auch mit angefaßten Händen von mehreren Kindern durchgeführt werden.

Tierbewegungen raten

Kinder sitzen im Kreis und hören Musik. Ein Kind tritt in den Kreis und ahmt die Bewegungen eines Tieres nach. Die anderen Kinder erraten, um welches Tier es sich handelt. Wer es errät, tritt als nächster in den Kreis.

Silben zählen

Zu einem an der Tafel stehenden Satz werden die Silben jedes Wortes geklatscht. Für jede Silbe darf sich das Kind ein Stäbchen nehmen. Dann wird gezählt, wieviel Silben der Satz hat, u.U. die Anzahl der Silben für die einzelnen Wörter bestimmen.

Silben suchen sich

Jedes Kind erhält Kärtchen, auf denen Silben geschrieben stehen. Es werden die Kärtchen nebeneinander gelegt, die ein Wort ergeben. Diese Aufgabe anfangs für zweisilbige, später für dreisilbige Wörter durchführen lassen.

Silben anhängen

Kinder erhalten Kärtchen, auf denen die erste Silbe eines Wortes steht. Sie suchen unter den anderen Kärtchen die zweite Silbe und schreiben sie an die erste Silbe dran.

Wörter bilden

Das erste Kind schreibt auf ein Blatt Papier eine Silbe und schiebt das Blatt zum Nachbarn. Dieser fügt eine Silbe an, damit ein sinnvolles Wort entsteht. Wenn der dritte Schüler noch ein sinnergänzendes Wort findet, schreibt er es auf. Beispiele:

Gar – ten – bank   Au – to – bahn
Kir – chen – turm   Ho – nig – ku – chen

5. Literaturverzeichnis

5.1 Literatur zur Förderung

Becker, K.P.: »Rehabilitative Spracherziehung«. Verlag Volk und Gesundheit, Berlin 1983.

Becker, R.: »Die Lese-Rechtschreib-Schwäche aus logopädischer Sicht«. Verlag Volk und Gesundheit, Berlin 1967.

Bergk, M./Meiers, K. (Hrsg.): Schulanfang ohne Fibeltrott. Klinkhardt-Smoch, Bad Heilbrunn 1984.

Dummer, L./R. Hackethal: »Kieler Leseaufbau«. Veris, Kiel 1984.

Dummer-Smoch, L.: »Mit Phantasie und Fehlerpflaster«. Reinhardt Verlag, München/Basel 1989.

Franke, U.: »Artikulationstherapie bei Vorschulkindern« Reinhardt Verlag, München/Basel 1987.

Hofmann, W.: »Das Mund-Hand-System nach Schubeck-Hofmann«, in: Lehren und Lernen, Neckar-Verlag, Villingen/Schwenningen 1975.

Horsch, U./Döring, H.: »Sensomotorisches Vorschulprogramm für behinderte Kinder«. Gross Verlag, Heidelberg 1978.

Kossow, H.J.: »Zur Therapie der Lese-Rechtschreibschwäche – Aufbau und Erprobung eines theoretisch begründeten Therapieprogramms«. Berlin 1975.

Kraft, W.: »Mit Bewegung und Farbe zum Lesen und Schreiben«, Lehrbegleitheft Teil 2. Verlag Riehwesel, Hamburg.

Naegele, I.M./Haarmann, D.: »Darf ich mitspielen?« Beltz Verlag, Weinheim und Basel 1989.

Naegele, I.M./Valtin, R.: »LRS in den Klassen 1–10«. Beltz Verlag, Weinheim und Basel 1989.

Petermann, G.: »Vorschulkinder lernen Sprachlaute differenzieren«. Verlag Volk und Wissen, Berlin 1986.

Regelein, S.: »Lernspiele für die Grundschule«. Oldenburg Verlag, München 1990.

Rösler, A./Scheibel, H.: »Die fröhliche Sprechschule«. Verlag Marhold, Halle 1954.

Sachsenweger, R.: »Sehübungen – ein Bilderbuch«. Verlag Barth, Leipzig 1974.

Sommer-Stumpenhorst, N.: »Lese-Rechtschreibschwierigkeiten: vorbeugen und überwinden«. Cornelsen/Scriptor, Frankfurt 1991.

Stapelfeld, L.: »Beschäftigungsmaterial zur Förderung der Wahrnehmungs- und Differenzierungsfähigkeit«. Unveröff. Material 1991.

Triebel, H./Maday, W.: »Handbuch der Rechtschreibübungen«. Beltz Verlag, Weinheim und Basel 1982.

Wendt, H./Kummer, R./Tuchscheerer, G.: »Spieltherapiekatalog«. Verlag Thieme, Leipzig 1981.

5.2 Spezialliteratur

Affolter, R.: »Wahrnehmungsprozesse, deren Störung und Auswirkung auf die Schulleistung, insbesondere Lesen und Schreiben«. Ztschr. f. Kinder- u. Jugendpsychiatrie, 3, 223, 1975.

Ananjew, B.G.: »Psychologie der sinnlichen Erkenntnis«, Berlin: Deutscher Verlag der Wissenschaften, 1963.

Arnold, G.: »Die Sprache und ihre Störungen«, Wien/New York: Springer, 1970.

Atzesberger, M.: »Legasthenie – ein weltweites psychologisch-pädagogisches Problem«. In: Ebel V. (Hrsg.) Legasthenie. Bundesverband Legasthenie, Bonn, 1978, 97–107.

Atzesberger, M.: »Prävention und Intervention bei Lese-Rechtschreibversagen und Lese-Rechtschreibschwäche«. Bonn/Bad Godesberg: Verlag Dürrsche Buchhandlung', 1981.

Augustin, A.: »Ergotherapie bei hyperaktiven Kindern«, In: Hrsg. Franke, U. Agressive und hyperaktive Kinder in der Therapie. Berlin/Heidelberg/New York: Springer, 1988.

Ayres, A.J.: »Lernstörungen, Sensorisch-Integrative Dysfunktionen«, Berlin: Springer, 1979.

Ayres, A.J.: »Bausteine der kindlichen Entwicklung«. Berlin: Springer, 1984.

Becker, K.P.: »Komplexe Sprachstörungen, ihre Differentialdiagnose und sprachheilpädagogische Beeinflußung«. In: Hrsg. Kaiser/Kramer Komplexe Sprachstörungen. Bern/Stuttgart/Wien: Huber, 1974.

Becker, K.P./Sovak, M.: »Lehrbuch der Logopädie«, Berlin: Volk und Gesundheit, 1975.

Becker, R.: »Zur Problematik der Frühbehandlung sprachgestörter Kinder unter besonderer Berücksichtigung der Motorik«. Diss. Humbold-Univ. Berlin, 1975.

Becker, R.: »Die Lese-Rechtschreib-Schwäche aus logopädischer Sicht«, Berlin: Volk und Gesundheit, 1977.

Behrndt, S.M.: »Verbosensomotorische Defizite und Schulbewährung bei Kindern im Anfangsunterricht«. Diss. E.-M.-Arndt-Unversität Greifswald, 1985.

Bergk, M./Meiers, K. (Hrsg.): »Schulanfang ohne Fibeltrott«. Bad Heilbrunn, 1984.

Breuninger, H./Betz, D.: »Jedes Kind kann schreiben lernen«. Weinheim/Basel: Beltz, 1991.

Breuer, H./Weuffen, M.: »Verbosensomotorik, Sprache und Schulerfolg bei Kindern mit Agrammatismus«. Wiss. Ztschr. E.-M.-Arndt-Univ. Greifswald, 1977.

Breuer, H./Lehmann, W./Steingart, K./Weuffen, M.: »Früherkennung – Voraussetzung für erfolgreiche Förderung«. Die Sonderschule, 4, S. 193–199, Berlin, 1977.

Breuer, H./Gentes, F.: »Differenzierungsprobe Breuer/Weuffen im Aufnahmeverfahren der Hilfsschule«. In: Die Sonderschule Heft 2/78, Berlin, 1978.

Breuer, H.: »Zur prophylaktischen Einschränkung von Lernschwierigkeiten im Anfangsunterricht«. In: Beiträge zur Pädagogik, Bd. 29, Berlin: Volk und Wissen, 1982, S. 30.

Breuer, H./Petschaelis, H.: »Das vorschulische vs-Niveau von Schülern mit besonders gutem Schulerfolg«. In: Beiträge zur Pädagogik, Bd. 29, Berlin, 1982, S. 95.

Breuer, H./Kasten, M.: »Zur emotionalen Grundstimmung von weniger erfolgreichen Schulanfängern«. In: Beiräge aus der Arbeit der Erziehungsberatungsstelle Greifswald 6, 1984, S. 30ff.

Breuer, H.: »Ergebnisse aus Längsschnittuntersuchungen zur Früherfassung verbo-sensomotorischer Voraussetzungen für den Laut- und Schriftspracheerwerb«. In: Dummer-Smoch (Hrsg.) Legathenie 1988, Hannover: Bundesverband Legathenie e.V., 1988, S. 151.

Breuer, H./Ruoho, K. (Hrsg.): »Pädagogisch-psychologische Prophylaxe bei 4–8jährigen Kindern«. University of Iyväskyla 1989.

Breuer, H./Weuffen, M.: »Ergebnisse und Schlußfolgerungen aus Langzeit-Katamnesen«. Die Sprachheilarbeit, H. 28, 1989, S. 153–161.

Breuer, H./Weuffen, M.: »Gut vorbereitet auf das Lesen- und Schreibenlernen«. Berlin: Deutscher Verlag der Wissenschaften, 1990.

Bundschuh, K.: »Einführung in die sonderpädagogische Diagnostik«, München/Basel: Reinhardt, 1980.

Busemann, A.: »Angeborene Leseschwäche (Legasthenie)«. In: Schule und Psychologie, 1, 1954.

Dummer, L.: »Teilleistungsschwächen als Ursache von Lese-Rechtschreibschwierigkeiten«. In: Dummer, L./Atzesberger, M. (Hrsg.) Legasthenie, Bericht über den Fachkongreß 1980, Bonn, 1980, 122–133.

Dummer, L./Hackethal, R.: »Kieler Leseaufbau«, Kiel: Veris-Verlag, 1984.

Dummer, L.: »Schullaufbahn von Legasthenikern«. In: Legasthenie. Bericht über den Fachkongreß Hannover, 1986, S. 48ff.

Dummer-Smoch, L.: »Mit Phantasie und Fehlerpflaster – Hilfen für Eltern und Lehrer legasthenischer Kinder«. München: Reinhardt, 1988.

Eder, A.: »Zur Frühdiagnose von lese-rechtschreibschwachen Kindern«. Diss. Greifswald, 1976.

Eggert, D.: »Psychomotorisches Training«. Weinheim und Basel: Beltz, 1975.

Esser, G.: »Störungen der Wahrnehmung«. In: Remschmidt, H./Schmidt, M. (Hrsg.) Neuropsychologie des Kindesalters, S. 206–218, Stuttgart: Verlag Enke, 1981.

Esser, G. (Hrsg.): »Auditive Wahrnehmungsstörungen und Fehlhörigkeit bei Kindern im Schulalter«. In: Stimme – Sprache – Gehör 11, 1987.

Feller, C.: »Physiopolygraphische Untersuchungen und verbosensomotorische Entwicklung«. In: Zur prophylaktischen Einschränkung von Lernschwierigkeiten im Anfangsunterricht«. Beiträge zur Pädagogik, Bd. 29, 1982.

Franke, U.: »Aggressive und hyperaktive Kinder in der Therapie«. Berlin/Heidelberg/New York/London/Paris/Tokyo: Springer Verlag, 1988.

Frostig, M./Müller, H.: »Teilleistungsstörungen, ihre Erkundung und Behandlung bei Kindern«. München: Urban und Schwarzenberg, 1981.

Gentes, F.: »Zu einigen Problemen verbosensomotorischer Fähigkeiten bei debilen Schülern«, Beiträge aus der Arbeit der EB, Greifswald, 1976.

Graichen, J.: »Zum Begriff der Teilleistungsstörung«. In: Lempp, R. Teilleistungsstörungen im Vorschulalter. Basel/Stuttgart/Wien: Huber, 1979.

Grimm, H./Scholer, H.: »Sprachentwicklungsdiagnostik«, Göttingen/Toronto/Zürich: Hogrefe, 1985.

Grissemann, H.: »Klinische Sonderpädagogik am Beispiel der psycholinguistischen Legasthenietherapie«. Bern/Stuttgart/Wien: Huber, 1980.

Grissemann, H.: »Prävention von Teilleistungsschwächen und Stützung teilleistungsschwacher Schüler im Grundschulunterricht«. In: Legasthenie (Hrsg.) Bundesverband Legasthenie, e.V. Hannover, 1986.

Grissemann, H.: »Förderdiagnostik von Lernstörungen«. Bern/Stuttgart/Toronto: Huber, 1991.

Große-Thie, B.: »Zur psychometrischen Qualität der Differenzierungsprobe«. Breuer/Weuffen Wiss. Ztschr. E.M.-Arndt-Univs. Greifswald, 1977.

Gutezeit, G.: »Projektions-tachiskopisches Übungsprogramm für lese-und rechtschreibschwache Schüler (P–T)«, Göttingen: Hogrefe, 1977.

Gutezeit, G.: »Zur Frage der Frühdiagnostik lese- und rechtschreibschwacher Kinder«. Die Medizinische Welt, 7, 1980, 271.

Guthke, J.: »Über den diagnostischen Wert von Nachsprechproben bei Schulanfängeruntersuchungen«. Ärztl. Jugendkunde. 5/6, 1964.

Haby, K.-D.: »Zur Qualität der Früherkennung und Frühförderung verbo-sensomotorischer und lautsprachlicher Fähigkeiten durch die Kindergärtnerin«. Diss. Ernst-Moritz-Arndt-Universität, 1989.

Ingenkamp, K.: »Lese-Rechtschreibschwäche bei Schulkindern«. Weinheim/Basel: Beltz, 1970.

Johnson, D.J./Myklebust, H.R.: »Lernschwächen«. Stuttgart: Hippokrates-Verlag, 1971.

Kamper, G.: »Analphabetismus trotz Schulbesuchs«, Arbeitskreis Orientierungs- und Bildungshilfe e.V.: Berlin, 1990.

Kleine Enzyklopädie. »Die deutsche Sprache«. Bd. 2 S. 1118 Leipzig Bibliogr. Institut, 1970.

Kossakowski, A.: »Wie überwinden wir die Schwierigkeiten beim Lesen- und Schreibenlernen, insbesondere bei Lese-Rechtschreibschwäche?« Berlin: Volk und Wissen Verlag, 1972.

Kossow, H.J.: »Zur Therapie der Lese-Rechtschreibschwäche. Berlin: Deutscher Verlag der Wissenschaften, 1973.

Krause, Ch.: »Das emotionale Grunderlebnis »Schule – eine Determinante für Lern- und Lebenserfolg«. In: Beiträge aus der Arbeit der Erziehungsberatungsstelle Greifswald, Heft 9, 1990.

Kürsten, F./Schöler, H.: »Arbeitsbericht aus dem Forschungsprojekt Dysgrammatismus«, Bericht Nr. 15, Diskriminieren und Nachahmen von Rhythmen: ein Vergleich zwischen sprachauffälligen und -unauffälligen Kindern, S. 22, Sonderpädagogik, Päd. Hochschule: Heidelberg, 1991.

Lehmann, W./Breuer, H./Steingart, K.-M.: »Beziehungen zwischen Motorik und Verbosensomotorik im Vorschulalter«. In: Ärztl. Jugendkunde 71, Heft 2, 1980, S. 139ff.

Lempp, R.: »Teilleistungsstörungen im Kindesalter«. Bern/Stuttgart/Wien: Huber, 1979.

Linder, M.: »Über Legasthenie. Z.f.Kinder- und Jugendpsychiatrie«, Verlag Hans Huber, Bern, 1951.

Lotzmann, G.: »Aspekte auditiver, rhythmischer und sensomotorischer Diagnostik, Erziehung und Therapie«. München/Basel: Reinhardt, 1979.

Luchsinger, R./Arnold, G.E.: »Lehrbuch der Stimm- und Sprachheilkunde«. Wien/New York: Springer, 1970.

Lückert, H.R.: »Behandlung und Vorbeugung von Leseschwierigkeiten, Schule und Psychologie«, 13, 1966.

Luria, A.R.: »Die höheren kortikalen Funktionen des Menschen und ihre Störungen bei örtlichen Hirnschädigungen«, Deutscher Verlag d. Wissenschaften, Berlin, 1970.

Malmquist, E.: »Eine Untersuchung von Faktoren, die mit Lesestörungen bei Kindern des ersten Schuljahres verbunden sind«. In: Valtin, R.: Einführung in die Legasthenieforschung«, Weinheim/Basel: Beltz, 1973.

Monroe, M.: »Children who cannot read«, The University of Chicago press: Chicago, 1946.

Naegele, I.M./Haarmann, D.: »Darf ich mitspielen«? Weinheim/Basel: Beltz, 1991.

Naegele, I.M./Valtin, R.: »LRS in den KIlassen 1–«. Weinheim/Basel: Beltz, 1989.

Nasarowa, L.K.: »Die Rolle der kinästhetischen Sprechreize beim Schreiben. Beiträge zur Anwendung der Lehre Pawlows auf Fragen des Unterrichts«, Berlin: Volk und Wissen, 1955.

Piaget, J.: »Das Erwachen der Intelligenz beim Kinde«, Stuttgart: Klett Verlag, 1969.

Pischner, E.: »Koblenzer Ergebnisse mit der Differenzierungsprobe von Breuer und Weuffen«. In: Dummer-Smoch, L. (Hrsg.) Legasthenie, Bericht über den Fachkongreß 1988, Hannover, 1988, S. 172–179.

Portmann, R.: »Förderdiagnostik beim Lesen und Rechtschreiben«. In: (Hrsg.) Naegele, J. M., R. Valtin: LRS in den Klassen 1–10, 1989.

Radigk, W.: »Kognitive Entwicklung und zerebrale Disfunktionen«. Verlag modernes Lernen: Dortmund, 1986.

Rauls, H.R.: »Elemente der Montessoripädagogik in der Legasthenieförderung«. In: Dummer-Smoch, L., Legasthenie, S. 441–450, Bericht über den Fachkongreß, Bundesverband des Legasthenie e.V. Hannover, 1988.

Rubinstein, S.L.: »Grundlagen der allgemeinen Psychologie«. Berlin: Volk und Wissen, 1977.

Ruoho, K.: »Zum Stellenwert der Verbo-Sensomotorik im Konzept prophylaktischer Diagnostik der Lernfähigkeit bei finnischen Vorschulkindern im Alter von sechs Jahren«, Joensuu: University of Joensuu, 1990.

Scheerer-Neumann, G.: »Lesen und Leseschwäche: psychologisch gesehen«. In: Legasthenie (Hrsg. Ebel) Eigendruck des Bundesverband für Legasthenie e.V. Hannover, 1979.

Scheerer-Neumann, G.: »Lesen und Leseschwäche psychologisch gesehen«. In: Ebel (Hrsg.) 1978, Legasthenie, Bericht über den Fachkongreß 1978 des Bundesverband Legasthenie e.V. Bonn: Reha-Verlag, 1979.

Scheerer-Neumann, G.: »Zur Klassifikation von Lösungsmethoden im Rechtschreibunterricht«. In: Dummer, L.: Legasthenie, Bericht über den Fachkongreß 1984, Bundesverband Legasthenie, 1984, S. 329–343.

Scheerer-Neumann, G.: »Entwicklungsprozesse beim Lesenlernen«, Tübinger Reihe, 1989.

Schenk-Danzinger, L.: »Handbuch der Legasthenie im Kindesalter«, Weinheim/Basel: Beltz, 1975.

Schenk-Danzinger, L.: »Notwendigkeiten, Ziele und Grenzen der Legastheniediagnose«. In: Legasthenie (Hrsg. Dummer, L.) Hannover: Eigenverlag des Bundesverbandes für Legasthenie e.V., 1986, S. 319.

Schenk-Danzinger, L.: »Legasthenie«, München/Basel: Reinhardt, 1991.

Schenk-Danzinger, L.: »Legasthenie, zerebral-funktionelle Interpretation, Diagnose und Therapie«, München/Basel: Reinhardt, 1991.

Schilling, A./Schäfer, H.: »Beiträge zur Prüfung der partiellen akustischen Lautagnosie bei stammelnden Kindern mit einem Agnosieprüfverfahren«, Archiv Ohr-, Nasen- u. Kehlkopf-Heilkunde, 1962, 2.

Steffen, M.: »Zum lautsprachlichen Niveau im Vorschulalter bei Kindern mit Leseschwierigkeiten im Anfangsunterricht«. In: H. Breuer/Ruoho, K. (Hrsg.) Pädagogisch-psychologische Prophylaxe bei 4–8jährigen Kindern«, Jyväskylän Uliopisto, 1989, S. 68.

Tamm, H.: »Die Betreuung legasthenischer Kinder«, Weinheim: Beltz, 1971.

Teumer, J.: »Möglichkeiten zur Erfassung und Entwicklung von sensomotorischen Wahrnehmungsleistungen bei sprachgeschädigten Kindern im Vorschulalter«. Sonderpädagogik 2, 1977.

Teumer, J.: »Möglichkeiten zur Erfassung und Entwicklung sensomotorischer Wahrnehmungsleistungen bei sprachgestörten Kinder«, Sonderpädagogik, 1988, S. 53–73.

Theiner, C.: »Untersuchungen zur phonematischen Differenzierungsfähigkeit«, Die Sonderschule, 1. Beiheft, 1968.

Thewalt, B.: »Zur Prävention von Lese- und Rechtschreibproblemen: Untersuchungen an Vorschul- und Schulkindern mit der Differenzierungsprobe von Breuer und Weuffen und Evaluation der Fördererfolge«. Diss. E.-M.-Arndt-Univ. Greifswald, 1991.

Thiele: zitiert bei Kainz, F. 1954, Psychologie der Sprache«, Stuttgart: Enke, 1928, 114f.

Tomblin, J.B./Quinn, M.A.: »The contribation of perceptual learning to performance on the repetition«. In: Journal of Speel and Hearing Research, 26, 1983, S. 368–378.

Triebel, H./Maday, W.: »Handbuch der Rechtschreibübungen«, Weinheim/Basel: Beltz, 1982.

Valtin, R.: »Legasthenie-Theorien und Untersuchungen«, Weinheim: Beltz, 1970.

Valtin, R.: »Empirische Untersuchungen zur Legasthenie«, Hannover: Schroedel, 1972.

Valtin, R.: »Einführung in die Legasthenieforschung«, Weinheim/Basel: Beltz, 1975.

Valtin, R.: »Legasthenie – ein überholtes Konzept«. In: Schwartz, E.: Neues Legastheniekonzept und Richtlinienrevision. Die Grundschule, 11, 1977, 147.

Weinschenk, C.: »Die erbliche Lese-Rechtschreibschwäche und ihre sozialpsychiatrischen Auswirkungen«, Bern: Huber, 1965.

Weuffen, M.: »Sensomotorisches Differenzierungsniveau im Vorschulalter und der Schulerfolg sprachgestörter Kinder«. Die Sonderschule 2, 1975, S. 89–96.

Weuffen, M.: »Untersuchungen sensomotorischer Voraussetzungen bei aphasischen Patienten mit Hilfe eines Kurzverfahrens«. In: Badania lingwistyczne nad afazja, Nadbitka, Ossolineum: Warschau, 1978.

Weuffen, M.: »Aspekte des Zusammenhangs zwischen Verbosensomotorik, Laut- und Schriftsprache«, Die Sonderschule 3, 1980.

Weuffen, M.: »Zur diagnostischen Überprüfung lautsprachlicher Fähigkeiten in einer Sonderpädagogischen Beratungsstelle«. Die Sonderschule 2, 1984, S. 93–99.

Weuffen, M.: »Die diagnostische Überprüfung lautsprachlicher Fähigkeiten«, Die Sonderschule 2, 1986, S. 93–99.

6. Protokollblätter

Protokollblatt zur Differenzierungsprobe (DP I) nach Breuer/Weuffen

Name: Vorname: geb.:   Alter: ;   Jahre

Bemerkungen:

1. *Optisch-graphomotorische Differenzierung*   Ergebnisse

F	.I˙	⋊	Z	S

2. *Akustisch-phonematische Differenzierung*

Probe: Keller   –   Teller

Prüfaufgaben:

Kopf	–	Topf		Kanne	–	Tanne
Tanz	–	Gans		Nagel	–	Nadel
Sack	–	satt		Kamm	–	Kahn
krank	–	trank		Tasche	–	Tasse
backen	–	baden		Wache	–	wasche

3. *Kinästhetisch-artikulatorische Differenzierung*

Post - kutsche	
Alu - minium	
Schell - fisch - flosse	

4. *Melodische Differenzierung*

5. *Rhythmische Differenzierung*

Probe: • • – •

Prüfungsaufgaben:

1. Aufgabe: – • •	
2. Aufgabe: • – • •	

Zusammenfassung der Ergebnisse:

Optisch	Phonematisch	Kinästhetisch	Melodisch	Rhythmisch

Datum: Unterschrift:

Protokollblatt zur Differenzierungsprobe (DP II) nach Breuer/Weuffen

Name: Vorname: geb.:   Alter: ;   Jahre

Bemerkungen:

1. *Optische Differenzierung*   Ergebnisse
   1. Probeaufgabe **F**   2. Probeaufgabe **Z**
   Prüfaufgaben

S	.I˙	++	ϑ

2. *Phonematische Differenzierung*
   1. Probeaufgabe: Haus – Maus   2. Probeaufgabe: Vogel – Vogel
   3. Probeaufgabe: Bein – Wein
   Prüfaufgaben:

Petra	–	Peter		Seife	–	Seife	
Tür	–	Tier		acht	–	acht	
bemühen	–	bemühen		Postkutsche	–	Potzkusche	
graben	–	traben		Nagel	–	Nadel	
Konsum	–	Komsum		dem	–	den	

3. *Kinästhetische Differenzierung*

Konsumgenossenschaft	
Krambambuli	
Elektrizität	

161

4. Melodische Differenzierung

   1. Probeaufgabe:

   2. Probeaufgabe:

Prüfungsaufgaben:

5. Rhythmische Differenzierung

Probe: • – • •

Prüfungsaufgaben:

1. Aufgabe: • • – •	
2. Aufgabe: • • – • •	

Zusammenfassung der Ergebnisse:

Optisch	Phonematisch	Kinästhetisch	Melodisch	Rhythmisch

Datum: Unterschrift:

Bildtafeln

Bildtafel 0

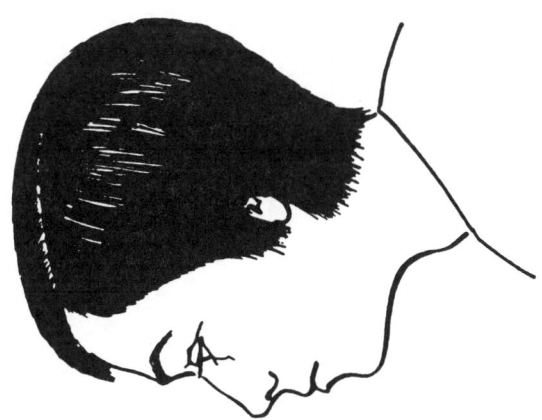

Bildtafel 1

Bildtafel 2

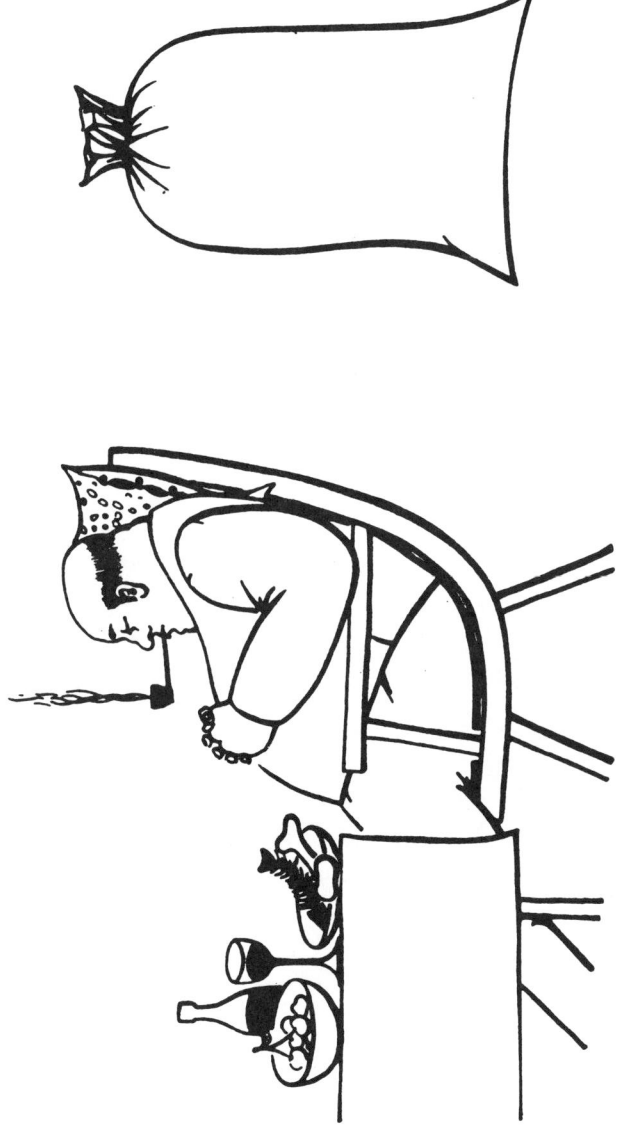

Bildtafel 3

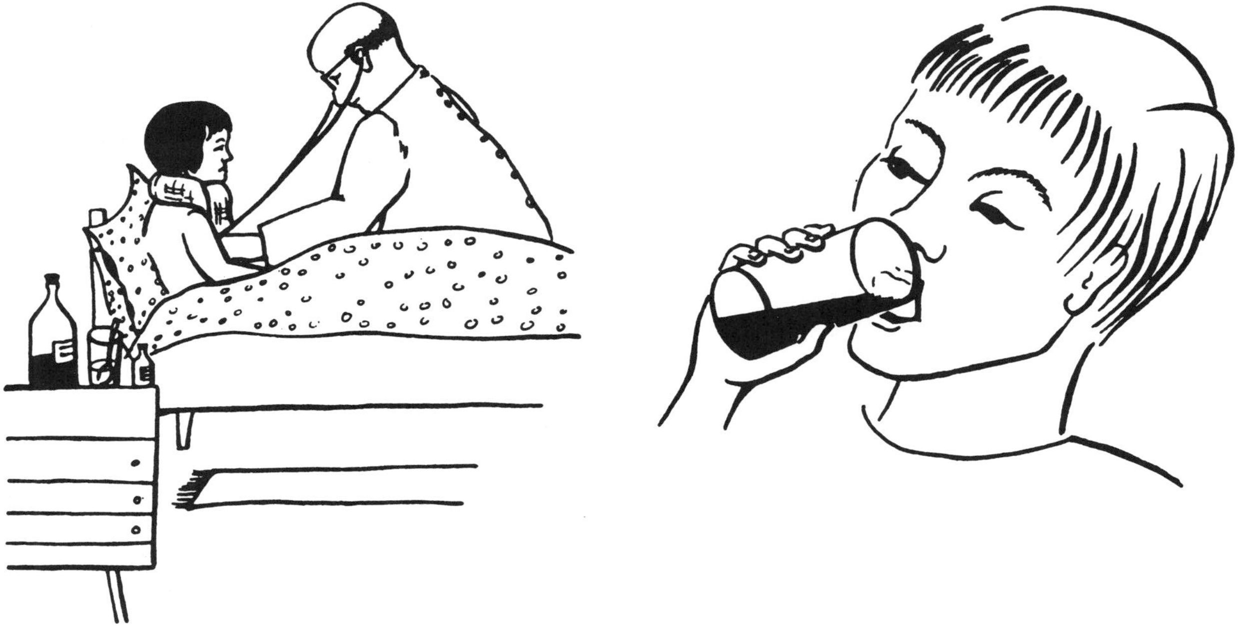

Bildtafel 4

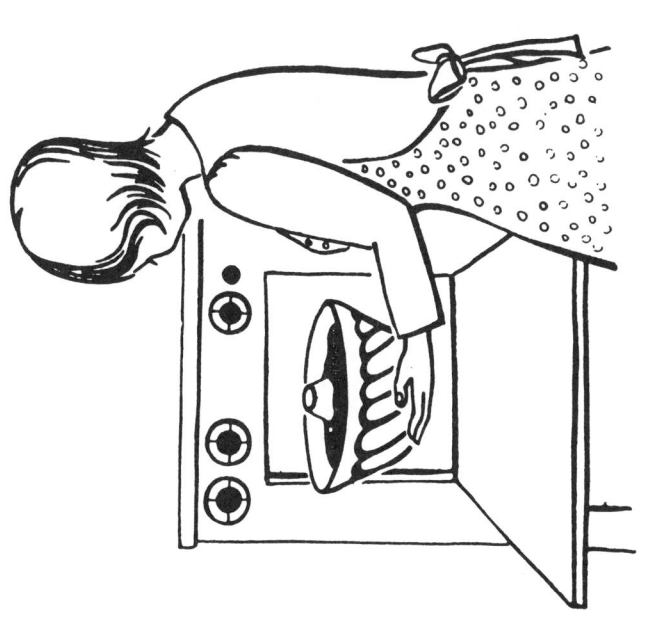

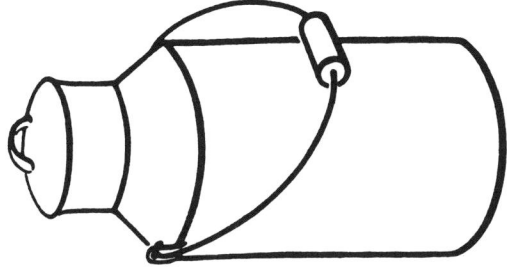

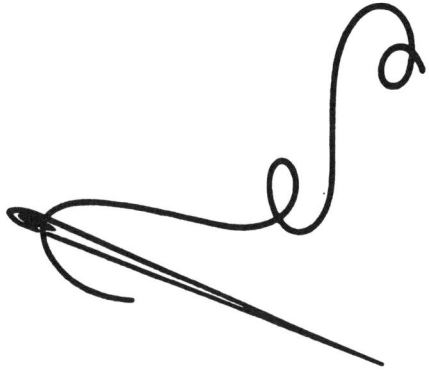

Bildtafel 7

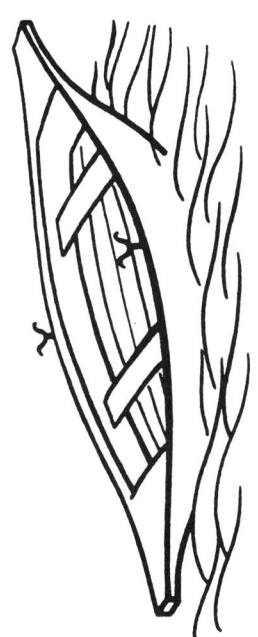

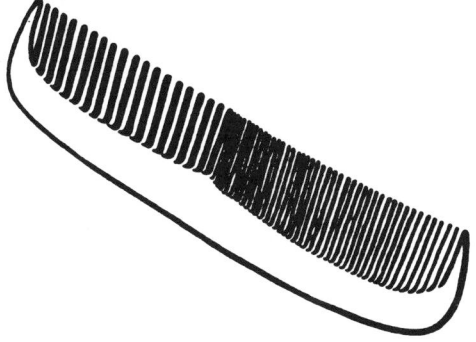

Bildtafel 8

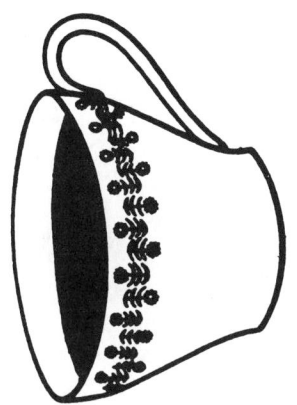

Bildtafel 9

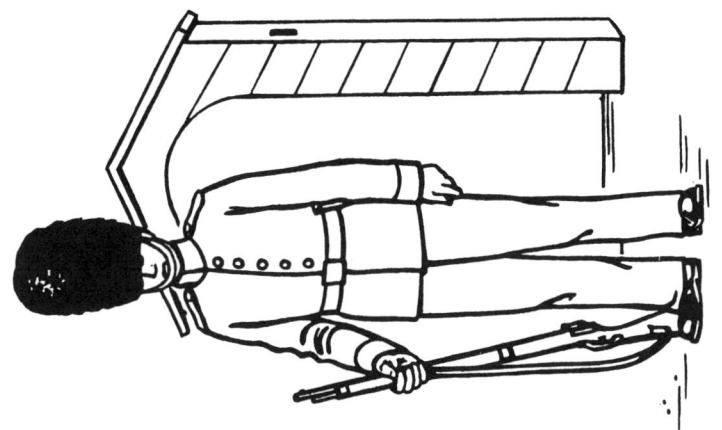

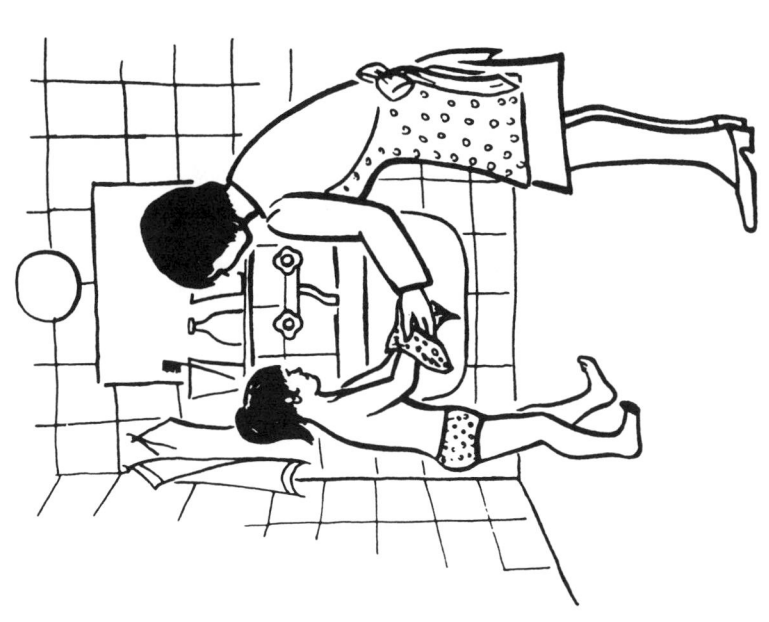

Bildtafel 10

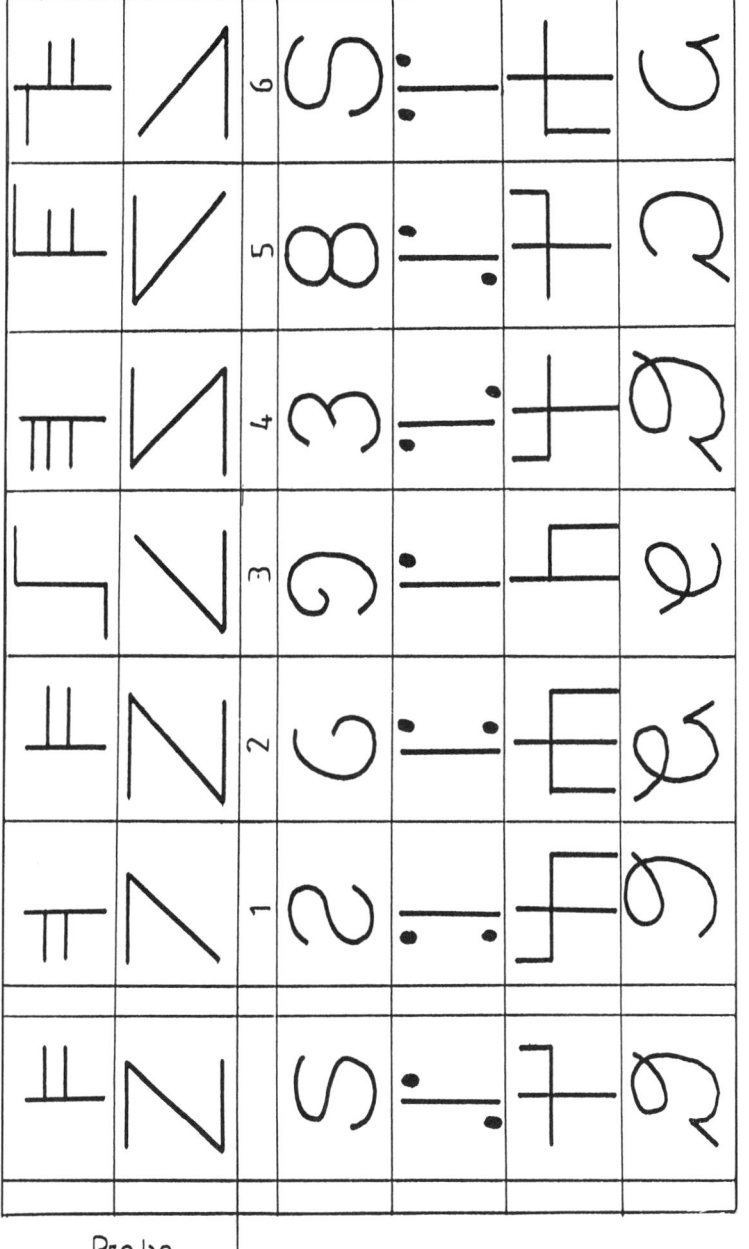

Probe